AF889417

Sammlung kaufmännischer Unterrichtsbücher

begründet von weil. Direktor Dr. Ludwig Voigt, Frankfurt a. M., fortgesetzt von Direktor Alexander Doerr, Elberfeld

Grundriß der Wirtschaftsgeographie

(mit Berücksichtigung der Bürgerkunde)

für Handels- und kaufmännische Berufsschulen

von

Prof. Karl von der Aa

Achte Auflage

Mit 82 Skizzen

Springer Fachmedien Wiesbaden GmbH 1927

ISBN 978-3-663-15378-8 ISBN 978-3-663-15949-0 (eBook)
DOI 10.1007/978-3-663-15949-0

Vorwort zur 6. Auflage.

In der vorliegenden 6. Auflage ist die Gesamtanlage des Buches nicht geändert worden. Es soll ein praktisches Lehrbuch für die Hand der Schüler sein. Es soll durch Heranziehung des Kursbuches, der Karte und der Statistik die Selbsttätigkeit der Schüler anregen. Die allgemeinen erdkundlichen Kenntnisse müssen im wirtschaftsgeographischen Unterrichte vorausgesetzt werden. Man wird sie bei den Schülern vielfach vermissen. Der Grundriß trägt dieser Tatsache durch zusammenhängende Darstellungen oder hinweisende Fragen Rechnung. Dem Lehrer bleibt es überlassen, festgestellte Lücken durch ergänzenden Unterricht zu beseitigen.

Der warenkundliche und technologische Lehrstoff ist auf das Notwendige beschränkt worden. Auch auf eine lückenlose Behandlung aller Auslandsgebiete ist verzichtet, da eine gründlichere Besprechung der wichtigen Gebiete vorteilhafter erscheint als eine oberflächliche Unterrichtung über alle Länder. Die zahlenmäßigen Angaben sind nach Möglichkeit auf die Neuzeit fortgeführt worden. Neu aufgenommen wurde ein Abschnitt über das Deutschtum im Auslande.

Feste geographische Kenntnisse, die Fähigkeit, die Zusammenhänge zwischen Natur und Wirtschaft denkend zu erfassen und klare Einsicht in die Größe und Weltstellung Deutschlands zu vermitteln, ist das Ziel des wirtschaftsgeographischen Unterrichtes unserer Schulen. Darin besteht sein praktischer, geistbildender und erzieherischer Wert. Zur Zeit soll er den Schülern auch die Erkenntnis dessen bringen, was uns Deutschen verloren ging, um in ihnen den Willen zu wecken, an dem Wiederaufbau mitzuarbeiten. Möchte es dem Buche gelingen, dazu beizutragen.

Leipzig, im Oktober 1924. **Der Verfasser.**

Vorwort zur 8. Auflage.

Die Neubearbeitung hat an der Anlage des Buches nichts geändert. Es schien mir nötig, die Länderskizzen im ersten Teile durch solche zu ändern, die die Natur des Landes deutlicher wiedergeben. Für seine Mithilfe hierbei habe ich Herrn Diplomhandelslehrer Kritsch, Wurzen, meinen Dank abzustatten. Die statistischen Schaubilder wurden zum Teil erneuert und außerdem vermehrt, die statistischen Angaben auf den neuesten Stand gebracht, soweit dies mit Rücksicht auf die Zuverlässigkeit der Angaben geschehen konnte. Unter den Auslandsgebieten ist Kanada als wichtiges und zukunftsreiches Land neu berücksichtigt worden. Den mit der 7. Auflage aufgenommenen Abschnitt „Güter, Märkte und Wege des Welthandels" zu erweitern, habe ich mich noch nicht entschließen können, um den Stoff nicht zu sehr zu häufen. Ich hoffe aber, ein brauchbares Lehrmittel zur unterrichtlichen Erweiterung, Veranschaulichung und Vertiefung der weltwirtschaftlichen Belehrungen mit den „Einzelkarten zur Weltwirtschaft" darzubieten, die ich gemeinsam mit Herrn Dr. E. Fabian im gleichen Verlage erscheinen lasse.

Leipzig, im März 1927. **Der Verfasser.**

Inhaltsverzeichnis.

A. Europa.

B. Deutschland.

C. Die bedeutendsten Wirtschaftsgebiete.

D. Güter, Märkte und Wege des Welthandels.

E. Deutschlands Weltstellung.

Es gibt drei Stufen; die erste: der Heimat den Rücken kehren, den Himmel stürmen wollen, die Welt aus den Angeln heben; die zweite: sich der Welt gram, der Heimat wieder zuwenden, in ihr alles sehen, sie zum Mittelpunkte alles Lebens machen, die Welt da draußen verachten; die dritte und höchste: mit der Heimat im Herzen die Welt umfassen, mit der Welt vor Augen die Heimat liebend und bauend durchdringen. Drei der Stufen: such und find! (Gorch Fock.)

A. Europa.

1. Allgemeines. Europa ist ein Teil der Alten Welt. Von Afrika ist es durch den Einbruch des Mittelmeeres scharf getrennt, mit Asien aber innig verwachsen (Eurasien); es ist in Wirklichkeit als westliches Endland dieses Erdteiles anzusehen; dennoch wird es als besonderer Erdteil betrachtet. Gründe: Europa ist durch den Ural und die Manytsch-Niederung ziemlich klar von Asien getrennt. Durch den Einbruch des Mittelmeeres und das Eingreifen der Nord- und Ostsee hat es eine eigenartige Gliederung erhalten. Der Nordwesten Europas wird von alten Gebirgen erfüllt, die mit denjenigen Asiens nicht in Zusammenhang stehen. Gliederung und Gebirge geben Europa ein eigenartiges Klima, das sich nur im Osten demjenigen Nordasiens angleicht.

Dazu kommt, daß Europa von mehr als 1/4 der Erdbevölkerung bewohnt wird (450 Mill.). Auf 1 qkm kommen 45, d. i. mehr als in irgendeinem anderen Erdteil. Unser Erdteil ist das Wohngebiet der Weltmächte; außerhalb desselben haben sich bisher nur 2 Weltmächte entwickeln können: die Vereinigten Staaten von Amerika und Japan. Von Europa ging die Entdeckung der Erdteile, die Erforschung der fremden Länder, die Kolonisierung aller anderen Erdteile aus, aber auch die Ausbreitung des Christentums und der neuzeitlichen Kultur. Infolge des Ausganges des Weltkrieges ist diese Vormachtstellung Europas geschwächt, aber nicht vernichtet.

Europa beherbergt die bedeutendsten Weltwirtschaftsmächte. Die Fäden des Welthandels laufen an den europäischen Küsten zusammen. Europa versorgt die Welt mit den Erzeugnissen seiner hochentwickelten Industrie und beherrscht einen großen Teil der überseeischen Wirtschaft mit seiner Kapitalmacht.

2. Größe, Lage, Gliederung. Europa ist rund 10 Millionen qkm groß und somit der zweitkleinste Erdteil. Es liegt fast genau zwischen 10° westl. und 60° östl. Gr., zwischen dem 35. und dem 70. Breitengrade. Nur ein kleiner Teil ragt in die kalte Zone hinein; von den Tropen ist Europa ganz ausgeschlossen. Somit liegt es fast ganz innerhalb der gemäßigten Zone, ist jedoch mehr in deren nördlichen Teil gerückt. Ein Blick auf die Klimakarte zeigt uns aber, daß gerade Nordeuropas Klima durch die Einwirkung des Meeres und des Golfstroms gemildert wird. Der weitaus größte Teil Europas ist nutzbares Siedelungsland.

Mit Asien hängt Europa nicht nur an der breiten Ostgrenze unmittelbar zusammen; auch die Landwege nach Kleinasien werden nur durch schmale Meeresteile (welche?) unterbrochen. Die afrikanischen Küsten rücken nahe an die Südgrenze Europas heran; namentlich über Spanien und Sizilien führen kurze Seewege nach jenem Erdteil. Weiter entfernt liegen die amerikanischen Gegengestade; doch überwindet eine hochentwickelte Schiffahrt die Fahrt dorthin in 5—6 Tagen. So liegt Europa zwischen den Erdteilen. Diese Gunst der Mittellage hat seine Wirtschaft wesentlich gefördert. Selbst der Süden Asiens ist durch den Suezkanal in günstige Verbindung mit Europa gebracht. Weit entfernt liegen nur die Ostländer Asiens (der „ferne Osten"), Australien und die Inselwelt der Südsee.

Europa liegt mit seiner vielgegliederten Westseite am Atlantischen Ozean, dem belebtesten Weltmeere. Hier ist seinem Verkehr der Weg nach Norden durch die Eiswüsten des Nordpols für immer verschlossen. Die europäischen Verkehrslinien richten sich nach Westen und Süden und kreuzen sich hier — in Zukunft mehr als in der Vergangenheit — mit den Verkehrswegen der Vereinigten Staaten.

3. Umrisse Europas. Mehr als 1/3 der Gesamtfläche Europas entfällt auf Inseln und Halbinseln (Karte!). Eine so starke Gliederung hat kein anderer Erdteil aufzuweisen. Finnland, Skandinavien, die spanische und die Balkan-Halbinsel sind größer oder etwa so groß wie Deutschland. Das britische Inselreich und die Halbinsel Italien sind trotz ihres geringeren Umfanges das Wohngebiet zweier Großmächte. Die kleineren Glieder (die Krim, der Peloponnes, Korsika und Sardinien, die Bretagne und Jütland mit den zugehörigen Inseln) kommen dagegen über die Größe von Kleinstaaten nicht hinaus.

Die starke Gliederung des Erdteils ist darauf zurückzuführen, daß das Mittelmeer von S her, namentlich zu beiden Seiten der Halbinsel Italien, weit in die Landmasse eingreift, daß es die Balkan-Halbinsel stark zergliedert und über die Meerengen hinaus im Schwarzen Meere seine Fortsetzung findet. Von N her schließen Nord- und Ostsee den Erdteil auf, während dem Nördlichen Eismeer in dieser Beziehung keine wesentliche Bedeutung mehr zukommt. Der Atlantische Ozean hat weit geöffnete Buchten geschaffen. Die einzige vom Meere nicht erschlossene Landmasse liegt im Osten des Erdteils.

So sind zu unterscheiden: 1. der Rumpf Europas, 2. die nordeuropäischen Halbinseln und Inseln, 3. die südeuropäischen Halbinseln, 4. die osteuropäische Landmasse.

Der Verkehr wird durch die starke Gliederung des Erdteils außerordentlich erleichtert und belebt. Dazu kommt, daß zahlreiche Flüsse den Schiffahrtsverkehr in das Land hinein weiterleiten. Das ist namentlich im Flachland des Westens, Nordens und Ostens der Fall. Von S her aber dringen Rhone und Donau ins Herz Europas vor.

4. Aufbau Europas. 1. Zieht man eine Linie von der oberen Weichsel bis östlich der Mündung der Oder, so trennt man damit den gebirgigen Westen des Erdteils von dem osteuropäischen Flachland. Von diesem werden durch den Finnischen Meerbusen und die nach dem Weißen Meere ziehende Seensenke die alten Gebiete Finnlands, der Halbinsel Kola und Skandinaviens getrennt, die nach NW durch hohe Gebirge gegen das Meer abgegrenzt werden. Diese finden jenseits der Nordsee in Schottland und Irland ihre Fortsetzung.

2. Der gebirgige Westen Europas wird in zwei Gebiete zerlegt durch eine Senke, die vom Löwengolf um die Alpen herum durch die Burgundische und die Mährische Pforte führt und im osteuropäischen Flachland endet. Die Gebirge westlich und nördlich dieser Senke waren einstmals viel höher und zusammenhängender. Sie sind im Laufe langer Zeiten durch Senkungen getrennt und dann abgetragen worden, stellen somit nur Reste ehemaliger hoher Gebirge dar (Rumpfgebirge); sie schließen große Senkungsgebiete (Ebenen, Stufenländer) in sich ein. So behindern sie den Verkehr nur in geringem Maße. Im N und W ist dem Gebirgsland ein Flachland vorgelagert, das die unmittelbare Fortsetzung Osteuropas zu sein scheint; unter der Oberfläche dieses Gebietes liegen die alten Gesteinsschichten der früheren Gebirge, sie treten hier und da mit Einzelbergen oder mit Bergländern (Nordfrankreich, Südengland) hervor. Auch der größte Teil Spaniens gehört zu diesem gebirgigen W Europas.

3. Der übrige Teil Europas wird von langen Faltengebirgen durchzogen, die erst in einer jüngeren Zeit der Erdgeschichte entstanden sind. Ohne erkennbare Zusammenhänge mit den anderen stehen die Pyrenäen, die die spanische Halbinsel vom Rumpfe Europas scheiden. Im S Spaniens setzen die Faltengebirge an der Mittel-

meerküste ein, ziehen über Gibraltar nach Nordafrika hinüber, durchlaufen Sizilien und die Apeninnen-Halbinsel. Ihr Kernstück sind die Alpen, die sich ostwärts in den Karpathen fortsetzen. Diese gehen nach abermaliger Umbiegung in den Balkan über; er endet am Schwarzen Meere; aber auf der Karte erkennt man seinen Zusammenhang mit den Gebirgen der Krim und mit dem Kaukasus. — An den Südflügel der Alpen reihen sich die Faltengebirgszüge der Balkan-Halbinsel an, die einst über Kandia hinweg die Brücke nach Kleinasien bildeten.

5. Oberflächengestaltung Europas. Mehr als die Hälfte des Erdteils ist Flachland. Keine der wenig zahlreichen Erhebungen geht dort über 400 m hinaus. Die Höhen der westeuropäischen Rumpfgebirge erreichen selten 1500 m (Schneekoppe 1600 m). Skandinavien steigt im S bis etwa 2500 m auf. Die höchsten Erhebungen haben die Faltengebirge, vor allem die Alpen, das stattlichste aller europäischen Gebirgsländer; hier finden wir in den Westalpen eine Reihe von Bergriesen, die ihre Häupter über 4000 m emporheben (Montblanc 4800 m).

So ragen nur wenige Gebirgsteile in die Gebiete des ewigen Schnees hinauf. Es gab aber Erdzeiten, in denen die Schneegrenze bedeutend tiefer lag, die Eiszeiten, in ihnen bildeten sich auf den mittel- und nordeuropäischen Gebirgen gewaltige Schneemassen, die allmählich vereisten (vergletscherten). Die Gletscher breiteten sich von den Gebirgen in das Vorland aus und überdeckten dieses nach und nach mit riesigen Eismassen. Dieser Vorgang hat sich mehrmals wiederholt. In geringerem Umfange ging die Vereisung von den Alpen aus. Dagegen erreichte das Eis Skandinaviens über die Nord- und Ostsee hinweg etwa den 50. Breitengrad, also den Rand der mitteleuropäischen Gebirge, schob sich sogar hier und da über diesen hinaus weiter nach S vor.

Die Gletscher schlossen bei ihrem Vorrücken das lose Gestein der Berge und den lockeren Boden der Ebenen in sich ein, schoben auch diese Massen vor sich her oder drängten sie zur Seite und wölbten so Moränenzüge von oft 100—200 m Höhe auf. Bei der Auflösung des Eises bedeckten die Grundmassen das ganze Gebiet. In ihnen bildeten die abfließenden Schmelzwässer weite Täler (Urstromtäler) aus, in denen unsere Flüsse jetzt als schmale Rinnsale hinfließen. — Während und nach der Eiszeit trugen trockene Winde namentlich in Osteuropa, aber auch am Rande der Mittelgebirge feine Staubmassen, den Löß, zusammen, den fruchtbarsten Boden der Landwirtschaft.

Etwa $^2/_3$ der Gesamtfläche Europas waren vom Eise bedeckt. Die Formen vieler Gebirge, besonders aber die Oberfläche des Flachlandes, gehen auf die Wirkungen der Eiszeit zurück, so auch der Kranz der unzähligen Seen, der sich um die Ostsee herumzieht. Die größten Binnenseen sind der Ladoga-, der Onega-See im Ostseegebiete, der Genfer und der Bodensee in den Alpen.

6. Klima Europas. Europa liegt fast ganz in der gemäßigten Zone. Nach dem Klima kann man es in vier Gebiete einteilen; innerhalb dieser treten aber große Unterschiede zu Tage; das ist namentlich im S und SO der Fall.

1. In den atlantischen Gebieten von Portugal bis hinauf nach Norwegen herrscht Seeklima; seine Wirkungen dehnen sich unter dem Einfluß westlicher Winde bis nach Mitteleuropa hinein aus. Hoch im Norden bewirkt der Golfstrom (Karte!), daß die Küsten noch jenseits des Nordkaps eisfrei bleiben. Das Seeklima zeichnet sich durch kühle Sommer und milde Winter aus. Zu allen Jahreszeiten fallen reichliche Niederschläge, besonders regenreich sind die der See zugekehrten Gebirgshänge.

2. Osteuropa hat ausgesprochenes Binnenlandsklima mit langen, schneereichen Wintern, langdauernder Vereisung der Flüsse. Der kurze Sommer bringt indessen hohe

Wärmegrade, unter deren Wirkung das Getreide in den größten Teilen des weiten Gebietes reift. Die Niederschläge nehmen ab, je weiter man nach SO gelangt (Steppen).

3. Zwischen diesen beiden Gebieten liegt der nicht genau abzugrenzende Bereich des Übergangsklimas, unter dessen Wirkung Deutschland, Österreich, Ungarn, die Tschechoslowakei, Polen und die südlichen Ostseeländer stehen. Hier treten die Gegensätze zwischen Sommer und Winter stärker hervor als im Westen, bleiben aber noch gemäßigt. Je weiter nach O, desto kälter und länger der Winter. Der Regen fällt in ausreichendem Maße vorwiegend im Sommer.

4. Das Mittelmeer kennzeichnet sich, namentlich südlich des 40. Breitengrades, durch Sommerdürre und Winterregen. Der Schnee ist hier in den Ebenen eine schnell vorübergehende Erscheinung, wenn er auch auf den hohen Gebirgen oft monatelang liegen bleibt; in das Reich des ewigen Schnees ragen aber hier die Hochgebirge nirgend mehr empor. Die Milde und Eigenart der Witterung zeitigt in den Mittelmeerländern ein Pflanzenleben, das dem übrigen Teile Europas fremd ist.

7. Bevölkerung Europas. Die Gesamtzahl der Bevölkerung Europas beträgt rund 450 Mill., die fast ganz der weißen Rasse angehören. $^9/_{10}$ der Bevölkerung kommen auf die drei großen Völkergruppen der Romanen (26%), der Germanen (32%) und der Slawen (32%). — Die Romanen siedeln im W und SW; zu ihnen gehören die Spanier und Portugiesen, die Italiener, die Franzosen, Westschweizer und Südbelgier, sowie auf der Balkan-Halbinsel die Rumänen.

Die Slawen, denen der O und SO des Erdteils, sowie ein Teil Mitteleuropas gehört, lassen sich einteilen in Ostslawen (Russen), Westslawen (Polen, Tschechen, Slowaken) und Südslawen (Kroaten, Slowenen, Serben und Bulgaren). Zwischen das Wohngebiet der Nord- (Ost- und Westslawen) und Südslawen schiebt sich als trennender Keil ein Gebiet ein, das von Deutschen, Ungarn und Rumänen besiedelt ist. Im N schließen sich an die Polen die Litauer und Letten an.

Die Germanen umfassen die Völkerschaften der Deutschen (Deutschland, Österreich, Nordschweiz), der Niederdeutschen (Nordbelgien und Niederlande), der Angelsachsen (britische Inseln) und der Nordgermanen (Norwegen, Schweden, Dänemark). Zwischen den beiden anderen Völkergruppen wohnend, haben die Deutschen ihre Grenzen in Jahrhunderte währenden Kriegen verteidigen und erkämpfen müssen. Im O können auch heute noch keine klaren Volks- und festen Staatsgrenzen gezogen werden.

Von den anderen Völkern Europas sind besonders zu nennen: die Finnen in Finnland, an der Wolga und in Ungarn (hier Magyaren genannt), türkische Stämme in Südrußland (Tataren) und auf der Balkan-Halbinsel, die Griechen, sowie die landlosen Juden und Zigeuner.

Entsprechend dieser völkischen Einteilung haben wir in Europa ein große Anzahl Sprachen, von denen die bedeutendsten folgende sind:

I. germanische Sprachen: deutsch, vlamisch, holländisch, englisch, dänisch, schwedisch, norwegisch; II. romanische Sprachen: französisch, spanisch, portugiesisch, italienisch, rumänisch; III. slawische Sprachen: polnisch, russisch, tschechisch, serbisch, bulgarisch; IV. andere Sprachen: finnisch, magyarisch, griechisch.

Von den 450 Mill. Bewohnern Europas bekennen sich 430 zum christlichen Glauben, und zwar sind 110 Mill. evangelisch, 194 römisch-katholisch, 126 griechisch-katholisch. Der Rest von 20 Mill. verteilt sich mit etwa je der Hälfte auf Juden und Mohammedaner. (Karte!)

Die Bevölkerung ist nicht gleichmäßig über den Erdteil verteilt. West- und Mitteleuropa sind das Gebiet dichtester Besiedelung, die sich einerseits nach der britischen Insel, andererseits nach Italien, drittens über Galizien nach Südrußland ausdehnt. Dies Gebiet umfaßt knapp $^1/_8$ des Erdteils, wird aber von 300 Mill. Menschen bewohnt; das ergibt rund 100 Einwohner auf 1 qkm. Die hier wohnenden Völker haben durchweg nicht mehr die Möglichkeit, sich aus der eigenen Landwirtschaft mit Lebensmitteln genügend zu versorgen. Industrie und Welthandel sind ihre wichtigen Betätigungsarten.

Um diesen Kern dichtester Besiedelung herum liegt ein Gebiet, das mäßig bevölkert ist; denn hier wohnen 20—45 Menschen auf 1 qkm; es umfaßt ein reichliches Drittel der Gesamtfläche des Erdteils. Zu ihm gehören die Südteile Skandinaviens und Finnlands, der größte Teil Rußlands, die Balkan-Halbinsel und die spanische Halbinsel, sowie Irland.

Je weiter man von den Grenzen dieses Gürtels nach N und nach SO vorschreitet, desto spärlicher wird die Bevölkerung. In der Steppe am Kaspischen Meere und in den Waldgebieten des Nordens kann man immerhin noch 8—9 Bewohner auf 1 qkm rechnen; aber weite Strecken sind fast unbewohnt; im äußersten Norden kommt noch nicht 1 Einwohner auf 1 qkm. Die Gesamtfläche dieses dünn besiedelten Gebietes macht nicht viel weniger als $^1/_3$ des Erdteils aus.

8. Staaten Europas. Durch den Weltkrieg ist das Staatenbild Europas stark verändert worden. Nach Größe, Bevölkerungszahl und wirtschaftlicher Bedeutung lassen sich die Staaten Europas gliedern in

1. Großstaaten (Großbritannien, Frankreich, Deutschland, Italien und Rußland), die zusammen $^2/_3$ des Erdteils einnehmen,
2. Mittel- und Kleinstaaten (s. Anhang 3!)

9. Wirtschaft Europas. Für die wirtschaftliche Bedeutung eines Gebietes sind maßgebend Land und Volk, Klima und natürlicher Reichtum des Bodens. Die Hauptzweige der Wirtschaft sind Landwirtschaft, Industrie, Handel und Verkehr.

Von der Gesamtbevölkerung Europas zieht etwa die Hälfte ihren Erwerb aus Land- und Forstwirtschaft, $^1/_4$ aus dem Gewerbe, $^1/_{10}$ aus Handel und Verkehr. Doch sind diese Wirtschaftszweige nicht überall gleichmäßig vertreten. Staaten mit überwiegender landwirtschaftlicher Betätigung (Landwirtschafts- oder Agrarstaaten) sind die Staaten Ost- und Südosteuropas (insbesondere Finnland, Estland, Lettland, Litauen, Polen, Ukraine, Rumänien, Bulgarien, Jugoslawien, Ungarn). Sie vermögen einen beträchtlichen Teil ihrer Ernten an Mittel- und Westeuropa abzugeben. Indessen müssen diese ihren Bedarf noch durch wesenliche Zufuhren aus überseeischen Gebieten ergänzen. In dieser Beziehung ist also Europa von den fremden Erdteilen abhängig. Diese versorgen Europa ferner mit vielen Erzeugnissen des tropischen Klimas.

Die Industrie hat ihren Sitz vornehmlich in West- und Mitteleuropa. Die bedeutendsten Industriestaaten sind Deutschland, England, Belgien, Frankreich, die Schweiz und Italien. Eine Hauptgrundlage für die Entfaltung der Industrie ist das Vorhandensein von Kohle und Rohstoffen. Von allen sicher festgestellten Kohlenvorräten der Erde kommt auf Europa reichlich $^1/_3$. Unser Erdteil ist daher auch nicht auf die Heranholung von Kohlen aus fremden Erdteilen angewiesen. $^9/_{10}$ der europäischen Kohlenmengen lagern in Deutschland, England, Belgien, Frankreich und den Niederlanden, den bedeutendsten europäischen Industrie- und Handelsstaaten.

Ungleichmäßig ist die Ausstattung Europas mit Erzen. Gold und Silber kommen verhältnismäßig wenig vor, Kupfer in unzureichendem Maße. Doch entfällt fast die

Hälfte der gewonnenen Bleierze auf unsern Erdteil, und mit Eisenerzen ist dieser genügend versorgt. Dagegen muß weitaus der größte Teil der Gespinstfasern aus überseeischen Gebieten bezogen werden (Baumwolle, Wolle, Jute, Seide usw.). Die europäische Industrie versorgt sich also aus fremden Gebieten mit einem wesentlichen Teil ihres Bedarfs an Rohstoffen; dafür setzt sie nach dort einen Teil ihrer Erzeugnisse ab. Sie ist unabhängig vom Welthandel.

B. Deutschland.

I. Die natürlichen Wirtschaftsgebiete des Deutschen Reiches.

a) Lage, Grenzen, Größe und Bevölkerung.

Lage und Grenzen. Deutschland liegt im Herzen Europas. Es ist das Kernland Mitteleuropas und umgeben von den am höchsten entwickelten Staaten der Erde. (Von welchen?) Von Großbritannien und den nordeuropäischen Ländern ist es durch die See getrennt; doch liegen diese Gebiete in unmittelbarer Nähe und sind leicht zu erreichen. (Warnemünde—Gjedser und Saßnitz—Trelleborg, die Verbindungen über Hamburg, Hoek van Holland, Vlissingen und Ostende nach Großbritannien.)

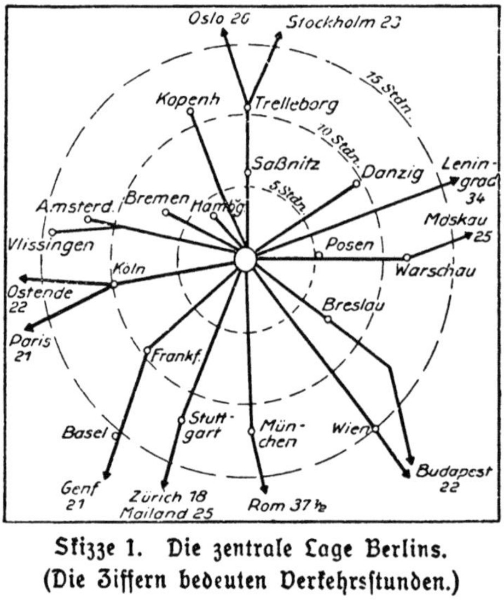

Skizze 1. Die zentrale Lage Berlins.
(Die Ziffern bedeuten Verkehrsstunden.)

So ist Deutschland das nachbarreichste Land der Erde. Daraus entstehen die mannigfachsten und lebhaftesten Beziehungen zum Auslande. Dieser Lage verdankt Deutschland einen wesentlichen Teil seiner wirtschaftlichen Bedeutung.

Verfolge die Linien nebenstehender Skizze auf der Landkarte und im Kursbuch!

Infolge seiner Lage wird Deutschland zu einem Durchgangslande; nicht selten ist es daher auch zum Kampffelde fremder Völker geworden (30jähriger und 7jähriger Krieg, Befreiungskriege!). Lange Zeiten hat es unter den Wirkungen dieser Kriege gelitten.

Nur zum Teil wird Deutschland von natürlichen Grenzen umschlossen: im Süden von den Alpen und den böhmischen Grenzgebirgen, im Norden von der Nord- und Ostsee. Doch stellen auch die Grenzgebirge im Süden dem Verkehr kein unüberwindliches Hindernis entgegen. Hier drängt sich dieser wohl bei Basel, im Rhein-, Inn-, Eger- und Elbtal zusammen; doch werden die tschechoslowakischen Grenzgebirge vielfach von den Eisenbahnen ohne besondere Schwierigkeiten überwunden. (Suche die bedeutendsten Grenzübergänge!)

Außer den Durchgangslinien, die in Skizze 1 angedeutet sind, gehen durch das Rheintal und durch Süddeutschland wichtige länderverbindende Bahnen (Niederlande

—Schweiz, der Orientexpreß Paris—Straßburg—Stuttgart—Ulm—München—Wien und der Ostendeexpreß Ostende—Brüssel—Köln—Frankfurt—Nürnberg—Passau—Wien mit Abzweigung von Nürnberg nach Karlsbad). Siehe Skizze 5!

Deutschlands Nachbar- und Durchgangslage ist von hoher wirtschaftlicher Bedeutung.

Im Norden grenzt Deutschland an das Meer. Zwar liegen die deutschen Nordseehäfen 20—30 Fahrtstunden weiter vom Weltmeere entfernt als die westeuropäischen Häfen, über die daher ein Teil des deutschen Personen- und Güterverkehrs, namentlich des Schnellverkehrs, geht. Auch ist die Küste nicht sehr ausgedehnt (Nordseeküste = 500 km; Ostseeküste = 1000 km). Zudem bietet die Flachküste der Nordsee nur sehr wenig günstige Häfen (außer Hamburg und Bremen nur noch Emden); aber hier trägt die Flut die Schiffe in die Mündungstrichter der Flüsse hinauf, so daß die Häfen weit landeinwärts liegen (Hamburg—Kuxhaven = 125 km); daraus ergeben sich günstige Verbindungen der Hafenplätze mit dem Hinterlande (Skizze 2).

Skizze 2. Hamburg.

An der Ostseeküste sind die Häfen zahlreicher; aber auch hier liegen die bedeutendsten Plätze an Flußmündungen (Stettin, Danzig, Königsberg, Lübeck). Nur die Fördenküste Jütlands hat günstigere Häfen (Kiel). Der Nachteil der Ostseeküste gegenüber der Nordseeküste liegt in ihrer größeren Entfernung von den bedeutendsten Wirtschaftsgebieten des Reiches und von den Welthandelsstraßen. (Nordostseekanal und Elbe-Trave-Kanal.) Der Ostsee verbleibt der Charakter der Abgeschlossenheit; ihre Hauptbedeutung liegt in der Vermittlung mit Nordeuropa und Rußland.

Durch die Nordsee ist Deutschland an die Hochstraßen des Weltverkehrs angeschlossen. Dieser Lage verdankte es wesentlich seine Entwickelung zur Welthandelsmacht. Die Gunst dieser Meereslage und der Küstenverhältnisse wird dadurch erhöht, daß fast alle deutschen Ströme nach Norden fließen und in ihrem größten Teile schiffbar sind. Nur die Donau führt aus Süddeutschland nach Südosteuropa und stellt hier eine Binnenwasserstraße nach Osten dar.

Deutschland liegt fast in der Mitte zwischen Pol und Äquator. (Karte!) Ungefähr der 50. Breitengrad scheidet Norddeutschland von Süddeutschland; er durchschneidet den äußersten Norden Frankreichs und zerlegt Böhmen in ein nördliches und südliches Dreieck. Das bedeutet 1. daß Deutschland zur nördlichen gemäßigten Zone gehört, und 2. daß z. B. Frankreich wegen seines Vorrückens in wärmere Gegenden bedeutende klimatische Unterschiede gegenüber Deutschland aufweist. (Suche Orte gleicher Breitenlage in Deutschland und seinen Nachbarstaaten!)

Die nordsüdliche Ausdehnung des Reiches (950 km) bewirkt keine großen klimatischen Verschiedenheiten innerhalb der Landesgrenzen, weil im Norden der Einfluß des Meeres das Klima mildert, der Süden dagegen den Einfluß südlicher Winde entbehrt (Alpen!) und wegen der größeren Bodenerhebung kühler und rauher ist. Bedeutsamer sind die Klimaänderungen in westöstlicher Richtung (1200 km), in der sich der Übergang vom Seeklima zum Festlandsklima entwickelt. Es bestehen zwar zwischen den einzelnen deutschen Landschaften wahrnehmbare klimatische Gegensätze; im allgemeinen ist aber das Klima ausgeglichen. Nirgends verwehrt das Klima dem Menschen die Siedelung. Selbst bis in die hohen Lagen der Gebirge ziehen sich die Ortschaften hinauf (Schwarzwald, Erzgebirge, Sudeten).

Zusammenfassung: **Aus der nachbarreichen Lage Deutschlands ergeben sich die lebhaftesten Beziehungen zum Auslande. Seine Lage an zwei Meeren, die durch schiffbare Ströme mit weiten Teilen des Landes verbunden sind, hat die Entwickelung des Reiches zur Welthandelsmacht ermöglicht. Die Breitenlage und Ausdehnung des Landes ergibt zwar klimatische Gegensätze der einzelnen Landschaften; doch ist das Klima im allgemeinen ausgeglichen und ermöglicht überall die Besiedelung des Landes. Die Lage Deutschlands ist günstig.**

Größe. Durch den Friedensvertrag vom 28. Juni 1919 hat das deutsche Reichsgebiet rund 70600 km Landgebiet verloren (s. S. 57). Vor dem Kriege umfaßte es 542000 qkm. Das neue Deutschland ist mit 471000 qkm der Größe nach der 5. Staat Europas (Skizze 3), $1\frac{1}{2}$ mal so groß wie Großbritannien und Irland, $7\frac{1}{2}$ mal so groß wie die Niederlande und Belgien zusammengenommen; hinsichtlich seines Flächenraumes bleibt Deutschland somit in der Reihe der europäischen Großstaaten.

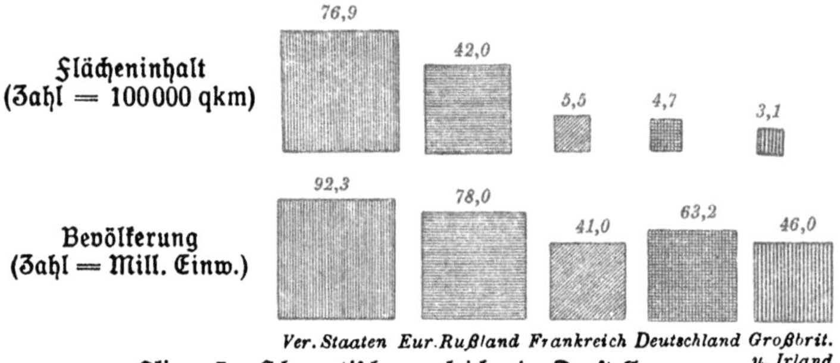

Skizze 3. Schematisch vergleichende Darstellung.

Bevölkerung. Im neuen Deutschland wohnten 1925 = 63,4 Millionen Menschen, das sind 135 auf 1 qkm (Skizze 3). Es ist sehr dicht besiedelt von einem arbeitsgewohnten, werktüchtigen Volke. Dabei ist in wenig andern Ländern die Volksbildung so weit gefördert wie hier; Kunst und Wissenschaft haben hier immer eine Pflegstätte gefunden.

Gewaltig hat die Einwohnerzahl in den letzten 100 Jahren zugenommen (Skizze 4). Während früher ein beträchtlicher Teil der Deutschen in überseeische Gebiete auswanderte, ging die Zahl dieser Auswanderer stark zurück (1881 = 4,86 ‰, 1911 = 0,35 ‰ der Bevölkerung). Unsere Landwirtschaft und unsere Industrie beschäftigte eine immer größer werdende Zahl fremder Arbeiter. Der Hauptgrund der Bevölkerungszunahme lag aber in der natürlichen Vermehrung des Volkes. In Deutschlands Volkszahl liegt eine Quelle seiner Kraft. Nur Belgien, die Niederlande, Großbritannien und Irland sowie Japan sind dichter bevölkert als Deutschland. Kein anderes Land der Erde hat eine gleich dichte Besiedelung aufzuweisen.

Durch den Friedensvertrag ist das Deutsche Reich kleiner geworden, und dieses kleinere Land verfügt bei weitem nicht mehr über die Bodenschätze des alten Reiches. $\frac{3}{4}$ seiner Eisenerzförderung gingen verloren (Lothringen), der 4. Teil seiner Kohlengewinnung (Saargebiet und Oberschlesien); mit den östlichen Gebieten trat Deutschland aber eine Kornkammer ab. Von der Tüchtigkeit und dem Fleiße seiner Bewohner wird in Zukunft weit mehr als in der Vergangenheit der wirtschaftliche Fortschritt abhängen. Bei dieser Lage ist damit zu rechnen, daß viele Unternehmer und Arbeiter ihr Fortkommen in deutschen Landen nicht mehr finden werden, daß also die Auswanderung wesentlich zunehmen wird. 1911 betrug sie 0,4, 1923 = 1,8, 1925 = 1 ‰ der Bevölkerung.

Skizze 4.

Bevölkerungszunahme im alten Deutschland.

b) Die deutschen Landschaften.

Übersicht. Nach der Oberflächengestaltung kann man drei Teile unterscheiden: 1. die oberdeutschen Lande, 2. die mitteldeutsche Gebirgsschwelle und 3. das Norddeutsche Tiefland. Diese größeren Räume zerfallen wieder je in eine Anzahl von Landschaften, die durch Lage, Natur, Ausstattung, Volkstum und Wirtschaft ihr besonderes Gepräge tragen.

1. Die deutschen Alpen und das Alpenvorland.

(Das Gebiet der Donau.)[1])

Übersicht. Wiederhole auf Grund der Skizze 5 und der Karte Lage, Grenzen, Flußläufe, Landesteile und Besiedelung!

Die Alpen. Der Anteil Deutschlands an den Alpen hat eine Breite von durchschnittlich nur 25 km. Die vielgestaltigen Formen des Gebirges, seine tief einschneidenden, vom Wasser durchrauschten Täler, seine malerischen, oft von steilen Wänden umgrenzten Seen (Königs-, Tegern-, Walchensee), die mit grünen Matten und herrlichen Waldungen bedeckten Hänge und gewaltigen Gebirgshäupter (Zugspitze, Deutschlands Hochwarte fast 3000 m) machen unser deutsches Alpenland zu einem der schönsten Teile des Hochgebirges und zum Ziel eines lebhaften Fremdenverkehrs.

Die schwäbisch-bayrische Hochebene. Vom Fuße der Alpen senkt sich das Land nach NO und N bis zur Donau ab (Lauf der Flüsse!). Es ist bedeckt mit den wenig fruchtbaren Geröllmassen der Eiszeit. Hügelreihen, Ebenen und Flußtäler, Wald, Wiese und Acker, Weiher und Seen verleihen dem Gebiete eine reizvolle Abwechselung. Im nördlichen Teile sind weite Flächen abflußlos und daher versumpft (Erdinger, Dachauer, Donau-Moos, Donau-Ried). Nicht weit südlich der Donau endete die Wirkung der Eismassen. Hier trifft man auf ausgedehnte fruchtbare Talebenen (die bayrische Kornkammer um Straubing, die Hopfengegend der Holledau zwischen Freising, Ingolstadt und Regensburg).

Der Jura. Der Fränkische Jura, zwischen Donau und Nördlinger Senke, fällt schroff zum Neckarlande ab. Die Höhen sind rauh und unwirtlich (Rauhe Alb). Von ihnen senkt sich der Boden gleichmäßig zur Donau ab. Der steinige, wasserarme Juraboden läßt eine dichte Besiedelung nicht zu. Größere Ortschaften und regeres Leben trifft man in den mit nutzbaren Wasserkräften ausgestatteten Tälern an. In der Geislinger Steige überquert der Fernverkehr das Gebirge (Orientexpreß). — Im Fränkischen Jura, zwischen der Nördlinger Senke und dem Fichtelgebirge, sind alle Formen milder, die Erhebungen mäßiger, ist die Wegsamkeit größer (Altmühl und Main-Donau-Kanal) und der Boden fruchtbarer (Hopfen). Der nördliche Teil, zwischen Regnitz und Rotem Main, verdankt seiner landschaftlichen Schönheit mit Recht den Namen „Fränkische Schweiz“.

Das Fichtelgebirge, aus drei rechtwinklig aufeinanderstoßenden Gebirgszügen bestehend, mit Hochflächen ausgefüllt, ist ein Waldgebiet, das Gewässer nach allen Seiten entsendet, an dem vier Gebirgszüge enden und vier Volksstämme sich abgrenzen (Thüringer, Franken, Bayern und Slawen).

Der Böhmer Wald erstreckt sich von hier aus als geschlossenes, wenig wegsames Waldgebirge bis zur Donau. Südlich der Senke von Furth erhebt es sich zu

1) Anhang I, 1.

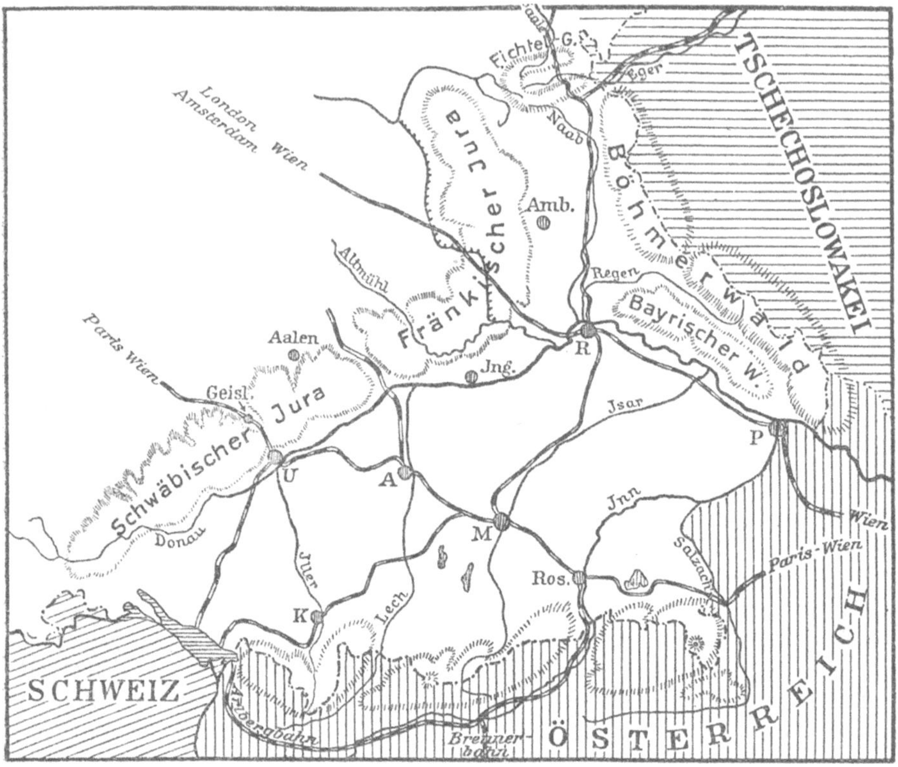

Skizze 5. Alpen und Alpenvorland.

fast 1500 m Höhe und wird durch ein vom Regen durchflossenes Bergland vom Bayrischen Walde getrennt, ebenfalls einem stillen Gebiete der Waldbauern und Holzarbeiter.

Die Oberpfälzische Hochebene. Von diesen Gebirgen senkt sich das Land zum Tale der Nab. Steinreiche Felder (Steinpfalz) wechseln mit moorigen Wiesen, ergiebigeren Ackerfeldern und ausgedehnten Waldungen.

Wirtschaft. Das Klima des Alpenvorlandes und Alpenanteiles ist infolge der hohen Lage des Gebietes und der Richtung der Gebirge wenig günstig. Abgesehen von der Donauebene zwischen der Lech- und Innmündung und ihrem südlichen Vorlande gehört fast das ganze Gebiet zu den kältesten Gegenden Deutschlands. Auf den Höhen des Schwäbischen Juras gehen nicht selten die Ernten in den ersten Unbilden des Winters unter.

Der Ackerbau verfügt nur in beschränktem Maße über fruchtbaren Boden (welche Gebiete kommen in Betracht?). Trotzdem hat sich auch auf der Hochebene südlich der Donau eine kräftige Bauernwirtschaft entwickelt. Hervorragend sind die Erfolge der Viehzucht, namentlich im Algäu zwischen Lech und Bodensee, wo sie Weltruf erlangt hat. (Erzeugnisse: Zuchtvieh, Butter und Käse aus sehr zahlreichen Molkereien.)

Eine große Rolle spielt die Nutzung des Waldes, namentlich in den Bayrischen und Salzburger Alpen, im Böhmer und Bayrischen Walde. Das Holz geht als Bauholz (streckenweise Flößerei) in die belebteren Ebenen hinaus oder wird in der heimischen Papierindustrie verwertet; berühmt sind die Holzschnitzereien der Bayrischen Alpen (Partenkirchen, Oberammergau, Garmisch) und die Streichinstrumentenherstellung von Mittenwald (Ausfuhr).

An Bodenschätzen ist das Gebiet arm. Braunkohle wird im Bayrischen Oberlande, nördlich von Regensburg und bei Amberg in unzureichendem Maße gefördert; doch ist das Land reich an Wasserkräften, die planmäßig ausgebaut werden (das gewaltige Walchenseewerk zwischen Walchen- und Kochelsee, das Lechwerk bei Augsburg) Eisenerzgruben werden im Jura (Aalen) und in der mittleren Nabgegend betrieben (Amberg). Böhmer Wald, Bayrischer Wald und Fichtelgebirge sind reich an Rohstoffen für die hervorragende Glas- und Porzellanerzeugung (Selb). Nördlich von Passau finden sich wertvolle Graphitlager, und die Brüche von Solnhofen versorgen die Welt mit lithographischem Schiefer.

Die Wasserkräfte haben in manchen Gegenden den Anlaß zu gewerblicher Ausnutzung gegeben, namentlich für die Textilindustrie. In erster Reihe steht hier das gewerbefleißige Algäu (Kempten, Kaufbeuren, Füssen, Immenstadt, Ravensburg). Auch im Schwäbischen Jura gab die Ärmlichkeit des Bergbodens und die Wasserkraft der Flüsse Anlaß zu dieser Industrie (Geislingen, Heidenheim, Nördlingen, Blaubeuren). Der bedeutendste Webereiort des ganzen Gebietes ist indessen das alte Augsburg. Ganz im N treten Hof und Bayreuth hervor. Andere Industrien sind vertreten in Ulm, Ingolstadt, Regensburg und Passau, nordwärts in Amberg, südlich der Donau in Augsburg (Maschinenindustrie) und vor allem aber in der Landeshauptstadt München.

München (681000) ist die bedeutendste Kunststadt Deutschlands, der Sitz einer Universität und Technischen Hochschule. Hervorragend sind hier die Maschinenindustrie, die Bildgießerei, das Kunstgewerbe, die Blumenfabrikation, die Bierbrauerei. Die Lage vor den Alpen, zwischen Berlin und dem Brenner, Paris und Wien hat die Stadt zu dem bedeutendsten Verkehrsknotenpunkte und Handelsplatze Süddeutschlands gemacht (Skizze 5!).

Verkehr. Der Main-Donau-Wasserweg harrt noch des Ausbaus für den Großverkehr; die Donau läßt einen solchen erst von Regensburg ab zu (bis zur Grenze = 150 km). Von den Fernverbindungen durchschneiden drei sehr wichtige das Alpenvorland: 1. die Linie Berlin—Rom, 2. der Orientexpreß, 3. der Ostendeexpreß (Skizze 5). Weitere bedeutende Verkehrslinien streben über das Bodenseegebiet nach der Schweiz.

Zusammenfassung: **Das Gebiet der Donau ist ein von hohen Gebirgszügen umgrenztes, mit geneigten Hochebenen ausgefülltes Gebiet, ausgezeichnet durch Waldreichtum, vielfach benachteiligt durch rauhes Klima und unfruchtbaren Boden, verhältnismäßig schwach besiedelt, ohne bedeutende Bodenschätze und ausgedehnte Industriebezirke, aber mit einzelnen hervorragenden gewerblichen Mittelpunkten und mit bedeutendem Verkehr.**

2. Das südwestdeutsche Becken.

a) Das rechtsrheinische Gebirge.[1]

Der Schwarzwald, von S nach N = 170 km, wird durch das Kinzigtal in den oberen Schwarzwald im S und den unteren Schwarzwald im N geteilt. Jener ist ein Durcheinander mächtiger Bergrücken (Feldberg 1500 m) und steil-

1) Anhang I, 2 und 3.

wandiger Täler. Seine Schönheit zieht zahlreiche Wanderer an. Der untere Schwarzwald hat breite, plattenförmige Sandsteinflächen, die sich auch dem südlichen Teile im O vorlagern und allmählich nach dem Neckar- und dem oberen Donaugebiete neigen. — Das Klima ist rauh und regenreich, der Boden wenig fruchtbar; nur die Talgründe sind mit Wiesen und Äckern bevorzugt.

Der Schwarzwald ist ein Waldgebirge. Fichtenwaldungen im S, Kiefernwaldungen im ärmeren N bedecken $^2/_3$, oft sogar $^3/_4$ des Berglandes. Der Wald ist Stätte und Quelle der Wirtschaft. Mit seinem Nutzholzertrag werden die Rheinlande versorgt.

Holzreichtum, Bodenarmut und lange Winterzeit regten frühzeitig die Entwicklung hausgewerblicher Tätigkeit an, die sich zu reger Industrie ausgestaltete und in der Neuzeit durch die Nutzung der Wasserkräfte gefördert wurde (Murgkraftwerk). Auf dem Südhange wurde durch Schweizer Unternehmer die Baumwollindustrie ansässig gemacht; auf den nordöstlichen Höhen schloß sich an eine bedeutsame Schafzucht die Wollverarbeitung an. Ein hervorragendes Gewerbe ist die mit reger Heim- und Fabrikarbeit tätige Schwarzwälder Uhrenindustrie im Gebiete der Brege, Brigach und Elz (Skizze 7). Mit ihr entwickelte sich die weltbekannte Herstellung von Spieluhren, Orchestrions und Harmonikas. Erwähnenswert ist die Strohflechterei; Hauptsitz Rottweil. Pforzheim am Nordwestrande beschäftigt nahezu 38000 Arbeiter in seiner Gold- und Silberverarbeitung, die sehr stark für die Ausfuhr tätig ist.

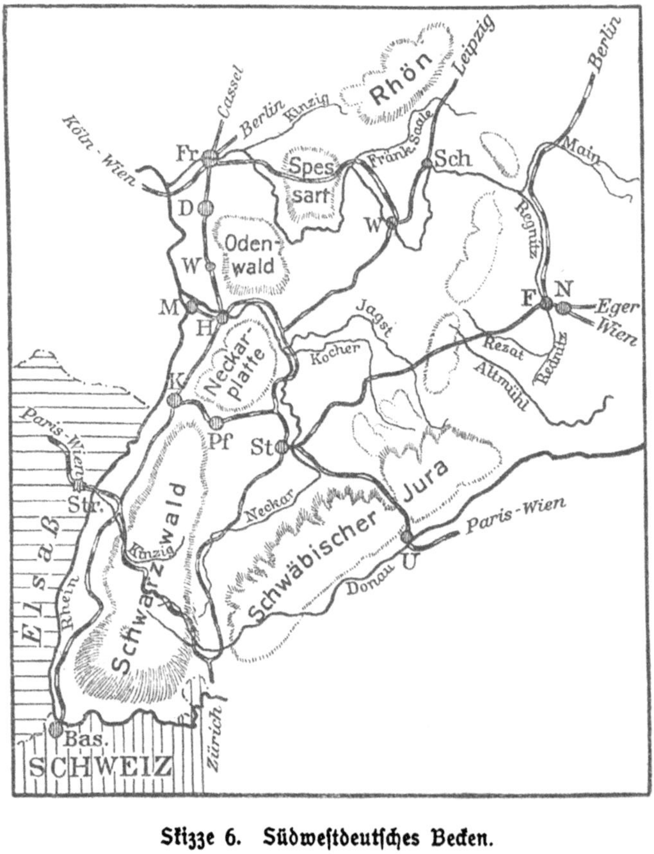

Skizze 6. Südwestdeutsches Becken.

Der Verkehr ist infolge der gewerblichen Regsamkeit verhältnismäßig gut ausgebaut; 2 Querbahnen: 1. die Schwarzwaldbahn (Offenburg — Triberg — Donaueschingen), 2. die Höllentalbahn (Freiburg — Donaueschingen).

Der Odenwald, zwischen Heidelberg und Darmstadt, weist hinsichtlich seiner Naturausstattung, seines Klimas und seines Waldreichtums (Eichenschälwaldungen) ähnliche Verhältnisse auf; aber nirgends hat sich eine gleich lebhafte Industrie im Waldlande entwickelt. Die Volksdichte ist gering. Immerhin ist das Gewerbe in den Tälern vertreten und hat in der hessischen Hauptstadt Darmstadt eine bedeutende Stätte gefunden.

b) Das schwäbisch-fränkische Stufenland.

Neckarbergland. An den östlichen Abfall des Schwarzwaldes schließt sich das vom Neckar durchflossene Bergland an, das sich in der Neckarplatte zwischen Schwarzwald und Odenwald nach dem Rhein zu fortsetzt und durch Frankenhöhe und Steigerwald im O gegen das Gebiet der Regnitz abgegrenzt wird. Hauptstadt: Stuttgart. Im Neckargebiete paart sich ein mildes Klima mit einem oft erstaunlich reichen Boden. Obsthänge, Weingärten, Getreidefelder und Hopfengärten wechseln mit waldrauschenden Höhen und Wiesentälern ab. Das Neckarland gehört zu den schönsten und gesegnetsten Gegenden Deutschlands.

Das Land an der Regnitz ist dagegen vorwiegend mit ärmerem, sandigem Ackerboden ausgestattet. Nürnberg = „die reichste Frankenstadt auf dem ärmsten Frankenboden". Nur die Gebirgstäler zeitigen reiche Ernten an Wein, Obst, Hopfen und Getreide. Hauptorte: Nürnberg-Fürth und Bamberg.

Das Mainland. Der Odenwald findet seine Fortsetzung in dem Waldgebiete des Spessart zwischen Main und Kinzig. Nach dem Maine zu bezeugen reiche Felder, Obstgärten und Weinberge die Fruchtbarkeit des Bodens und die Gunst des Klimas. Südöstlich der Fränkischen Saale schließt sich das Acker- und Gartenland der Fränkischen Platte an.

Wirtschaft. Guter Boden und günstiges Klima leiten zum Ackerbau und zur Gartennutzung, deren Erträge, besonders im Main- und Neckartale, so reich und mannigfaltig sind, daß das Land zu den besten Gegenden Deutschlands gehört. Neben Getreide erzeugt man hier Obst, Wein, Hopfen und Tabak (bedeutende Weinorte: Würzburg und Kitzingen, Welthopfenmarkt: Nürnberg). Der Holzertrag der Bergwälder wird in der heimischen Industrie verwertet und auf dem Maine verfrachtet.

Skizze 7.
Industriegebiete des Schwarzwaldes.
≡ Textilindustrie. /// Herstellung von Uhren, Spielwerken, Schnitzereien u. Strohgeflechten.

Bodenschätze fehlen auch hier fast ganz; aber große Steinbrüche sind vielerorts, besonders am Main, im Betriebe. Die Industrie kann sich auf zahlreiche Wasserkräfte stützen und ist stark verbreitet. Hauptstätten: Stuttgart und Nürnberg. Am wichtigsten ist die Textilindustrie am Fuße der Alb (Reutlingen, Göppingen, Kirchheim) im Neckartal nördlich Stuttgart und in Bamberg. Daneben beherbergen die Städte Maschinen-, Metallwaren-, Fahrzeug-, Papierfabriken und andere Gewerbezweige.

Stuttgart (341 000) ist der Sitz des süddeutschen Buchhandels und Buchdruckes, ein Hauptort der Maschinenindustrie und des Möbelgewerbes, bedeutend durch Herstellung von

Skizze 8. Nürnberg.

Skizze 9. Stuttgart.

Wirkwaren, Klavieren, Harmoniums usw. — Die fränkische Hauptstadt **Nürnberg** (392000) hat ihre alte gewerbliche Betätigung machtvoll entwickelt (Maschinen, Metallwaren, Spielwaren, Bleistifte, Bier). Zu dieser Bedeutung trägt das benachbarte **Fürth** bei.

Verkehr. Die Wasserwege des Mains (von Bamberg ab) und des Neckars (von Heilbronn ab) lassen keinen Großverkehr zu. Mit Eisenbahnen ist das Land gut ausgestattet: Nordsüd- und Ostwestverkehr treffen sich in Nürnberg, Stuttgart und Würzburg (Skizzen 8 und 9 und Karte!).

Zusammenfassung: **Das Neckar-Main-Land ist ein mit waldreichen Bergen durchsetztes Stufenland. Mildes Klima und ergiebiger Boden machen das Neckarland und Maintal zu einem reich gesegneten Acker- und Gartenlande; nur die Berghöhen und das Regnitzgebiet sind ungünstiger ausgestattet. Das Land ist arm an Bergbauerzeugnissen, aber reich an Wasserkräften; die rührige Bevölkerung des verkehrsreichen Gebietes betätigt sich in hervorragender Industrie.**

3. Die Oberrheinische Tiefebene.

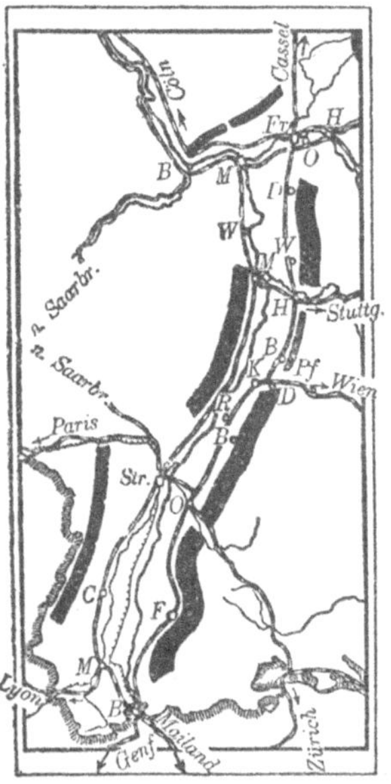

Skizze 10. Oberrheinische Tiefebene.

Aufbau. Die Oberrheinische Tiefebene ist ein mächtiges **Einbruchsgebiet** (zwischen welchen Gebirgen?), sein Boden von den Geröllmassen des Rheins und der Gebirgsflüsse bedeckt und erhöht. In dem Sand- und Kiesboden der Niederung (siehe Skizze 11) verteilt sich das Rheinwasser vielfach in Flußschlingen und toten Armen; von **Kehl** ab ist es in einem einheitlichen Strombette zusammengefaßt und der **Großschiffahrt** dienstbar gemacht. Hier liegen die Städte unmittelbar am Rhein, im S dagegen auf dem Hochgestade. Zwischen ihm und den Bruchrändern der Gebirge ist der Boden mit fruchtbarem Lehm und Löß bedeckt. Hinter den Hügelketten des Bruchrandes haben sich die Gewässer vielfach gestaut; so entstanden dort langgestreckte Sümpfe und **Moore**, die zum Teil entwässert sind, zum Teil der **Torfgewinnung** dienen. Nordwestlich Freiburg im Breisgau wird die Ebene von dem prächtig aufragenden **Kaiserstuhl** unterbrochen. — Im NW schließt sich der Rheinebene das **rheinhessische Hügelland** an (zwischen welchen Flüssen?); sie setzt sich fort in der **Mainebene** und der **Wetterau** (Karte!).

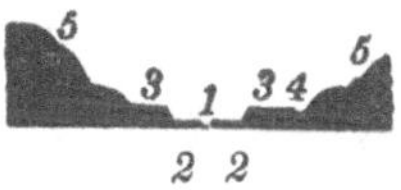

1 Rheinbett, 2 Niederung, 3 Hochgestade, 4 Bruchland, 5 Randgebirge.

Skizze 11.

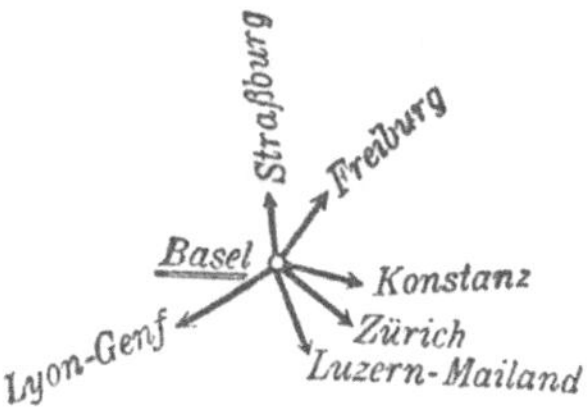

Skizze 12. Basel.

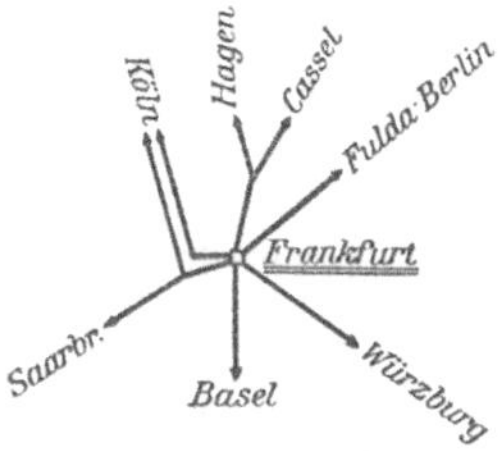

Skizze 13. Frankfurt.

Wirtschaft. Kaum ein anderer Teil Deutschlands ist durch das Klima so begünstigt; hier gedeihen Obst (Bergstraße, Frankfurter Gegend), Wein- und südliche Früchte in Fülle; hier reift der Mais. Der fruchtbare Boden zeitigt reiche Ernten an Zuckerrüben, Weizen, Hopfen, Tabak und Gemüse. So ist das Gebiet der Oberrheinischen Tiefebene ein reichgesegnetes Acker- und Gartenbauland. — Dagegen ist es an Bodenschätzen arm (Braunkohlen vereinzelt in der Wetterau).

Industrie. Die Industrie verdankt Entstehung und Bedeutung der Verkehrsgunst, den Wasserkräften und der Betriebsamkeit der zahlreichen Bevölkerung. Bedeutsame Weborte sind Freiburg i. Br., Mannheim-Ludwigshafen, Speyer und Worms. Im nördlichen Teile weisen die größeren Städte Industrien mannigfacher Art auf. Der Hauptort ist Mannheim (247000) mit dem gegenüberliegenden Ludwigshafen (102000), eine Hochburg des Gewerbes in seinen verschiedensten Formen (Eisengießereien, Maschinenfabriken, chemische Werke, Großmühlen usw.). Auch in Karlsruhe, Worms, Speyer und Mainz vereinigt sich die Großindustrie. Genannt seien ferner die Konservenindustrie der Mainzer Sandgegend, die vielerorts vertretene Tabakindustrie, das chemische Gewerbe am unteren Main (Höchst), die Goldwarenindustrie Hanaus, die Lederwarenindustrie Offenbachs. Frankfurt a. M. (462000) ist eine weltbekannte Stätte deutscher Kunst, deutschen Gewerbes und des internationalen Handels.

Verkehr. Der Rhein ist die große Ader des Frachtverkehrs; bis Kehl geht die Großschiffahrt stromauf. (Beachte die Kanäle von Straßburg aus! Die Main- und Neckarmündungshäfen (welche?) gehören zu den verkehrsreichsten Binnenhäfen Deutschlands mit einem sehr starken Umschlagsverkehr (Gründe?). — Bei den Eisenbahnen tritt in erster Linie der Nordsüdverkehr hervor (Frankfurt—Basel = 390 km), der in Frankfurt nach N, in Basel nach S ausstrahlt (Skizze 12 und 13). Der Ostwestverkehr ist weniger begünstigt (Neckar- und Maintal).

Zusammenfassung: **Die Oberrheinische Tiefebene ist ausgezeichnet durch hervorragend guten Boden, der selten von Sand, Geröllflächen und Sümpfen unterbrochen wird, durch sehr günstiges Klima und vorzügliche Verkehrslage. Sie ist daher ein Acker-, Garten- und Weinland erster Ordnung. Die zahlreichen nutzbaren Wasserkräfte des Gebietes, die Gunst der Verkehrslage und die Betriebsamkeit der dichtsiedelnden Bevölkerung haben eine bedeutsame Industrie entstehen lassen, die ihren Sitz in den zahlreichen großen Städten hat.**

4. Die Hardt und das Saargebiet.[1])

Übersicht. Das anmutige, abwechselungsreiche Land zwischen Lauter und Nahe senkt sich von den Höhen der Hardt nach W und N. Im W geht die Hardt in das Hügelland des Westrich über; nordwestlich der Bahn Saarbrücken—Kaiserslautern liegt das kohleführende Pfälzer Bergland. Im N erhebt sich die laubwaldgekrönte Landmarke des Donnersberges.

1) Anhang I, 5 und 6.

Wirtschaft. Das Land ist durch Boden und Klima nicht so begünstigt wie das Neckartal; die Ernten müssen dem Boden mit größerer Mühe abgewonnen werden; doch ist auch hier der Wein- und Obstbau nicht unbedeutend. Auf den Höhen herrscht der Wald. Die dichte Besiedelung der Pfalz ist auf das Gewerbe zurückzuführen (Kohlenvorkommen). Namentlich tritt die Textilindustrie in Kaiserslautern und Lambrecht und die bedeutende Schuhfabrikation (Pirmasens) hervor.

Das Saargebiet. Das ganze Kohlengebiet ist durch die Friedensbestimmungen zu einem besonderen Saarstaate zusammengefaßt (1900 qkm, 770 000 Einw.), der bis 1934 für die französische Wirtschaft (Kohlenversorgung Elsaß-Lothringens) ausgenützt wird. Es lieferte früher 9 % der ganzen deutschen Kohlenförderung. Die Nähe des lothringischen Eisensteins hat im Saarbecken eine sehr bedeutende Hochofen- und Eisenverarbeitungsindustrie entstehen lassen (große Werke in Saarbrücken, Neunkirchen, Völklingen, Dillingen, St. Ingbert); dazu kommen Glashütten, Steingutfabriken, Zementwerke, chemische Fabriken usw. Diese lebhafte Industrie zieht viele zuwandernde Arbeiter aus den angrenzenden Gebieten an.

Verkehr. Nach S führt eine wichtige Wasserstraße (welche ?); nach Mosel, Nahe und dem deutschen Rhein leiten aus dem Saargebiet nur Schienenwege (Karte), die sich im Saartale zu einem dichten Netze verschlingen.

Zusammenfassung: **Neben Waldbau und Landwirtschaft tritt in der Pfalz eine bedeutsame Industrie hervor; diese drängt sich im Saarkohlengebiete besonders dicht zusammen. Ein umfangreicher Güterverkehr setzte bisher das dicht besiedelte Gebiet zu weiten Teilen Deutschlands in lebhafte Beziehungen.**

5. Das Rheinische Schiefergebirge und die Kölner Tieflandsbucht.[1])

Aus welchen Teilen besteht das Gebiet? Von welchen Flüssen werden diese Teile begrenzt und durchflossen? Skizze 14.

Übersicht. Der Taunus, im O fast 900 m hoch, besteht aus mehreren waldbedeckten Höhenzügen. Die Abdachung zum Rhein- und Maintale ist bedeckt mit Weinbergen und Obstgärten. Im Rheingau reifen die wertvollsten Weine Deutschlands. Hier liegt Wiesbaden, das reichste der zahlreichen Taunusbäder. — Das Gegenstück des Taunus ist der bewaldete Hunsrück, im NW von der Mosel umschlungen; in ihrem weingesegneten herrlichen Bergland liegt als einzige größere Stadt das altberühmte Trier (welche Wege laufen hier zusammen?).

Die nördlichen Teile zu beiden Seiten des Rheins, von den engen Flußtälern aus gebirgig erscheinend, sind in Wirklichkeit hochgelegene Flächen mit unregelmäßig aufgesetzten Bergzügen, durchbrochen von jungen Vulkanen. Das Klima ist rauh, der Boden ärmlich, die Landwirtschaft wenig entwickelt. (Moore im Hohen Venn.)

Etwas günstiger liegen die Verhältnisse rechts des Rheins, namentlich im Bergischen Lande. Zwischen Ruhr und Lippe geht das Bergland allmählich in die Ebene über, doch gehört dieses Vorland, unter dessen Oberfläche das alte Gebirge mit seinen Schätzen lagert, wirtschaftlich zum Rheinischen Berglande, ebenso wie im W das Aachener Kohlenbecken und wie die Kölner Tieflandsbucht. In ihr tritt besonders das Vorgebirge hervor; es ist auf der Westseite mit Wald bedeckt, auf der Ostseite gartenartig angebaut und birgt Braunkohlenlager von einer Mächtigkeit, die in deutschen Ländern nicht wiederkehrt.

1) Anhang I, 8 und 9.

Wirtschaft. Der Waldreichtum, der einst die Entstehung der Industrie erleichterte, reicht für den großen Bedarf des Landes nicht entfernt mehr aus. An der Sieg, auf der Eifel und an der Mosel treten ausgedehnte Eichenschälwaldungen auf (Lederindustrie, Hauptorte Trier und Siegen).

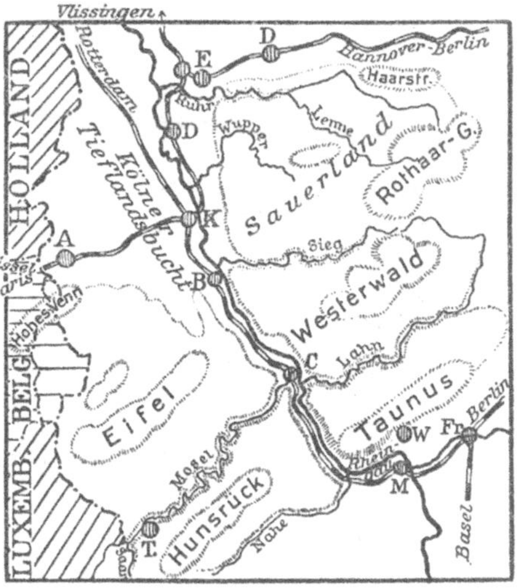

Skizze 14. Rheinisches Schiefergebirge.

Der Ackerbau ist nur in der Kölner Tieflandsbucht, in den Tälern und beckenartigen Gebirgssenken (Karte!) hoch entwickelt; auf den weiten Hochflächen sind die Bodenerträge durchweg gering. Das ganze Land ist auf starke Getreidezufuhr angewiesen. Zuckerrüben und Tabak werden in der Rheinebene gebaut. Hohe Erträge liefern die Weinberge vom Rheingau bis über Koblenz hinaus und an der Mosel.

Der Hauptreichtum des Gebietes ruht in den Bodenschätzen. Die Rheinstraße ermöglicht weithin den Absatz der nutzbaren Gesteinsarten (Schiefer, Basalt, Tuff, Bimsstein usw.). Die nicht mehr ergiebigen Achatgruben des Hunsrücks (Idar, Oberstein) gaben Anlaß zu einer dort tätigen Edelsteinindustrie, die weitverbreiteten Tonlager zu hochentwickelter Ziegelei- und Steingutindustrie (namentlich bei Bonn, im südwestlichen Westerwald usw.). Hervorragend ist die Glasindustrie von Köln, Stolberg und Oberhausen. Die Eifel besitzt Bleierzgruben und -hütten bei Euskirchen; Zinkerze werden in der Aachener Gegend gefördert.

Eisenerze. Das bedeutendste rheinisch-westfälische Eisenerzgebiet ist das Siegerland, Mittelpunkt Siegen, wo hochwertiger Eisenstein in großen Mengen gewonnen und mit Ruhrkohle verhüttet wird; ein wesentlicher Teil wird dem Ruhrgebiete zugeführt. An zweiter Stelle steht das Gebiet der Lahn und Dill (Nebenfluß der Lahn). Doch wenn an Sieg und Lahn auch große Erzmengen lagern, so genügen sie doch bei weitem nicht, um den gewaltigen Bedarf des erzarmen Ruhrkohlengebietes zu decken.

Steinkohlen. Das rheinisch-westfälische Steinkohlengebiet (Skizze 15) ist die große Kraftquelle des Rheinlandes und Deutschlands. Am Nordabhange des Schiefergebirges, der ehemaligen Meeresküste, haben sich jene gewaltigen Brennstofflager gebildet. Ihr Vorkommen reicht im Süden nicht sehr weit über die Ruhr hinaus. Nördlich der Ruhr treten die Kohlenschichten zutage; hier befindet sich daher das Gebiet des leichtesten und somit ältesten Abbaues (daher Ruhrkohlen); nordwärts versinken die Schichten in immer größere Tiefen; sie sind bis über die Lippe hinaus festgestellt und werden bis dahin abgebaut. Auch der Rhein bezeichnet nicht die Grenze nach Westen; vielmehr setzen sich die westrheinischen Kohlenflöze nach Südholland und Belgien hinein fort; aber ihr Vorkommen ist links des Rheines vielfach unterbrochen. Der Abbau findet nur in unmittelbarer Nähe des Rheines und im Aachener Becken statt.

Industrie. Das Kohlenvorkommen hat die Entstehung einer großartigen Indu-

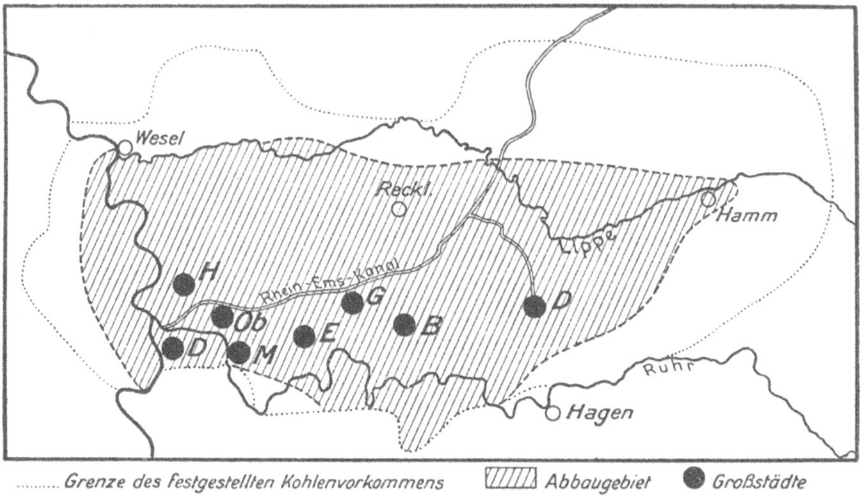

Skizze 15. Rheinisch-westfälisches Steinkohlengebiet.

strie zur Folge gehabt. An erster Stelle steht die Roheisengewinnung und -verarbeitung. Zwar müssen die Erze aus dem nahegelegenen Siegerlande, aus dem Lahngebiete, Lothringen und weit entfernten Auslandsgebieten herangeholt werden; aber die Gunst der Rhein-Wasserstraße und der Rhein-Ems-Kanal (Karte!) ermöglichen eine billige Beförderung. Duisburg-Ruhrort hat sich zu dem bedeutendsten Binnenhafen Europas entwickelt (Kohlenversand, Erzbezug). Unter den Eisenverarbeitungsstätten steht neben anderen hochbedeutenden Orten (Dortmund [320000], Hörde, Bochum [157000], Mülheim [127000], Duisburg [272000], Oberhausen [105000] usw.) in erster Linie Essen [469000] mit den Kruppschen Werken.

Innerhalb des Kohlengebietes sind außer der Eisenverarbeitung Weltindustrien mannigfacher Art entstanden, so die chemische Industrie, Zement- und Glasindustrie, Ziegeleien, die Textilindustrie usw. Bei so lebhafter gewerblicher Betätigung mußte das Ruhrkohlengebiet zu dem dichtestbesiedelten Gebiete Deutschlands werden. Es birgt allein acht Großstädte (welche?) und zahlreiche Städte und Dörfer mit 50—100000 E. (Anhang II.)

Außerhalb seiner Grenzen, namentlich nach S hin, verdankt die dort ansässige Industrie ihre Blüte ebenfalls der Nähe des Kohlenvorkommens. Lenne- und Wuppertal sind berühmt durch Maschinen- und Textilindustrie; namentlich Elberfeld-Barmen (354000) tritt hier als Mittelpunkt hervor (Seiden-, Baumwoll- und Wollverarbeitung, Färbereien, Eisenindustrie). Das Bergisch-Märkische Land hat Weltruf durch seine Kleineisenindustrie (Hauptort des Märkischen Landes: Hagen, des Bergischen Landes: Remscheid-Solingen). Die Eisenindustrie beschäftigt im Rheintal bis zur Lahnmündung hinauf viele Orte, unter ihnen die überragenden Großstädte Köln (698000) und Düsseldorf (431000).

Linksrheinisch beherbergt das Aachener Kohlenbecken, ein bescheidenes Abbild des Ruhrgebietes, Eisenhütten, große Maschinenfabriken und zahlreiche Tuchwebereien in Aachen (155000), in Eschweiler und Euskirchen. Die Förderung der gewaltigen Braunkohlenschichten des Vorgebirges geht dem Fabrikbetriebe und dem Versand zu. — Linksrheinisch tritt endlich ein ganz bedeutender Bezirk der Gewebeindustrie hervor mit München-Gladbach und Rheydt als Mittelpunkt der Baumwollverarbeitung, Krefeld als bedeutendstem deutschen Seidenindustrieplatze.

Skizze 16. Köln.

Gegenüber solcher gewaltigen, einzigartigen Industrie erscheint der Süden des ganzen Gebietes arm an Gewerbetätigkeit; doch liegen auch hier an Rhein, Lahn und Mosel nennenswerte Städte mit mannigfacher Bedeutung, unter ihnen Wiesbaden, Koblenz und Trier.

Verkehr. Von gewaltiger Bedeutung für die Industrie sind die Schiffahrtswege des Rheins und des Rhein-Ems-Weser-Kanals. Seeschiffe gehen bis Köln. Verkehrsgüter: Getreide und Erze; Kohle, Industrieerzeugnisse, Baubedarf, Holz usw. Haupthäfen: Duisburg-Ruhrort, Krefeld-Ürdingen, Düsseldorf und Köln. Duisburg-Ruhrort ist der größte Binnenhafen Europas.

Die das rheinische Gebiet kreuzenden großen Eisenbahnen folgen in der Nordsüdrichtung hauptsächlich der Rheinstraße. Im nördlichen Teile werden sie von zahlreichen Ostwestlinien gekreuzt. Der Hauptknotenpunkt ist Köln (Skizze 16). Im Süden ist das Eisenbahnnetz weitmaschig, im Norden, namentlich im Ruhrgebiet, von einer Dichte, wie sie in deutschen Landen nicht wieder anzutreffen ist.

Zusammenfassung: **Das Rheinische Schiefergebirge ist ein durch den Rhein und seine Nebenflüsse in mehrere Abschnitte gegliedertes Schollengebirge, das von einer Reihe aufgesetzter Bergzüge und zahlreichen erloschenen Vulkanen unterbrochen wird. Von Norden her greift die Kölner Tieflandsbucht tief in das Gebirge hinein. Es ist weder durch günstiges Klima noch durch fruchtbaren Boden ausgezeichnet. Hervorragende Bodenkulturen (Acker-, Garten- und Weinbau) sind daher räumlich beengt. Der Wald bedeckt weite Flächen und ist im Süden, sowie an der Lahn, Sieg und oberen Ruhr wohlgepflegt. Die große Bedeutung des Gebietes liegt in dem Vorkommen und der Ausbeutung reicher Bodenschätze mannigfacher Art und in der Gunst der Rheinverkehrsstraße. Der nördliche Teil hat sich daher zu dem bedeutendsten Industriegebiete Deutschlands mit außerordentlich dichter Besiedelung und einzigartigem Verkehr entwickelt.**

6. Das Hessische und Weserbergland.[1])

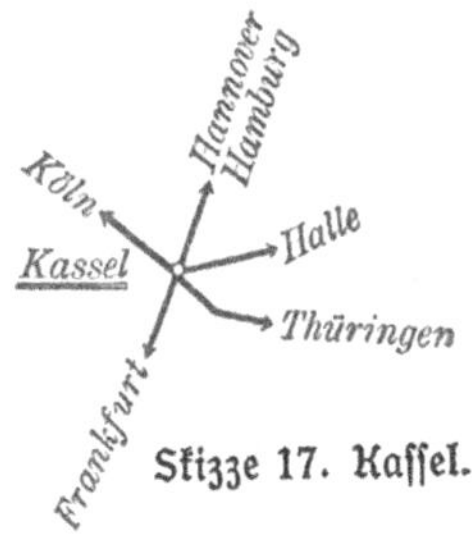

Skizze 17. Kassel.

Übersicht. Umgrenze das Gebiet an Hand der Skizze 18 und der Karte! — Im Hessischen Berglande fehlen Gebirgszüge von längerer Ausdehnung. Der Sandsteinsockel des Gebietes ist von vulkanischen Erhebungen (Basalt) vielfach durchbrochen. Im S: der Vogelsberg und die Rhön, im N: der hohe Meißner; diesem gegenüber jenseits der Fulda der Habichtswald mit der prächtigen Wilhelmshöhe, an den sich der Reinhardswald (zwischen welchen Flüssen?) anschließt. Dem ganzen Berglande geben die Basaltdurchbrüche eigenartiges Gepräge. Kurzrasige Huten lichten den weitverbreiteten Wald. Nur die Täler (welche?), die sich

1) Anhang I, 10.

Skizze 18. Hessisches und Weserbergland.

um Kassel, Marburg, Eschwege und an der Schwalm zu Ebenen verbreitern, sind mit fruchtbaren Feldern bedeckt und landwirtschaftlich bedeutsam.

Das Weserbergland wird durch das Flußtal zwischen Münden und Minden in zwei Teile geteilt. An der Ostseite steigen Solling, Süntel und Wesergebirge auf; dahinter der Deister. Links der Weser bildet das Wiehengebirge die Fortsetzung des Wesergebirges (Westfälische Pforte); südwärts erheben sich erst in weiterer Entfernung vom Flusse die langgestreckten Bergzüge des Eggebirges und Teutoburger Waldes. Auch die Wesergebirge sind Waldland mit weiten wohlgepflegten Forsten; aber zwischen den Bergen und im Abdachungsgebiete nach der Leine und den Tieflandsbuchen liegen die breiten Fluren wohlhabender Bauern.

Wirtschaft. Klima und Boden weisen die Bewohner des Hessischen und Weserberglandes zunächst auf Wald und Weide hin. Der Ackerbau hat im größten Teile des Landes mit schwierigen Verhältnissen zu kämpfen. In den breiten Tälern des Hessenlandes, an Weser und Leine gedeihen neben Getreide Zuckerrüben (im Leinetale und südlich Kassel) und Tabak (an der Werra und in Südhannover), und mancher Landstrich hat nicht unbedeutenden Obstbau. Die Industrie stützt sich auf vereinzelte kleinere Kohlenlager (Steinkohlen am Teutoburger Walde, am Deister und im Wesergebirge, Braunkohlen im Hessischen Berglande) und auf Wasserkräfte (Edertalsperre). Steine und Erden werden vielfach verwertet: Basaltbrüche, Zementwerke, Schwerspatgruben, Schmelztiegelwerke, Glashütten. Die Eisenerzlager bei Osnabrück sind erschöpft; doch ist hier, in Bielefeld, Minden und namentlich in Kassel eine ansehnliche Eisenindustrie tätig. In zwei Landesteilen hat die Textilindustrie besondere Bedeutung erlangt: 1. in Hessen mit Segeltuchweberei und Juteverarbeitung in Kassel, Woll- und Baumwollindustrie in Eschwege, Hersfeld und Fulda; 2. in Bielefeld und Umgebung mit hervorragender Leinen-, Baumwoll- und Seidenfabrikation. — Das Bergland ist nicht dicht, teilweise spärlich besiedelt, Kassel die einzige Großstadt des Landes (171 000).

Verkehr. Der Weserweg ist im Berglande nicht lebhaft befahren; Häfen: Kassel, Hameln, Minden. Der Eisenbahnverkehr strebt von Frankfurt aus in zwei Linien (Skizze 18) den Nordseehäfen, Thüringen und Berlin zu. Verschiedene Linien (welche?) queren das Gebiet in west-östlicher Richtung. Der bedeutendste Knotenpunkt ist Kassel (Skizze 17).

Zusammenfassung: **Das hessische und Weserbergland ist durchweg weder mit fruchtbarem Boden noch mit günstigem Klima ausgestattet, daher waldreich und vielfach als Weidegebiet geeignet. Bodenschätze begünstigen die gewerbliche Tätigkeit, die sich indessen nur in Kassel und am Abhange des Teutoburger Waldes zur Großindustrie entwickelte. Die Besiedelung bleibt daher hinter dem Reichsdurchschnitt zurück.**

7. Thüringen und der Harz.[1])

Übersicht. Bestimme die Grenzen des Gebietes und seiner Teile: 1. des Thüringer Landes im S, 2. der Harzberge mit dem Mansfelde (Skizze 19 und Karte!). Welche Flüsse gehören hier zur Weser, welche zur Elbe?

Der Frankenwald und der südliche Thüringer Wald bilden breite Sockel (Schiefer) mit einer Anzahl hoher Erhebungen; der nordwestliche Thüringer Wald bildet langgezogene Ketten, über die Inselsberg (915 m) und Beerberg (1000 m) einen prächtigen Rundblick gewähren. Die Bergzüge enden im N bei Eisenach (Wartburg), dem beliebten Ausgangspunkt in das herrliche, waldrauschende Bergland.

Das Thüringer Becken wird durch eine Anzahl Bergzüge in verschiedene Mulden von ungleicher Größe geteilt (Skizze 19). Geschichte und Sage, Reichtum und Schönheit machten es zu einem viel besungenen Lande.

Das Eichsfeld leitet zum Fuße des Harzes hinüber. Der obere Teil ist rauh, wasserarm und unfruchtbar (neuerdings Bergbau); das untere Eichsfeld dagegen schließt sich als „Goldene Mark" an die „Goldene Aue" an, die nördlich des sagenreichen Kyffhäusers Thüringen begrenzt.

Der Harz steigt aus seinem südlichen und westlichen Hügellande schnell zu beträchtlichen Höhen empor. Der niedrigere Südharz ($^1/_3$ des Gebirges) nähert sich mit seinen milderen Formen dem Charakter des Thüringer Landes (Laubwald). Der Nordharz (Nadelwaldungen) ist angefüllt von Hochflächen, überwölbt von massigen Bergen (Brocken = 1140 m) und zerteilt von tiefliegenden Flußtälern (Bodetal). Auf den Höhen geht der Wald in Knieholz und weite Moore über. Im N fällt das Gebirge fast unvermittelt zum Tieflande ab, im O geht es in das Mansfeldische Bergland über.

Wirtschaft. Die weiten wohlgepflegten Forsten, namentlich des Thüringer Waldes und des Harzes, hier $^2/_3$ der Bodenfläche bedeckend, liefern Bau- und Nutzholz in Mengen, Rohstoff für Papier- und Holzwarenfabriken (Hildburghausen, Lauterberg u. a.); sie bieten auch Anlaß zu namhafter Beeren- und Kräuterlese. Kurgebrauch, Wanderfreunde und Wintersport ziehen viele Fremde an.

Der mustergültige Ackerbau in den fruchtbaren Mulden des Hügellandes zeitigt neben Getreide Zuckerrüben und Tabak. Weltruf haben die Blumen- und Samenzüchtereien in der Erfurter Gegend erlangt. Im Saale- und Unstruttale wird ausgedehnter Obst- und Gemüsebau betrieben; hier hat sich auch der Weinbau erhalten (Naumburg).

Das Gewerbe knüpft zum Teil an das Vorkommen von Bodenschätzen an, zum Teil war es für den Waldbewohner eine notwendige Erwerbsquelle, zum Teil ist es auf die Gunst des Verkehrs und die Unternehmungslust der Bewohner zurückzuführen. — Steinkohlen fehlen. Die ertrag-

Skizze 19. Thüringen und der Harz.

1) Anhang I, 11.

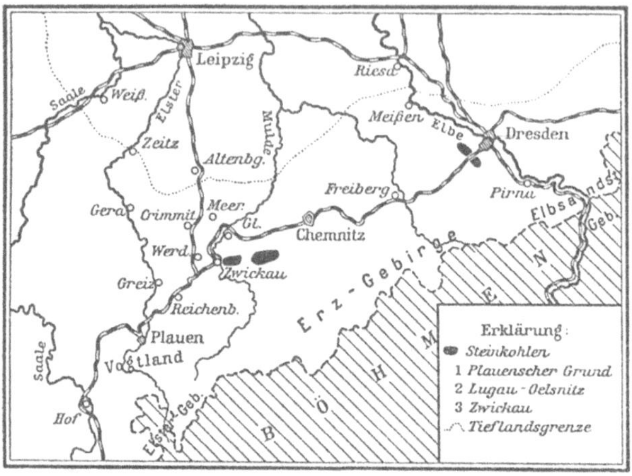

Skizze 20. Erzgebirge und Vorland.

reichen Braunkohlengruben gehören fast ganz zur östlichen Tieflandsbucht; nur an der dortigen Grenze ist es daher zu einer zusammenhängenden Großindustrie gekommen. Die Eisenerzlager im Kreise Schmalkalden, bei Saalfeld und im Oberharz haben eine Hüttenindustrie ins Leben gerufen. Im Thüringer Walde ist die Kleineisenindustrie bedeutend (Eisenkurzwaren in Schmalkalden, Waffen in Suhl, Sömmerda, Mehlis). Kupfer wird im Nordharze (Goslar) und im Mansfeldischen (Eisleben) gefördert und verhüttet. Der Harzer Bergbau liefert Silber- und Bleierze. Mittelpunkte der Maschinenindustrie wurden Erfurt (135000), Eisenach, Nordhausen. Weltbedeutung gewann die Herstellung optischer Instrumente in Jena, ebenso die Spielwarenindustrie Sonnebergs. Die Weberei tritt besonders im östlichen Teile hervor (Gera, Apolda). Zahlreiche Glashütten und Porzellanfabriken im Hügellande, Schieferbrüche im Frankenwalde und große Kaligruben im Thüringer Becken, auf dem Eichsfelde und an der Werra vervollständigen das Bild reger Industrie.

Verkehr. Das Land ist, abgesehen von den Waldgebieten und dem oberen Eichsfelde, dicht besiedelt. Der rege Verkehr ist auf Eisenbahnen angewiesen; nur der Harz wird vom Großverkehr umgangen. Verkehrsmittelpunkt ist Erfurt.

Zusammenfassung: **Entsprechend dem Wechsel der Landschaft lösen Waldwirtschaft und hoch entwickelter Acker- und Gartenbau einander ab. Mannigfache, wenn auch nicht umfangreiche Bodenschätze, die Armut des Waldbodens und die Rührigkeit der dichtsiedelnden Bewohner haben eine vielgestaltige Industrie ins Leben gerufen; zur Ausbildung großer Industriegebiete ist es aber nicht gekommen.**

8. Das Erzgebirge und sein nördliches Vorland.[1]

Übersicht. Teile: 1. Elster- und Erzgebirge, 2. das Erzgebirgische Becken, 3. Das Elbsandsteingebirge, 4. der Elbtalkessel, 5. die Dresdner Heide (Skizze 20, Karte!).

Der Kamm des Grenzgebirges (durchschnittlich 880 m) erhebt sich im böhmischen Keilberg zu 1244 m, im sächsischen Fichtelberg zu 1213 m Höhe und setzt dem Verkehr Schwierigkeiten entgegen. In den hohen Lagen ist das Klima rauh und niederschlagsreich (Waldungen und Moore); dennoch ziehen sich zahlreiche Siedelungen die Höhen hinan, deren Bewohner auf gewerbliche Betätigung angewiesen sind. Dem Elstergebirge ist das nördliche Vogtland vorgelagert; seine Bergwelt geht nach Thüringen zu in gleichmäßige Hochflächen über. Auch hier treten Wald und Weide stark hervor. In den unteren Teilen der Bergländer wechseln Wald und Feld, Bauernhöfe und Industriestädte.

1) Anhang I, 13 und 14.

Das Erzgebirgische Becken bildet mit langgezogenen Bodenwellen den Übergang vom Gebirge zum Tieflande (Flußrichtung!). Hier tritt der Wald mehr und mehr zurück. Langen Reihendörfern schließen sich werkreiche Industriestädte an, die das Kernstück der sächsischen Industriebezirke bilden.

Das formenreiche, schöne Elbsandsteingebirge (starker Fremdenverkehr) ist waldreich und nicht stark besiedelt; aber die Elbstädte (welche?) beherbergen ein rühriges Gewerbe. Nach dem Durchbruch durchfließt die Elbe den sandigen Elbtalkessel, auf beiden Seiten begleitet von gartenreichen Höhen. Der Hafen Riesa gehört schon zum Tieflande. Hinter den östlichen Höhen breitet sich die dorfarme Dresdener Heide aus.

Wirtschaft. Die Landwirtschaft findet die günstigsten Bedingungen in der Lößgegend zwischen der Elbe und der Zwickauer Mulde (hier auch Zuckerrübenanbau); sie kann aber den Getreidebedarf des Landes nicht decken. Obst und Gemüsebau treten im Elbtalkessel mit seinem günstigen Klima hervor, der Weinbau bei Meißen. Guten Ruf hat die Viehzucht des Vogtlandes. Der Holzreichtum der höheren Gebirgslagen findet in großen Papierfabriken Verwendung (Elbgebiet, Zwickauer Mulde, Vogtland) und hat zur Entstehung einer bedeutenden Musikinstrumentenherstellung (Markneukirchen, Klingenthal), der Schnitz- und Spielwarenindustrie des Erzgebirges Anlaß gegeben.

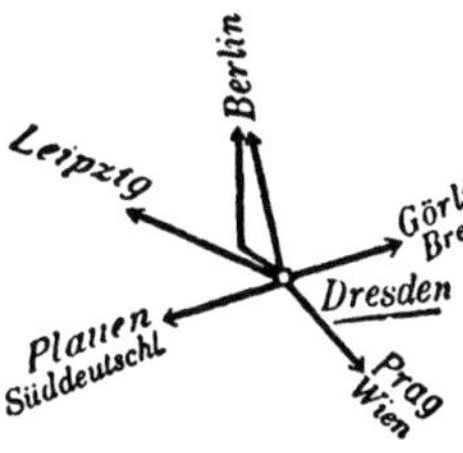

Skizze 21. Dresden.

Die Industrie herrscht durchaus vor; ihre Entwicklung wird gefördert durch ein allerdings bald erschöpftes Steinkohlenvorkommen (wo? Skizze 20) und die Nähe großer Braunkohlenlager (in der Leipziger Bucht und in Böhmen). In der Nachbarschaft der Steinkohlengruben treffen wir daher auch die dichteste Besiedelung und lebhafteste Industrie (Dresden, Chemnitz, das Städtefünfeck Zwickau, Werdau, Crimmitschau, Meerane und Glauchau). Die ostsächsischen (Hirschfelde bei Zittau) und westsächsischen Braunkohlengebiete (Borna bei Leipzig) sind zu Kraftspendern für die ganze sächsische Industrie ausgestaltet worden.

Die Erzgewinnung des Gebirges, einst eine Quelle des Reichtums, ist nicht mehr von großer Bedeutung (Zinn, Blei, Kupfer, Kobalt usw.); doch blieb Freiberg mit seiner Bergakademie eine weltbekannte Bildungsstätte für Bergleute. Große Steinbrüche besitzt das Elbsandsteingebirge (Elbweg!). — Die bedeutsamste Industrie des Landes ist die Textilindustrie. Im N herrscht die Woll-, im höheren Gebirge die Baumwollverarbeitung vor; aber alle Gespinstfasern werden verarbeitet, alle Erzeugnisse hergestellt, alle Arbeitsarten verwendet: Spinnen, Weben, Wirken, Klöppeln, Färben. Hauptorte s. Skizze 20. An der Spitze stehen Dresden (619000), Chemnitz (332000), das sächsische Manchester, Plauen (111000) und das thüringische Gera.

Von den anderen Industrien sind besonders hervorzuheben: die Maschinenindustrie (Chemnitz, Zwickau, Plauen, Dresden), die Porzellanfabrikation (Meißen), die Tabakverarbeitung (Dresden), die Lederindustrie (Freiberg), die Uhrenindustrie (Glashütte), die Knopfindustrie (bei Altenburg). Sachsen ist das industriereichste deutsche Land; es sendet seine Erzeugnisse in alle Welt.

Verkehr. Der bedeutende Personen- und Güterverkehr wird auf der Elbe und zahlreichen Schienenwegen bewältigt. Verfolge die Hauptlinien nach Skizze 20 und 21!

Zusammenfassung: **Das Erzgebirge und sein nördliches Vorland ist eins der blühendsten Gebiete Deutschlands. Seine Bedeutung verdankt es weniger der Gunst des Bodens und Klimas (ausgedehntes Waldland und mageres Sandgebiet), nur zum Teil seinen Bodenschätzen (Steinkohlen), zum allergrößten Teile aber der Rührigkeit und Tüchtigkeit seiner Bewohner. Die Besiedelung ist außerordentlich dicht und der Verkehr sehr rege.**

9. Die schlesisch-böhmischen Randgebiete und ihr Vorland.[1])

Übersicht. Merke 1. Lage, 2. Teile des Gebietes, 3. Gebirgszüge, 4. Flüsse nach Skizze 22! — In den langgestreckten Tälern zwischen den waldbedeckten Ketten der Lausitz reihen sich große Ortschaften oft zu stundenlangen Häuserzeilen aneinander (Lausche = 800 m, Grenzwarte). Niederschlesien wird gewaltig überragt vom Riesengebirge (zwischen welchen Flüssen?), dem höchsten deutschen Mittelgebirge (Schneekoppe = 1600 m). Sein Hochgebirgscharakter und seine eigenartige Schönheit, seine Bäder und Sommerfrischen ziehen einen sehr lebhaften Fremdenverkehr an. — Südöstlich des Riesengebirges senken sich hohe Randgebirge (welche?) von allen Seiten zum Glatzer Gebirgskessel hinab, aus dem das Neißetal ins Tiefland führt. Zwischen Riesengebirge und dem Glatzer Bergland liegt die Senke des Waldenburger Mittelgebirges, ausgezeichnet durch Kohlenvorkommen und Industrie.

Die Gebirge sind Waldland mit dürftigem Ackerboden. Nur $1/5$ der Fläche liefert hier Brotkorn. Das Vorland erhält durch Bergzüge und Einzelberge, durch den Wechsel von Wald und Feld ein anmutiges Gepräge. Der Boden ist hier ergiebig, oft von erstaunlicher Fruchtbarkeit.

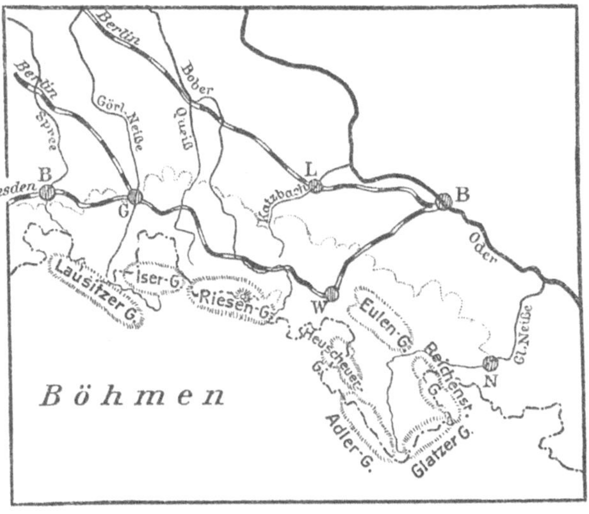

Skizze 22. Die schlesisch-böhmischen Randgebirge und ihr Vorland.

Die Wassermassen der Gebirgstäler sind durch Anlegung von Talsperren in den Dienst der Industrie gestellt (Bobertalsperre bei Mauer, Queistalsperre bei Marklissa).

Wirtschaft. Der Holzertrag des hohen Berglandes und der Vorberge wird in einer sehr bedeutenden Papierindustrie (Lausitz, Hirschberg, Glatzer Bergland) und in der Möbelindustrie (Nordschlesien) verwertet. Die auf Holzreichtum zurückzuführende Glasindustrie blüht in der Lausitz und im Riesengebirge (Josephinenhütte bei Schreiberhau).

Der Ackerbau des Vorlandes liefert besonders reiche Erträge an Getreide, Zuckerrüben und Gemüse (Liegnitz). Die erste deutsche Zuckerfabrik wurde hier 1802 eingerichtet.

Für die Industrie ist außer dem Vorhandensein von Wasserkräften das Steinkohlenvorkommen im Waldenburger Gebiete von ausschlaggebender Bedeutung. An dieses Vorkommen schließen sich eine lebhafte chemische Indu-

1) Anhang I, 15 und 16.

strie, Glas- und Porzellanindustrie, Maschinen- und Textilgewerbe unmittelbar an. Von geringerer Wichtigkeit sind die Braunkohlenfelder der Lausitz (Görlitz und Zittau). Die Erzbergwerke (beachte die Städtenamen in Schlesien!) sind fast ganz aufgegeben worden; Schmiedeberg fördert noch Eisenerze. Große Steinbrüche (Granit, Basalt, Sandstein, Marmor) in Niederschlesien und der Lausitz, umfangreiche Tonlager, in Verbindung damit Ziegeleien, Tonwerke (Bunzlau) und Porzellanfabriken beschäftigen viele Arbeitskräfte.

Die Maschinenindustrie ist am stärksten vertreten in Hirschberg, Waldenburg, Schweidnitz, Görlitz, Zittau und Bautzen, die Uhrenindustrie in Freiburg und Silberberg, der Orgelbau in Schweidnitz. — Die Vorherrschaft hat aber die Textilindustrie in der Lausitz und Mittelschlesien; hervorgehoben seien: Bautzen und Görlitz (Tuch), Zittau (Baumwolle), Lauban (Taschentücher), Landeshut und Hirschberg (Leinen), Langenbielau (das schlesische Manchester). Neben der Fabrikindustrie wird viel Heimarbeit geleistet.

Verkehr. Im dichtbesiedelten Vorlande läuft die Hauptverkehrslinie Dresden—Breslau am Gebirge entlang, 14 minder wichtige Linien überqueren die Sudeten. Oberschlesien-Breslau einerseits, Berlin und Dresden andererseits leiten den Verkehr.

Zusammenfassung: **Das hohe Bergland an der schlesisch-böhmischen Grenze ist ein waldreiches Gebiet, das in einem äußerst fruchtbaren, formenreichen Hügellande zum Tieflande übergeht. Hochentwickelte Forst- und Landwirtschaft geben der Wirtschaft den Rückhalt. Das Waldenburger Steinkohlen-, das Lausitzer Braunkohlenvorkommen, der Reichtum an Stein- und Tonlagern, sowie vereinzeltes Erzvorkommen fördern die Industrie, die durch nutzbare Wasserkraft gestützt wird. Das Gewerbe wird in den Städten, großen Dörfern und auf den Höhen in mannigfacher Form lebhaft betrieben (vorherrschend ist die Textilindustrie). Infolgedessen ist das Gebiet durchweg dicht besiedelt.**

10. Oberschlesien.

Skizze 23. Oberschlesien.

Übersicht. Bestimme die Grenzen und Teile nach Skizze 23! — Beachte die abgetretenen Teile! — Die Höhenplatte östlich der Oder hat rauhes, ungünstiges Klima und ärmlichen Boden; hier herrscht der Wald vor; Sand und Sumpf schränken den Ackerbau ein; die Reichtümer des Landes liegen unter der Oberfläche. Das Odertal und der Teil westlich der Oder besitzen dagegen die natürlichen Vorzüge Mittelschlesiens.

Wirtschaft. Im westlichen Teile ist neben der blühenden Landwirtschaft die Woll- und Leinenindustrie ansässig. Im Odertale (Wasserverkehr) treten Ratibor und Oppeln als Industriestädte mit Maschinen-, Zement- und Korbwarenherstellung hervor. — Die Waldgebiete rechts der Oder liefern Gruben- und Nutzholz an den Bergbau, sowie Rohstoff für Zellstoffabriken. — An den gewaltigen Bergschätzen Oberschlesiens sind Deutschland, Polen und die Tschechoslowakei beteiligt; infolge der Abtretungen blieb jedoch bei Deutschland nur ein kleines Abbaugebiet mit den Städten Gleiwitz, Hindenburg und Beuthen. (Welche Städte fielen an Polen?) Alle Eisen- und Bleigruben bei Tarnowitz gingen verloren; von den großen Zinkvorräten behielt Deutschland nur diejenigen der Beuthener Mulde. Trotz allem bleibt der deutsche Teil ein bedeutendes Kraftgebiet industrieller Tätigkeit; neben seinen Kohlengruben liegen große Eisenwerke und Maschinenfabriken.

Verkehr. Der Klodnitzkanal (Skizze 23) schließt das Industriegebiet an den Oderweg an; doch gelangen die Kohlen meist erst in Kosel, Oppeln und Breslau auf die Schiffe. Der Eisenbahngüterverkehr strebt über Breslau ins Reich. Die großen Verkehrsadern Oberschlesiens sind: 1. Breslau — Oppeln — Oderberg — Budapest/Wien, 2. Breslau — Oppeln — Beuthen — Myslowitz.

Zusammenfassung: **Oberschlesien ist durch ein reiches Steinkohlen- und Erzvorkommen ausgezeichnet, das auf engem Gebiete durch außerordentlich rege Industrie verwertet wird. Der sehr dicht besiedelte Bergbau- und Industriebezirk ist von großen Forsten umgeben. Boden und Klima beschränken hier die Ergiebigkeit der Felder und lassen nur eine spärliche Besiedelung zu. Im Odertale und südwestlichen Hügelland paart sich lohnender Ackerbau mit beachtenswerter Gewerbetätigkeit.**

II. Das Norddeutsche Tiefland.1)

Übersicht. Bestimme die Grenzen nach Osten und Westen! Bestimme den Lauf der Tieflandsströme, ihrer Nebenflüsse und ihre Mündungen!

Natur des Landes und Wirtschaft. Das Norddeutsche Tiefland ist ein versunkenes Bergland, das allmählich von den Ablagerungen der Flüsse bedeckt und von den gewaltigen Geröllmassen der Eiszeit überschüttet wurde. Das Grundgebirge ist heute noch in einzelnen Höhenzügen bemerkbar und tritt in einer Anzahl von Einzelbergen zutage. Das Gebiet weist daher in seiner Oberflächenform, der Bodenart und wirtschaftlichen Ausstattung wesentliche Unterschiede auf. Man kann folgende Teile unterscheiden:

1. Das Vorland des mitteldeutschen Berglandes und die Tieflandsbuchten. Vier Tieflandsbuchten greifen tief in das Mittelgebirge hinein: die schlesische (Breslau), die sächsische (Leipzig), die westfälische (Münster) und die bereits besprochene Kölner Bucht; alle sind durch ergiebigen Boden ausgezeichnet, der aber von ärmlichen Heiden unterbrochen wird. Am Fuße des ganzen Berglandes zieht sich ein Saum gesegneten Ackerbodens hin (Börden). Sumpfige Niederungen sind überall entwässert. Einzelne Berge geben erwünschten Anlaß zu Steinbruchbetrieben, Tonlager zur Anlegung von Ziegeleien und Tonwarenfabriken. Die wichtigsten Bodenschätze sind die gewaltigen Braunkohlenfelder in der Leipziger Bucht und im Harzvorlande; letzteres ist gleichzeitig das älteste und bedeutendste Bergbaugebiet für Kali (von Halle über Staßfurt bis Hannover) und birgt bei Peine reiche Eisenerzlager. — Im Vorlande, namentlich im mittleren Teile, liegen volkreiche Städte, die sich, begünstigt durch den Verkehr, zu Mittelpunkten für Handel und Industrie entwickelten: Münster i. W. (106000), Hannover (422000), Braunschweig (147000), Magdeburg (292000), Halle (194000), Leipzig (679000), Breslau (555000); außerdem Hildesheim, Halberstadt, Quedlinburg, Liegnitz u. a.

Leipzig, die Meßstadt Deutschlands, führt mit seiner Oster- und Michaelismesse viele Tausende von Käufern und Verkäufern aus der ganzen Welt zusammen; es beherrscht den Rauchwarenhandel des Festlandes und ist sein erster Buchhandelsplatz,

1) Anhang I, 12, 17, 18, 23.

daneben ein bedeutender Markt für Leder und Garn. Im Anschluß an den Handel hat sich hier eine hervorragende Industrie entwickelt: Buchdruck- und Buchbindermaschinen, Druckereien und Buchbindereien, lithographische Anstalten, Rauchwarenzurichterei, Eisengießereien und Maschinenfabriken, Musikinstrumentenbau und große Textilwerke.

2. Der südliche Höhenrücken. — Verfolge auf der Karte: Oberschlesien — Katzengebirge — Fläming — Altmark — Lüneburger Heide! Die niedrigen Höhenrücken sind mit dürftigem Sandboden bedeckt (Kiefernwaldungen und Heide); sie sind durchweg spärlich besiedelt; größere Ortschaften fehlen; doch bringen die Bodenschätze dem Gebiete erhöhte Bedeutung: große Braunkohlenlager in der Lausitz (Senftenberg), Kalilager und Petroleumquellen in der Lüneburger Heide.

3. Der nördliche Höhenrücken. — Verfolge auf der Karte: ostpreußischer, pommerscher, mecklenburgischer, holsteinischer Höhenrücken! — An manchen Stellen dieser Höhenzüge tritt das Grundgebirge noch zutage; ihre Gestalt haben sie aber durch die Eiszeit erhalten, deren Moränenschutt das alte Gebirge bedeckt. Die höheren Hügelländer (bis 300 m) sind ein Gewirr spitzer und klippenartiger Berge und langer Erhebungen, zwischen denen zahllose Seen eingebettet sind (Karte!); so entstehen wechselvolle Landschaften, deren Schönheit durch Waldschmuck erhöht wird. Schwere Lehmböden begünstigen hier und da die Landwirtschaft (Zuckerrübenbau in Mecklenburg). Die Höhenrücken werden von sandigen, waldreichen Heidelandschaften begleitet; die Niederungen sind mit Mooren angefüllt, die in Mecklenburg $^1/_{10}$, in Pommern $^1/_8$ der Bodenfläche in Anspruch nehmen. Gesegnet sind die Flußauen zwischen den Höhenzügen (Karte!).

Wechselnd wie der Boden ist die Wirtschaft. Land- und Forstwirtschaft herrschen vor. Die Industrie erhält Anregung durch vereinzelte Bodenschätze (Kali in Mecklenburg) und durch die Nähe des Seeverkehrs; doch fehlen große Industrieplätze. Die Besiedelungsdichte ist überall gering. Bedeutendere Orte sind: Neumünster (Textilindustrie), Schwerin, Prenzlau, Stargard i. P., Allenstein, Insterburg. — Das reiche Weichseltal fiel an Polen.

4. Das Gebiet der Niederungen. Die Niederungen zwischen den beiden Höhenzügen sind ein Urstromgebiet (verfolge die Richtung der Urstromtäler auf der Karte!). Die hier liegenden ausgedehnten Sumpflandschaften, darunter der Netze-, Warthe-, Oderbruch, das Havelland und der Spreewald, sind oder werden nach und nach entwässert und damit nutzbar gemacht; die Flußläufe wurden begradigt und durch Kanäle verbunden (märkisches Wasserstraßennetz, Karte!). Das zwischen den Niederungen gelegene höhere Land besteht aus welligen, wenig fruchtbaren Sandflächen (Kiefernwaldungen). Seen beleben die Landschaft namentlich in der Mark. Bedeutende Brückenorte kennzeichnen die alten Wege: Glogau in Schlesien, Guben, Forst und Kottbus in der Lausitz, Frankfurt und Küstrin an der Oder, Landsberg an der Warthe, Berlin, Spandau, Potsdam und Brandenburg in der Mark. — Die Grundlage der Wirtschaft besteht auch hier in Ackerbau und Viehzucht. Daneben aber steht in den zahlreicheren Mittelstädten ein reges Gewerbe, namentlich Wollindustrie in den niederschlesischen und brandenburgischen Städten (Sorau, Guben, Forst, Kottbus, Schwiebus, Brandenburg usw.); in letztgenannter Stadt wichtige Fahrzeug- und Korbwarenindustrie).

Berlin, Europas zweitgrößte Stadt (4014000), die Reichshauptstadt, im Mittelpunkt des brandenburgischen Wasserstraßennetzes und in der Nähe anmutiger Havelseen gelegen, ist nicht allein die verkehrsreichste, sondern auch die gewerbefleißigste Stadt Deutschlands; unter seinen Industrien ragen hervor: das Bekleidungsgewerbe, die Maschinen- und Elektrizitätsindustrie (AEG, Borsigwerke, Siemens & Halske usw.), die Metallwarenerzeugung, das Möbelgewerbe. Seine große Handelsbedeutung wird durch die Überlegenheit seiner Börsen dargetan. Als Mittelpunkt des geistigen Lebens beherbergt es drei Hochschulen, Sammlungen und Museen in großer Zahl.

5. Das westliche Tiefland. Im Westen Deutschlands breitet sich ein fast ebenes Land aus, durchflossen von Weser und Ems. Große Moore (welche?) nehmen $^1/_5$—$^1/_4$ der Bodenfläche ein (Torfgewinnung); sie werden mehr und mehr kultiviert. Die Moore sind durchsetzt und begrenzt von den ärmeren Sandflächen der Geest. Der Außenrand an Fluß und Meer besteht aus überaus fruchtbaren Marschen (Karte!), den ausgezeichnetsten Viehzuchtgebieten Deutschlands, deren Äcker reiche Ernten liefern. Die nicht bedeutsame Industrie dieses Landes verdankt ihren Bestand hauptsächlich der Nähe des Seeverkehrs.

Verkehr. — Der Verkehr wird durch die Schiffbarkeit der Ströme (welcher?) begünstigt, durch die Verbindung derselben mit Kanälen (Karte) gefördert. Dem Eisenbahnverkehr stehen keine Schwierigkeiten entgegen. Der bedeutendste Verkehrsmittelpunkt ist Berlin. Verfolge die Hauptlinien nach Skizze 1!

Zusammenfassung: **Das große Norddeutsche Tiefland weist ansehnliche Höhenunterschiede auf, die auf das versunkene Grundgebirge, in der Hauptsache auf die Einwirkung der Eiszeit zurückzuführen sind. Dem Wechsel der Landschaften entspricht ein Wechsel der Bodenart (dürre Sandrücken, fruchtbarer Niederungsboden, sumpfige Gebiete, weite Moore). Landwirtschaft, Viehzucht und Waldnutzung bilden die bedeutsamste Grundlage der Wirtschaft. Braunkohlen, Kalilager und Petroleumquellen fördern die Industrie. Diese ist in dem volkreichen Vorlande der Mittelgebirge und in der Niederlausitz sehr rege. Das übrige Gebiet hat keine ausgedehnten Gewerbebezirke, hier ist die Industrie an die großen Städte gebunden; die weiten Landschaften sind daher schwach besiedelt. Der Verkehr (Wasserstraßen und Eisenbahn) ist stark entwickelt und wird durch die Lage des Gebietes und dessen Oberflächengestaltung begünstigt.**

12. Die Nordsee und ihre Küste.[1])

Die Lage Deutschlands an der Nordsee ist eine Quelle seiner wirtschaftlichen Kraft; durch sie ist das Land unmittelbar an den Weltverkehr angeschlossen. — Die als Bäder geschätzten Düneninseln Ostfrieslands und die Halligen sind losgerissene Festlandsstücke; auch die Küste weist die verheerenden Wirkungen der Fluten auf (Dollart, Jadebusen). Was das Meer hier nahm, sucht der Mensch durch Eindeichungen wiederzugewinnen. Der Seeverkehr findet seine Tore nur in den Flußmündungen; hier gelangt er weit stromauf und verknüpft sich dann mit dem Flußverkehr; hier liegen die großen Seehandelsplätze: Hamburg mit Kuxhaven, Bremen mit den Unterweserhäfen, Emden. Als weit vorgeschobene Warte liegt vor diesen Häfen die Felseninsel Helgoland (Seebad).

Hamburg war vor dem Kriege nächst London und Liverpool der bedeutendste Hafen Europas; es ist die zweitgrößte Stadt Deutschlands (1 079 000, Altona = 185 000, Harburg = 73 000). In den großen Hafenanlagen (1000 ha Gesamtfläche, davon 555 ha Wasser, 67 km Uferanlagen) verbindet sich der Seeverkehr mit der Binnenschiffahrt (Elbe, Elbe-Trave-Kanal, Nordostsee-Kanal). Mit Handel und Verkehr entwickelte sich aber auch eine große Industrie: Schiffsbau,

1) Anhang I, 22 und 24.

Schiffsausrüstung, Ölfabriken, Gummifabriken (Harburg), Kakao- und Margarinefabriken usw.

Bremen (295000) wird von den größten Seeschiffen nicht mehr erreicht; diese legen in Bremerhaven an; der Wesermündungsverkehr und die Industrie verteilen sich auf eine Reihe von Häfen (welche?), Skizze 24. Trotzdem hat sich Bremen seine große Wirtschaftsbedeutung gewahrt; Handel: Baumwolle, Wolle, Tabak, Holz; Industrie: Wolle, Jute, Linoleum, Schiffsbau, Hochöfen, Maschinen, Automobile, Zigarren; an der Unterweser Kabelwerke. — Emden verdankt seinen Aufschwung dem Rhein-Ems-Kanal.

Skizze 24. Wesermündungshäfen.

Die Verkehrsbedeutung der Nordsee wird durch ihre Bedeutung als Seefischereigebiet ergänzt; Wesermünde ist der größte Fischereihafen Deutschlands; neben ihm treten Altona, Kuxhaven, Nordenham und Emden hervor.

13. Die Ostsee und ihre Küste.[1])

Die Ostsee hat den Charakter eines Binnenmeeres. Welche Wege verbinden sie mit der Nordsee? Die Südküste fällt zum Teil steil ab (Ursache!); auf den flachen Strecken werden Haffe (welche?) durch Dünenketten, Nehrungen oder Inseln vom Meere geschieden. Die drei größten Inseln (Rügen, Fehmarn und Alsen) liegen der Küste nahe. — Die Westküste ist flach und durch Förden zerschnitten, die guten Ankerplätze bieten. — Die Schönheit der Ostseeküste, an der Wasser und Wald zusammenstoßen, hat viele Seebäder aufblühen lassen.

Die Zahl der Häfen ist größer, ihre Bedeutung geringer als an der Nordsee (Grund?). 1. Stettin (254000), der drittgrößte deutsche Seehafen, mit lebhaften Verbindungen nach Berlin und Oberschlesien; 2. Rostock mit Warnemünde; 3. Lübeck mit Travemünde; 4. Kiel (214000); 5. Königsberg (280000); 6. Flensburg. Alle Häfen sind auch industriell tätig, ganz besonders im Schiffsbau (Stettin, Elbing, Kiel Rostock, Flensburg), in der Verhüttung schwedischen Eisenerzes (Stettin und Lübeck) und im Maschinenbau. Die Ostseefischerei lieferte 1925 = $^1/_5$ des ganzen deutschen Seefischfanges. — Der Ostseeverkehr dient in erster Linie der Handelsvermittlung mit den baltischen Küstenländern. Von wesentlicher Bedeutung sind die beiden Eisenbahnfähren: Warnemünde—Gjedser (Dänemark) und Saßnitz—Trelleborg (Schweden).

II. Deutschland als Verkehrsgebiet.

1. Allgemeines.

Man unterscheidet 1. mit Rücksicht auf das Verkehrsgebiet Binnenverkehr und Auslandverkehr, 2. mit Rücksicht auf die Verkehrswege Verkehr auf Eisenbahnen, auf Binnenwasserstraßen, zur See und in der Luft, 3. mit Rücksicht auf den Gegenstand des Verkehrs Personen-, Güter- und Nachrichtenverkehr. Die Eisenbahnen sind Eigentum der Deutschen Reichsbahn-Gesellschaft, wodurch der einheitliche Aufbau des Verkehrsnetzes, die einheitliche Leitung und die gleichartige Gestaltung der Frachtsätze und Fahrpreise gewährleistet wird.

1) Anhang I, 19, 20, 21, 25.

2. Die Bewässerung Deutschlands und der Verkehr auf Binnenwasserstraßen.[1])

Deutschland wird von neun großen Flüssen entwässert (von welchen?); nur die Donau fließt von Westen nach Osten; alle anderen haben Südnordrichtung. Sie setzen das Binnenland mit dem Meere in Verbindung (großer Vorteil!). Die in den alten Urstromtälern des östlichen Tieflandes fließenden Nebenflüsse sind durchweg schiffbar und durch Kanäle ergänzt. Hier dienen die Wasserstraßen also auch dem Ostwestverkehr; dieser findet westlich der Elbe vorläufig noch keine Fortsetzung; indessen ist nunmehr der Ausbau der Strecke Hannover—Magdeburg, sowie des Wasserweges von dort über Halle nach Leipzig beschlossen worden (Skizze 25). Rhein, Elbe, Weichsel, Memel und Donau verknüpfen Deutschland mit dem Auslande.

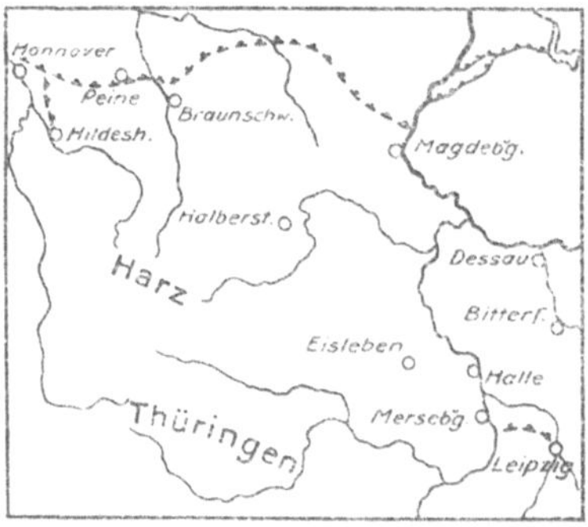

Skizze 25.
Mittelland- und Elster-Saale-Kanal.

Der Rhein ist die bedeutendste Binnenwasserstraße Deutschlands. Die Großschiffahrt beginnt bei Kehl. Wichtig ist die Verbindung des Rheines mit dem Saargebiet (Saarbrücken). Von den zahlreichen Nebenflüssen des Rheines haben nur Neckar (von Heilbronn ab lebhaft befahren) und Main Verkehrsbedeutung. Die Mainschiffahrt beginnt an der Einmündung des Ludwigskanals bei Bamberg, Großschiffahrt hat nur der Unterlauf. Die größten Rheinhäfen liegen an der Neckarmündung (Mannheim, Ludwigshafen, Rheinau), an der Mainmündung (Mainz, Kastel, Gustavsburg usw.) und im rheinischen Industriegebiete (Skizze 28).

Ruhrort ist die Hochburg der Binnenschiffahrt, der Brennpunkt des Rheinverkehrs. Die weitgedehnten Hafenanlagen mit ihren zahlreichen Wasserbecken, Uferstrecken und Gleisfeldern, mit ihren Speichern, Lagerhäusern und Versandeinrichtungen bedecken eine Fläche von etwa 650 ha und stellen den größten Binnenhafen der Welt dar. Das Rückgrat des Rheinverkehrs bildet die Verfrachtung der Ruhrkohle, der Umschlag der fremden Eisenerze und die Zufuhr ausländischen Getreides. So tritt uns in Duisburg-Ruhrort der lebhafte Wechselverkehr zwischen den natürlichen und künst

1. Großschiffahrtsweg Berlin—Stettin.
2 Friedrich-Wilhelms-Kanal.
3. Oder-Spree-Kanal.
4. Teltow-Kanal.
5. Plauescher Kanal.
6. Ihle-Kanal.

Skizze 26. Märkische Wasserstraßen.

Skizze 27. Ostpreußische Wasserstraßen.

1) Siehe Teubners Einzelkarten zur Wirtschaftsgeographie Deutschlands Nr. 1 „Binnenschiffahrtsverkehr" mit ausführlichem Begleitheft.

lichen Erzeugnissen und den Bedarfsartikeln des Industriegebietes mit den lebhaftesten Farben vor Augen. Von weittragender Bedeutung ist die Kanalverbindung Duisburgs über Herne mit der Ems und Weser.

Die Ems ist erst durch diesen Kanal bedeutsam geworden (Endpunkte Duisburg und Dortmund; Seehafen: Emden); er leitet einen Teil des niederrheinischen Industrieverkehrs von den holländischen Häfen ab. Vollendet ist seit 1915 der Kanal von der Ems über Minden an der Weser nach Hannover, ein Teil des Mittellandkanals. Die Weser ist vorläufig für den Verkehr von geringerer Bedeutung.

Drei Tatsachen sichern die hohe Verkehrsbedeutung der Elbe: 1. sie ist bereits in Böhmen schiffbar; 2. an ihrer Mündung liegt Deutschlands größter Seehafen; 3. sie ist mit den märkischen Wasserstraßen verbunden. Von den linksseitigen Nebenflüssen ist die Saale mit der Unstrut schiffbar; größere Schiffe gelangen jedoch nur bis Halle. Dresden, Riesa, Dessau-Wallwitzhafen, Magdeburg, Hamburg und Harburg sind die Haupthäfen.

Auf der Oder erlangt der Verkehr erst bei dem Kohlenhafen Kosel Bedeutung. Der Versand (Kohle) und Bedarf (Erz) Oberschlesiens, die Verbindung mit Berlin und der Weichsel und die Seehandelsbedeutung Stettins sind für den Oderverkehr ausschlaggebend. Breslau ist der Haupthafen.

Die einzelnen Strecken der märkischen Wasserstraßen ergeben sich aus Skizze 26. Der lebhafte Verkehr strebt in der Hauptsache Berlin zu und befriedigt dessen gewaltigen Bedarf an Bau- und Brennstoffen, Lebensmitteln, Kolonialerzeugnissen usw. Der bedeutendste Vorhafen Berlins ist Hamburg; an zweiter Stelle steht Stettin.

Warthe, Netze, Bromberger Kanal und Brahe stellen eine sehr belebte Holzfrachtstraße zwischen Oder und Weichsel dar. Auf der Weichsel endet die bedeutendere Schiffahrt in Warschau. Thorn und Danzig beherrschen den Verkehr. Letzteres steht auch durch einen Kanal mit dem Frischen Haff in Verbindung und erhält von dort ansehnliche Frachten. Der Weichselweg liegt jetzt außerhalb der deutschen Grenzen, wird aber immer für Berlin und Stettin bedeutsam bleiben.

Die ostpreußischen Wasserstraßen (Skizze 27) führen den Holzreichtum und die landwirtschaftlichen Erzeugnisse Ostpreußens und der Nachbargebiete zur See, Industrieprodukte und Kohlen zu Berg.

Zwei von Handelsschiffen lebhaft befahrene Kanäle verbinden Nord- und Ostsee: der Kaiser-Wilhelm-Kanal und der Elbe-Trave-Kanal (wichtig für Lübeck!). Im Brennpunkte dieses Kanalverkehrs liegt Hamburg.

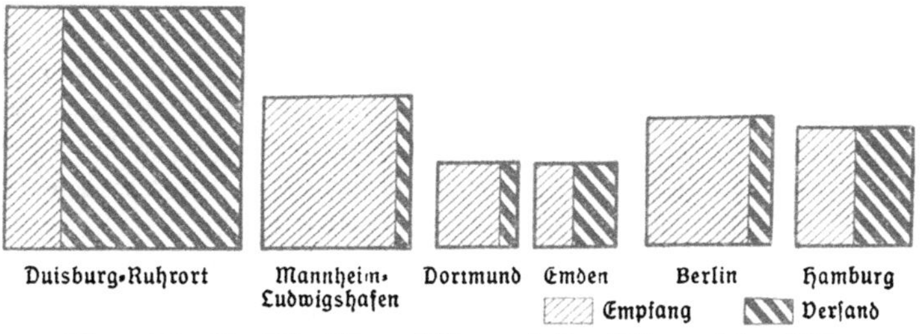

Skizze 28. Deutsche Binnenhäfen und ihr Güterverkehr 1924.

Die Donau läßt erst von Regensburg an größere Schiffe zu (Regensburg-Passau = 150 km). Hier ist der Verkehr rege von und nach Österreich; unbedeutend ist er dagegen auf dem Donau-Main-(Ludwigs-)Kanal. Der Bodensee vereinigt fünf

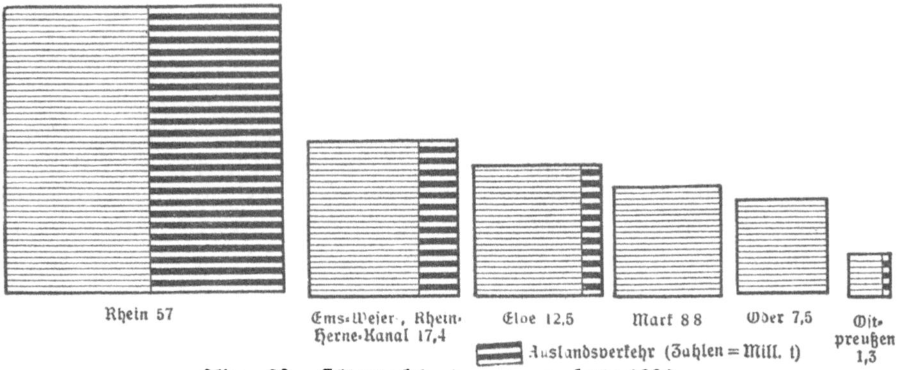

Skizze 29. Güterverkehr der Stromgebiete 1924.

Länder: Baden (Konstanz), Württemberg (Friedrichshafen), Bayern (Lindau), Österreich (Bregenz) und die Schweiz (Romanshorn).

Gesamtlänge der deutschen Binnenwasserstraßen i. J. 1922: 12216 km, für größere Schiffe zugänglich 7400 km; Länge der vollspurigen Eisenbahnen Deutschlands: 55700 km.

Güter. Die deutschen Binnenschiffe verfrachten gewaltige Gütermengen; in keinem anderen Lande von der Größe Deutschlands haben die Wasserstraßen gleiche Bedeutung. Die Hauptgüter sind 1. Brennstoffe: 43% (Ruhr- und Saargebiet, Oberschlesien, englische Einfuhr), 2. Baustoffe: 15% (Bedarf der Großstädte und Industriebezirke), 3. Gruben- und Hüttenmaterial: 18%, 4. landwirtschaftliche Erzeugnisse: 6%, 5. Holz: 3%. Skizze 29 veranschaulicht, daß mehr als die Hälfte des ganzen Güterverkehrs auf Binnenwasserstraßen dem Stromgebiete des Rheines zufällt, $^1/_6$ dem Ems-Weser Gebiete einschl. des Rhein-Hernekanals, $^1/_8$ der Elbe, $^1/_{12}$ den märkischen Wasserstraßen und $^1/_{14}$ der Oder. Die Bedeutung der Hauptumschlaghäfen ist aus Skizze 28 erkennbar.

Skizze 30. Beförderte Gütermengen 1924. ▬ = Auslandverkehr.

Die deutschen Eisenbahnen beförderten 1924 etwa 4 mal soviel Güter wie die deutschen Binnenschiffe; dabei war der Auslandsverkehr auf den Wasserstraßen bedeutsamer als derjenige auf Schienenwegen (Skizze 30). Durch den Friedensvertrag ist dem Deutschen Reiche die selbständige Verwaltung und Ausnutzung seiner Flußwege entzogen worden. Es ist eine internationale Aufsicht vorgesehen, von deren Zustimmung der Ausbau der Wasserstraßen, die Regelung des Verkehrs und die Festsetzung etwaiger Abgaben abhängig sein wird. Damit sind insbesondere Rhein und Elbe deutsche Flüsse unter fremder Oberhoheit geworden.

3. Der Eisenbahnverkehr Deutschlands.

Das Eisenbahnnetz Deutschlands ist eines der besten und dichtesten auf der Erde. Es bestand 1924 aus rund 55700 km Vollspurbahnen und etwa 2000 km Schmalspur- und Kleinbahnen. Am dichtesten ist das Netz um Berlin, im rheinisch-westfälischen Industriebezirke, in Sachsen und in Baden, weitmaschig dagegen in Ostdeutschland (Grund?). In Norddeutschland ist Berlin der beherrschende Mittelpunkt. Entsprechend der Bodengestaltung und Staatenbildung tritt die Einheitlichkeit des Verkehrs in Süddeutschland weniger scharf hervor. Hof in Bayern und Frankfurt a. M., sowie Würzburg sind die bedeutsamsten Übergangsorte nach dem Süden. — Von dem Umfange des deutschen Eisenbahnverkehrs zeugt die Tatsache, daß in ihm rund $^3/_4$ Million Beamte und Arbeiter beschäftigt werden.

Vergleicht man die Eisenbahnen Deutschlands mit denen fremder Länder, so ergibt sich, daß nur die Vereinigten Staaten von Amerika über eine größere Schienenlänge, England und Belgien über ein dichteres Verkehrsnetz verfügen.

Verfolge die Hauptlinien im Kursbuche und auf der Karte!

4. Der Auslandverkehr.

Der Auslandverkehr mit Gütern zerfällt in Einfuhr, Ausfuhr und Durchfuhr; letztere ist nicht so bedeutend, wie man gewöhnlich annimmt, da alle Länder die zwar längeren, aber billigeren Seewege vorziehen; so beschränkt sich die Durchfuhr namentlich auf Eilgüter und die Frachten der meerfernen Gebiete des Elsaß, der Schweiz, Tschechoslowakiens, teilweise auch Polens. Von großer Bedeutung ist dagegen der Personendurchgangsverkehr. Die Hauptverbindungen sind (s. Karte!): 1. der Orientexpreß (Paris—Straßburg—München—Wien—Budapest—Konstantinopel), 2. der Ostende-expreß (Ostende—Aachen—Köln—Frankfurt—Nürnberg—Wien—Konstantinopel), 3. der Nordexpreß (Petersburg—Eydtkuhnen—Berlin—Köln—Paris oder Brüssel—Ostende), 4. der Tirolexpreß (Berlin oder Frankfurt—München—Innsbruck—Verona—Rom), 5. Berlin (mit seinen Verbindungen nach dem Norden)—Oderberg—Budapest und Wien, 6. Berlin—Dresden—Wien.

Ein- und Ausfuhr hatten vor dem Kriege einen lebhaften Verkehr mit allen Nachbarländern zur Folge. Bei weitem der bedeutendste Grenzverkehrsort ist Basel; denn von hier aus gingen früher täglich 64 Schnellzüge von und nach Deutschland. Suche die nachfolgenden Grenzverkehrsorte und ihre Verbindungen auf der Karte auf: 1. im Osten: Eydtkuhnen, Sosnowice; 2. im Süden: Oderberg, Schandau, Hof, Passau, Rosenheim, Konstanz, Basel; 3. im Westen: Kehl, Aachen, Herbesthal, Kleve, Emmerich, Rheine; 4. im Norden: Flensburg, Warnemünde, Saßnitz.

5. Der deutsche Seeverkehr.

Die Versorgung Deutschlands mit fremden Gütern, die Verfrachtung der deutschen Ausfuhrgüter, der Auswandererverkehr und die Verbindung deutscher Hafenplätze (Küstenschiffahrt) fällt in erster Linie der Schiffahrt zu.

Der breiteste Verkehrsstrom geht nach Westen; er mündet hier zum Teil in den britischen und nordwesteuropäischen Häfen, folgt den Hochstraßen des Weltverkehrs und zweigt nach den Küsten Südeuropas und des Schwarzen Meeres ab. Im Kanal und in der Suezstraße drängt er sich am dichtesten zusammen. Die Hauptgütermenge des Weltverkehrs wird von und nach europäischen Häfen verfrachtet; von den überseeischen Verkehrsgebieten steht Nordamerika an erster Stelle; dann folgt Südamerika, in weiterem Abstande Asien, ferner Afrika und endlich Australien.

Elb- und Wesermündung sind die Sammelpunkte der hochbedeutenden Seeschiffahrt. Hamburg und Bremen besaßen etwa $^3/_4$ aller deutschen Seefahrzeuge (nach dem Raumgehalte gemessen), auf die ganze Nordseeküste kamen 89%. Hamburgs Verkehr wurde von keinem Festlandshafen übertroffen; nur London und Liverpool waren in Europa bedeutender. In neuester Zeit schwang sich Emden (Hinterland?) kräftig empor.

An dem Schiffsverkehr nach Nord- und Osteuropa bleibt den Ostseeplätzen wegen ihrer Lage der Hauptanteil gesichert. Nach ihrer Schiffahrtsbedeutung ordnen sich die Ostseehäfen folgendermaßen: 1. Stettin, 2. Königsberg, 3. Lübeck, 4. Kiel, 5. Flensburg. Saßnitz und Warnemünde sind die großen Trajekthäfen. Das bedeutende Danzig wurde Freistaat.

Die Seeschiffahrt bewältigt einen gewaltigen Güterverkehr von und nach Deutschland; sie setzt unser Land mit fast allen Gebieten der Erde in Verbindung und dient zudem der Güterbewegung fremder Länder untereinander. Daneben befördert sie eine große Zahl von Reisenden und Auswanderern über die europäischen und Weltmeere; 1913 gingen von den drei Auswandererhäfen Hamburg, Bremen und Stettin allein 432000 Auswanderer ab, darunter 18000 Deutsche; 1925 waren es dagegen nur 78500, darunter aber 58400 Deutsche. Durch den Friedensvertrag wurde Deutschland seiner stolzen Handelsflotte beraubt. Der Neuaufbau schreitet erfolgreich vorwärts.

6. Der Luftverkehr.

Das Flugzeug kann die Entfernungen mit einer Stundengeschwindigkeit von 120 km überwinden und zudem bei seiner Unabhängigkeit vom Boden Wegkürzungen herbeiführen. Die Einrichtung der Verkehrswege beschränkt sich noch auf die Schaffung von Flughäfen; Einrichtungen für die Ermöglichung des Nachtverkehrs sind im Werden. Da Fahrzeug- und Kraftkosten außerordentlich hoch sind, kommt eine Massennutzung des Luftverkehrs noch nicht in Frage, sondern zunächst nur die Beförderung von hochwertigen Gütern (Post) und von Personen, für welche die Schnelligkeit ausschlaggebend ist.

Die Hauptbedeutung des Luftverkehrs liegt im weitreichenden kontinentalen Dienste; im inländischen Nahverkehr bis 300 km bleibt die Eisenbahn überlegen;

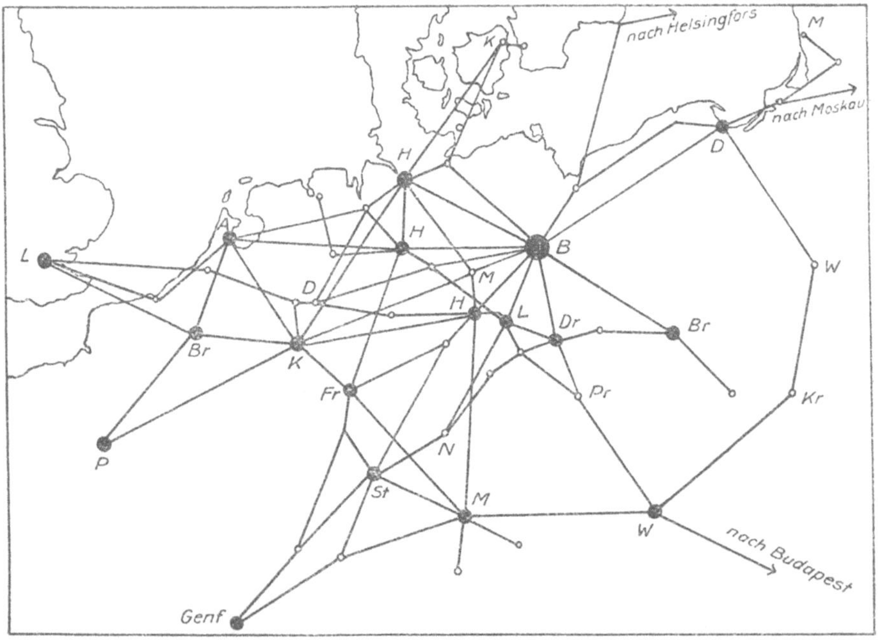

Skizze 31. Das deutsche Luftstreckennetz 1926.

bei größeren Inlandentfernungen ergeben die Luftlinien indessen schon sehr beachtliche Verkehrskürzungen, die in zunehmendem Maße ausgenutzt werden (Berlin—Königsberg 5, Berlin—München 5, Berlin—Frankfurt 4 Flugstunden). Im Europaverkehr wird Deutschland gemäß seiner geographischen Lage das wichtigste Verbindungsland werden. Hier liegt die Basis in dem Verkehrsdreieck Berlin—London—Paris. Welch große Zeitkürzung der Flugverkehr herbeiführen wird, ergibt sich aus der Tatsache, daß man die Strecke London—Berlin—Wladiwostok in 4 Tagen zurückzulegen hofft (Eisenbahnverbindung künftig mindestens 12 Tage).

Die wichtigsten Schnittpunkte des deutschen und des internationalen Verkehrs auf deutschem Gebiete sind Berlin, Hamburg, Hannover, Köln (Danzig), Leipzig, Nürnberg, München und Frankfurt. Näheres siehe Skizze 31!

III. Die Wirtschaft des deutschen Landes.

Die Gesamtwirtschaft zerfällt in: A. Rohstofferzeugung (Land- und Forstwirtschaft, Jagd und Fischerei, Bergbau, Steinbruch- und Grubenbetrieb), B. Rohstoffverarbeitung (Industrien aller Art), C. Handel und Verkehr. Die Rohstofferzeugung ist an den Boden gebunden; an sie knüpft die Verarbeitung unmittelbar an; indessen wird der Standort der Industrie außerdem bedingt: 1. durch die Gegenden des Verbrauchs, 2. durch das Vorhandensein von Naturkräften (Wasserkräften) und Steinkohlen, 3. durch den Wohnort geeigneter Arbeitskräfte, 4. durch den Verkehr. Auch sind die einzelnen Wirtschaftszweige und Industrien durch ihre Erzeugnisse vielfach voneinander abhängig. Infolgedessen verteilen sie sich nicht gleichmäßig über das Land. Suche bei den nachfolgenden Kapiteln stets die Gründe, auf die das Vorkommen der Wirtschaftszweige in den einzelnen Gegenden zurückzuführen ist!

1. Die Landwirtschaft und ihre Nebenbetriebe.

Die Landwirtschaft ist abhängig: 1. vom Boden, 2. vom Klima, 3. von den Besitzverhältnissen, 4. von der Verkehrslage.

Der Boden. 64% der Gesamtfläche des Deutschen Reiches werden landwirtschaftlich genutzt; 27% stehen unter Wald; nur 9% sind Haus- und Hofraum, Höhen, Wege, Sümpfe und Moore. Letztere treten besonders stark in Hannover und Oldenburg, sowie in Oberbayern hervor; doch werden auch sie der Landwirtschaft mehr und mehr nutzbar gemacht (Moorkulturen). In einigen Industriebezirken wird die Bodennutzung vom Bergbau stark zurückgedrängt; aber ausgedehnte Einöden sind dem deutsche Lande fremd (Vergleich mit Rußland!).

Der Ackerboden Deutschlands ist ungleichmäßig. Der in den Eiszeiten (wo?) aufgeschüttete Geröll- uud Sandboden ist durchweg dürftig, der schwere Tonboden auf den Hängen der Mittelgebirge in seinen Erträgen ungleichmäßig. Die reichsten Ernten zeitigen die Lehm- und Lößböden, die humusreichen Niederungsböden und das Schwemmland an den Küsten und Flüssen. In den Gegenden zwischen den Höhenzügen des Norddeutschen Tieflandes, in den Marschen, im Vorlande der Mittelgebirge mit den ausgedehnten Tieflandsbuchten, in den breiten Gebirgstälern, den süddeutschen Beckenlandschaften, am Oberrhein und in den Donauebenen finden wir daher die gesegneten Kornkammern des Reiches. Wo aber der Boden dürftiger ist, versteht es der Bauer, ihn zu verbessern und durch Düngung ertragreicher zu machen (Salpeter und Guano vom Auslande, Stickstoff aus den großen Stickstoffwerken Mitteldeutschlands, Thomasschlacke aus den Eisenbezirken, Kalisalze). Durch den Friedensvertrag hat Deutschland einen wesentlichen Teil seines Ackerbodens verloren. Um so mehr wird Deutschland genötigt sein, alles verfügbare Land für die

Landwirtschaft nutzbar zu machen. Von den in Preußen ursprünglich vorhandenen Mooren im Umfange von 3 Mill. ha waren bis 1914 erst 900000 ha kultiviert. Hier eröffnet sich also noch ein weites Feld für die innere Kolonisation.

Das Klima setzt dem Ackerbau nur in den hohen Gebirgslagen eine Grenze (in welchen?). Besonders günstig ist dieses dagegen am Oberrhein und im süddeutschen Becken. Im Osten ist die der Bodenbewirtschaftung zur Verfügung stehende Zeit infolge des längeren Winters kürzer; aber der Sommer ist heißer und bringt auch dort alle Bodenfrüchte zur Reife. Die Niederschläge sind zwar nicht gleichmäßig verteilt, aber doch im ganzen Lande für den Ackerbau ausreichend.

Die Besitzverhältnisse. Wesentlich für die Produktion sind die Besitzverhältnisse. Der Großgrundbesitz (100 ha und mehr) ist namentlich östlich der Oder, in Mittelschlesien, Vorpommern, Mecklenburg und im östlichen Holstein vertreten; dort hat er 47% der landwirtschaftlich genutzten Fläche inne; in Westelbien kommen den Großbetrieben nur 12½%, in Süddeutschland nur 4% zu. Der Großgrundbesitz ist am meisten durch die Abwanderung der Arbeiter in die Industrie betroffen und somit auf die Verwendung ausländischer Arbeiter angewiesen. Vorbildlich und bedeutsam ist er geworden durch die Einführung von Arbeitsmaschinen und neuen Wirtschaftsmethoden, sowie durch seinen Einfluß auf die Markt- und Kreditverhältnisse.

Der bäuerliche Besitz (2—100 ha) umfaßt in Deutschland etwa 2,3 Mill. Wirtschaften; davon liegen in Ostelbien 600000, in Westelbien 870000, in Süddeutschland 830000. Der Kleinbesitz (unter 2 ha, namentlich Wein-, Obst-, Gemüse- und Gartenbau) ist vornehmlich in Süddeutschland vertreten, besonders im dicht bevölkerten Neckar- und Rheintale. Der bäuerliche Besitzer ist weniger auf fremde Arbeiter angewiesen. Der Vorzug der mittleren und kleinen Betriebe liegt in der äußersten Ausnutzung des Bodens unter Aufwendung emsigster Arbeit. Die Vorteile des Großgrundbesitzes haben sich die Bauern durch genossenschaftlichen Zusammenschluß möglichst zu eigen gemacht.

Die Verkehrslage. Die Nähe des großen städtischen Marktes und stark bevölkerter Industriegebiete ist entscheidend für die Art der Bodennutzung (Gartenbau), nicht selten auch das Vorhandensein von Flußstraßen und Eisenbahnen (Milchwirtschaft, Zuckerrübenbau).

Erzeugnisse der Landwirtschaft.

Der Roggenbau findet die günstigsten Bedingungen auf den Sandböden des Norddeutschen Tieflandes und in Sachsen; namentlich das Land östlich der Elbe ist an ihm hervorragend beteiligt; im SW des Reiches tritt er dagegen stark zurück. Der Weizen bevorzugt den schweren Boden. Sein Anbau ist in Süddeutschland am bedeutendsten (Main-, Neckar- und Donaugebiet). In Norddeutschland beschränkter sich in der Hauptsache auf die ergiebigen Lehm-, Löß- und Schwemmlandböden (wo?).

Diese Unterschiede und die ungleiche Verteilung der Bevölkerung haben einen lebhaften Austausch der Ackerfrüchte zur Folge. Ganz Ostelbien mit Ausnahme Oberschlesiens und des Regierungsbezirks Potsdam (Berlin!), die Provinzen Sachsen und Hannover, sowie teilweise Westfalen sind Überschußgebiete. Dagegen sind Bedarfsgebiete Oberschlesien, Sachsen, Berlin, Thüringen, die dicht bevölkerten Gegenden am Rhein und Süddeutschland mit Ausnahme Niederbayerns.

Dazu kommt ein lebhafter Getreidehandel mit dem Auslande. Skizze 32 zeigt, daß Deutschland seinen Bedarf an Roggen fast ganz aus eigener Ernte decken kann; der kleine Zufuhrbedarf von 100000 t wurde 1925 in Nordamerika gedeckt. Seinen bedeutsamen Mehrbedarf an Weizen (36% des Verbrauchs) bezieht Deutschland zur Zeit vorzugsweise aus den Vereinigten Staaten, Kanada, Argentinien und Australien. Ost- und Südeuropa liefern kleinere Mengen. Die Hauptgetreidemärkte liegen daher an der Küste und am Rhein (Duisburg, Köln, Frankfurt, Mannheim); im Binnenland sind für den Getreidehandel maßgebend Berlin, Breslau, Magdeburg, München.

Gerste bauen namentlich Süddeutschland (Braugerste), Thüringen, Schlesien und die Provinz Sachsen. Hafer (Viehfutter, Nahrungsmittel) wird überall in Gebirge und Ebene ausgesät; aber in beiden Getreidearten reicht die Ernte nicht aus.

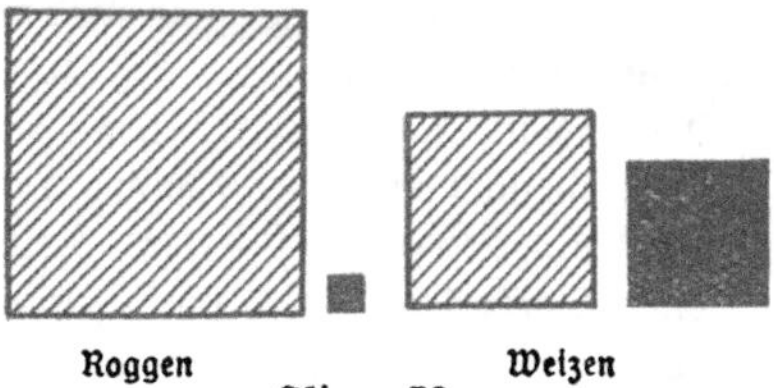

Skizze 32.
Deutschlands Getreideversorgung 1925.
(Eigenerzeugung und ■ Mehreinfuhr.)

Müllerei. Die größten Mühlenbetriebe liegen an den Einfuhrplätzen und den Wasserwegen; besonders treten hervor: Hamburg, Bremen, Mannheim, Worms, Hameln, Breslau, Dresden.

Reis und Mais. An beiden Getreidearten hat Deutschland großen Bedarf, der durch Einfuhr gedeckt werden muß. Reis liefert hauptsächlich Indien (über Bremen), Mais Südrußland, die Donaustaaten, Nordamerika und Argentinien.

An Kartoffeln erntete vor dem Kriege kein Weltgebiet soviel wie Deutschland (Skizze 33), namentlich in den östlichen Provinzen, Sachsen und Thüringen, an Main und Mittelrhein. Von der Ernte dient etwa $^1/_5$ als menschliche Nahrung, fast $^1/_2$ als Viehfutter, $^1/_{10}$ zu Spiritus; ein weiterer Teil zur Stärkegewinnung. Die Spirituserzeugung ist Alleinrecht (Monopol) des Reiches.

Skizze 33. Die bedeutendsten Kartoffelernteländer 1925.

Die Zuckerrüben verlangen schweren Boden und günstiges Klima. Ihr Anbau ist daher auf fruchtbare Gebiete beschränkt. Das bedeutendste Anbaugebiet ist das nördliche Vorland des Harzes mit den Börden von Magdeburg, Braunschweig und Hildesheim und den nach Süden vorgreifenden Flußtälern (Leinetal). Dann kommt Schlesien links der Oder. Ausgedehnte Anbauflächen finden sich an der unteren Oder, in Vorpommern und Mecklenburg, im thüringischen Becken, am Nieder- und Oberrhein. Mit dem Weichseltale und der Provinz Posen sind beträchtliche Anbauflächen verloren gegangen. Seine Stellung als größter Zuckererzeuger der Welt hat Deutschland eingebüßt; es beschäftigte 1913/14: 341, 1925/26: 261 Zuckerfabriken und verarbeitete 1913/14: 17, 1925/26: 10 Mill. t Rüben. Der größte Zuckermarkt ist Magdeburg, der Ausfuhrhafen Hamburg.

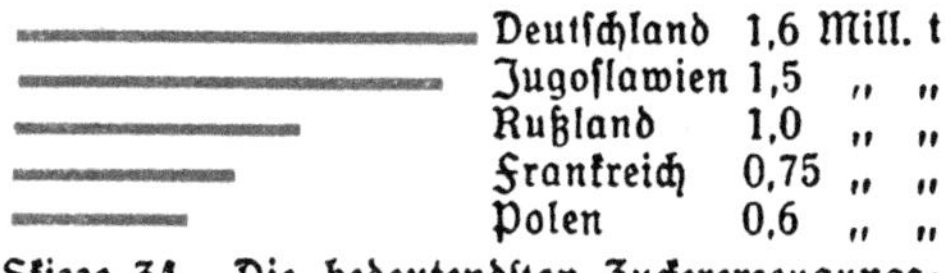

Skizze 34. Die bedeutendsten Zuckererzeugungsländer Europas 1925.

Der Gartenbau (Gemüsebau und Blumenzucht) wird gefördert durch die Nähe der Großstadt und der Industriebezirke (die Vierlande — Garten Hamburgs, das Vorgebirge — Lieferant Kölns und des Industriegebietes); andererseits nutzt er den fruchtbaren Boden in geschützten Lagen aus und findet hier oft in großartigen Betrieben statt, so in Erfurt (Blumen), in Quedlinburg und Halberstadt (Samen), bei Stuttgart und Trier (Rosen), bei Hamburg (Maiblumen und Veilchen) usw. Andere Gegenden zeichnen sich durch hervorragenden Gemüsebau aus, so Magdeburg (Kraut),

Braunschweig, Hannover und Mainz (Spargel), Liegnitz (Gurken), Spreewald (Meerrettich) usw. Im Zusammenhang damit steht eine hochbedeutende Konservenindustrie, deren Hauptort Braunschweig und Umgebung ist.

Der Weinbau hat sein Hauptgebiet am Rhein vom Bodensee bis unterhalb Koblenz; hier reifen etwa $^2/_3$ alles deutschen Weines; Haupthandelsplätze: Koblenz, Wiesbaden, Mainz und Worms. Die edelsten Sorten liefert der Rheingau. Von den Nebengebieten des Rheins haben die größte Bedeutung: 1. Mosel mit Saar und Ruwer (Trarbach, Trier), 2. Main, namentlich Unterfranken (Würzburg, Kitzingen), 3. Neckar. Von untergeordneter Bedeutung ist der Anbau bei Naumburg (Saale), Freiburg (Unstrut), Meißen (Elbe) und Grünberg (Nordschlesien); hier gedeihen Weine geringerer Güte. — Die deutschen Weine sind hochwertig und daher im Auslande beliebt; die Einfuhr fremder Weine (über Lübeck, Hamburg, Bremen) ist aber weitaus größer als die Ausfuhr,

Der Obstbau hat zwar stark zugenommen, deckt aber nicht den Bedarf und den Verbrauch der Obstweinkeltereien und Konservenfabriken. Hervorragend ist er in Süddeutschland (Rhein und Neckar) und in kleinen Bezirken Norddeutschlands.

Die wichtigsten Handelsgewächse sind Tabak, Hopfen, Flachs und Hanf.[1]) 70% der deutschen Tabakernte liefert das Land südlich vom Main, und zwar die Oberrheinische Tiefebene, die Vorhügel ihrer Grenzgebirge, die Seitentäler und die Pfalz (Mittelpunkte: Mannheim, Landau, Karlsruhe, Lahr). Auch das Neckartal und Nürnberg treten mit ansehnlicher Ernte hervor. 20% der Ernte stammen von der unteren Oder (Stettin, Prenzlau, Frankfurt), 5% aus Ostdeutschland (Elbing, Tilsit); der Rest von 5% verteilt sich auf eine große Zahl kleinerer Bezirke, nämlich auf den Westabhang des Thüringer Waldes, Hessen, Südhannover (Münden), den Niederrhein (Kleve), Trier, Magdeburg, Anhalt, Lübben usw.

Überseeischer Tabak wird über Bremen und Hamburg bezogen. Hier und in den Anbaugebieten liegen daher auch die bedeutendsten Betriebe der Tabakverarbeitung. Dresden ist der Hauptsitz der Zigaretteninduſtrie.

Der Hopfen ist noch mehr als der Tabak ein süddeutsches Erzeugnis; Bayern liefert 84, Württemberg 12, Baden 3 und Preußen (Altmark) 1% der Gesamternte. Die Hauptanbaugebiete sind: 1. die Holledau zwischen Amper und Donau, 2. das fränkische Gebiet westlich und nordwestlich von Nürnberg, 3. das Neckarland um Tübingen und Stuttgart, 4. das Bergland zwischen Karlsruhe und Mannheim. Der Weltmarkt für diese Ware ist Nürnberg (Ausfuhr). Durch den Verlust der Reichslande hat Deutschland zwar einen wesentlichen Teil seiner Hopfengärten eingebüßt; dennoch behält es den Vorrang vor allen anderen europäischen Gebieten; denn Englands größere Ernten liefern kein annähernd so gutes Erzeugnis.

Bierbrauerei. Der Hopfenbau hängt eng mit der Brauindustrie zusammen. Die Bierbrauerei hat sich in der Neuzeit zur Export- und Großindustrie entwickelt und ist daher hauptsächlich in den großen Städten ansässig. Bayern ist ihr Hauptgebiet (München, Nürnberg, Kulmbach, Erlangen, Würzburg, Augsburg u. a.); aber rund 60% alles deutschen Bieres wird in Norddeutschland und Mitteldeutschland gebraut; Hauptstädte sind: Berlin, Breslau, Hannover, Bremen, Herford, Dortmund, Kassel u. a.

Deutschlands Forstwirtschaft.

Verbreitung des Waldes. Über $^1/_4$ (27%) des deutschen Bodens ist mit Waldungen bedeckt (in Frankreich $^1/_6$, in Großbritannien $^1/_{25}$). $^1/_8$ des deutschen Wald-

1) Über Flachs und Hanf siehe Seite 49.

gebietes ist mit Laubholz, $^2/_3$ sind mit schneller wachsenden Nadelhölzern bestanden. Die Ausdehnung und das Vorkommen des Waldes ist abhängig: 1. von der Bodenart (leichte Sandböden, Geröllboden, schwere Tonböden, Sumpf und Moor), 2. von der Oberflächengestaltung (schroffe Berghänge), 3. von der Höhenlage, 4. von ausreichenden Niederschlägen. Von gutem Boden wird der Wald langsam zurückgedrängt; dagegen breitet er sich mehr und mehr über Ödflächen und dürftigen Boden aus. — Der Böhmer Wald, die Salzburger und Bayrischen Alpen, der Schwarzwald, Odenwald und Spessart sind geschlossene Waldgebiete. In Mitteldeutschland haben das rheinische und hessische Bergland, Thüringen und der Harz umfangreiche Waldbestände, desgleichen die böhmischen Grenzgebirge, die Sandböden der Mark, Hinterpommerns, sowie das preußische Seengebiet.

Waldnutzung. Die Waldungen liefern Nutzholz (Bauholz, Möbelholz, Grubenholz, Straßenpflaster, Eisenbahnschwellen usw.), Brennholz, Rohstoff für die Papierbereitung, Holzkohle, Lohe. In vielen Gebieten bringt die Beerenlese reiche Erträge. Die Flößerei erweitert das Absatzgebiet (Oberbayern, Oberrhein, Neckar, Main, Elbe, östliche Wasserstraßen); doch geht sie mehr und mehr zugunsten der Eisenbahnverfrachtung zurück. — Baden, Hessen, Thüringen, der Harz, Sachsen und Schlesien sind der Hauptsitz der Holzschleifereien (Wasserkräfte!) und der Papierindustrie. Die Herstellung von Möbeln und Holzwaren entwickelte sich abseits der Waldgebiete zur Großindustrie in Berlin, Brandenburg, Breslau, Liegnitz, Dresden, Hildburghausen, Darmstadt, Karlsruhe, Stuttgart und anderen Orten. In einzelnen Waldgebieten übten die Bewohner seit jeher ihre Kunstfertigkeit in der Herstellung von Schnitzwaren, Spielwaren und Musikinstrumenten, die Weltruf erlangten, so im Schwarzwald (S. 12), in den Bayrischen Alpen (S. 11), im Böhmer- und Odenwald, in Thüringen (Sonneberg), im Erzgebirge und in Schlesien (Freiburg). — Die Gewinnung von Lohe zum Gerben (Eichen- und Fichtenlohe) findet hauptsächlich an der Mosel, in der Eifel, an der Sieg und Werra, sowie im Odenwalde statt.

Handel. Der Holzertrag der wohlgepflegten Forsten reicht für den großen deutschen Bedarf bei weitem nicht aus. Aus den nördlichen und östlichen Holzländern wie aus den überseeischen Gebieten muß Nutzholz und Feinholz (Tropen) in starkem Maße eingeführt werden. Haupthandelsplätze: Ostseehäfen, Bremen, Berlin, Duisburg, Mainz.

Deutschlands Viehzucht.

Der Viehzucht stehen die Wiesen der Niederungen, die Weiden der Flußläufe und Küsten, die Heideflächen Hannovers und Ostelbiens, die Huten der Bergländer und die Almen des Hochgebirges zur Verfügung; doch ermöglicht die Stallfütterung eine Verbreitung der Viehhaltung über das ganze Land. Besondere Bedeutung haben die Pferdezucht in Ostpreußen (Trakehnen), Hannover, Oldenburg, Holstein und Bayern, die Rinderzucht in den Nordseemarschen, in Mecklenburg und im Algäu, die Schafzucht in Hannover, Pommern, Prov. Sachsen und Mecklenburg; doch geht letztere zurück, da der Weidegrund immer mehr durch Ackerbau eingeengt wird und der überseeische Wettbewerb die Schafzucht nicht mehr lohnend machte. Die deutsche Viehzucht ist derjenigen aller anderen europäischen Wirtschaftsgebiete — ausgenommen das große Rußland — in der Zahl des Viehbestandes überlegen; in der Güte des Viehes steht sie auf mustergültiger Höhe. Unser Land ist nicht in der Lage, seinen Bedarf an Fleisch, Milch und Milcherzeugnissen, an Häuten und Fellen aus der eigenen Wirtschaft zu decken.

Deutschlands Fischerei.

Fischerei wird in Flüssen, Binnenseen, Teichen (Lausitz), auf Haffen und auf dem offenen Meere betrieben. Am bedeutendsten ist die Seefischerei. Der Fischfang an der Küste hat seine Bedeutung verloren; nur einzelne Fischerdörfer senden noch zahlreiche kleine Fahrzeuge aufs Meer hinaus (Finkenwärder bei Hamburg). Dagegen sind Hochseefischereigesellschaften mit großen Dampferflotten entstanden, die ihren Fang aus der Nordsee, von Island und Grönland holen. Fischereihäfen an der Nordsee sind: Wesermünde, Kuxhaven, Bremerhaven, Hamburg-Altona, Nordenham und Emden; an der Ostsee: Kiel, Stettin und Danzig. Wesermünde ist der größte Fischereihafen Deutschlands mit großartigen Einrichtungen, Marinieranstalten, Räuchereien, Fischdüngerfabriken und Eisfabriken. Trotz günstiger Entwickelung steht aber die deutsche Seefischerei noch weit hinter der englischen, norwegischen, französischen und spanischen zurück.

2. Der deutsche Bergbau.

Im Bergbau werden folgende Rohstoffe gewonnen: 1. Brennstoffe (Stein- und Braunkohle), 2. Erze (Eisenerz, Silber-, Blei- und Zinkerz, Kupfer-, Nickel-, Zinn- und Kobalterze, Schwefelerz usw.), 3. Salz, 4. Erdöl, 5. Asphalt und Graphit.

Die Gewinnung erfolgt entweder in offenen Gruben (Tagebau) oder unter der Erde (Tiefbau). Bei letzterem Betriebe wird ein Schacht in die Erde getrieben, und von diesem aus werden seitwärts Gänge, Stollen, gebaut, die zu den eigentlichen Gewinnungsorten führen. Die gewonnenen Produkte werden auf kleinen Wagen zum Schacht gefahren und mit mechanisch angetriebenen Förderkörben zutage gefördert. Das „tote" Gestein, das in den Bergwerken abgeräumt werden muß, wird in der Nähe der Schächte auf Halden gestürzt, ein Wahrzeichen der Bergbaugegenden. Besondere Schächte (Wetterschächte) dienen der Abführung schlechter Luft und giftiger Gase und zur Niederhaltung der oft sehr hohen Luftwärme in den Schächten. Durch mächtige Pumpwerke und stundenlange Stollen werden die Grubenwässer entfernt. Über Tage sind mit den Bergwerken in der Regel ausgedehnte Anlagen für die „Aufbereitung" der Rohstoffe (Auslesen des Gesteins, Sortieren, Reinigen usw.), deren Verarbeitung und Verladung verbunden. So stellen die neuzeitlichen Bergbaubetriebe weitverzweigte, vielgestaltige Unternehmungen dar. Für die staatliche Beaufsichtigung der Bergbaubetriebe sind Bergbehörden eingerichtet.

Von dem Gesamtwert der deutschen Bergbauerzeugnisse 1924 entfallen allein 78,9 % auf Steinkohlen, 14,1 % auf Braunkohlen (Skizze 35). 1924 waren beschäftigt im Bergbau auf Steinkohlen 560000, auf Braunkohlen 49000, auf Erze usw. 59000 Personen.

a) Der Steinkohlenbergbau.[1])

Entstehung der Steinkohle. Die Steinkohle ist aus großen Pflanzenmassen zu einer Zeit entstanden, als die Erde noch nicht von Menschen bewohnt war. In den Gegenden mit feuchtem und gleichmäßig warmem, nicht heißem Klima waren große Gebiete mit gewaltigen Wäldern bedeckt, die an den Rändern der damaligen Kontinente und in den Einbruchsgebieten der Ozeane zeitweilig vom Meere überflutet wurden. Unter Wasser trat eine Vermoderung der Holzmassen ein, die mit Meeresschlamm bedeckt wurden. Dieser Vorgang wiederholte sich, bis das Gebiet endlich landfest war. In späteren Zeiten sind die Kohlenbildungen vielfach vom Meere abgetragen und teilweise an anderen Stellen wieder angeschwemmt worden, oder sie sind in größere Tiefen versunken, von jüngeren Gesteinsschichten überdeckt und durch Veränderungen der Erdschichten vielfach gestört worden. Infolgedessen liegen die Steinkohlen selten zutage oder unmittelbar unter der Erdoberfläche; sie müssen fast ausschließlich in Tiefbauanlagen gewonnen werden.

Verwendung der Steinkohlen. Ein beträchtlicher Teil der gewonnenen Steinkohlen wird als Bedarf der Bergwerke, als Eigenbedarf der Zechen und zur Herstellung von

1) Siehe Teubners Einzelkarten zur Wirtschaftsgeographie Deutschlands Nr. 2 „Steinkohlen, Braunkohlen, Eisenerz und Eisenindustrie" mit Begleitheft.

Koks und Briketts verwendet. Geeignet zur Erzeugung von Koks sind nur die backfähigen Fettkohlen, die namentlich im Ruhrbezirke gefördert werden; hier werden $^3/_4$ aller Koks gewonnen. Die in den Koksöfen gewonnenen Gase dienen zur Kesselheizung und Leuchtgasgewinnung (Fernleitungen); die überschüssige Betriebskraft wird in Industriewerken (Ziegeleien, Zementwerken usw.) verwertet. Die Nebenprodukte der Kokereien (Teer, Pech, Benzol, Benzin, Naphthalin, Kreosot usw.) geben Anlaß zu einer ausgedehnten chemischen Industrie. Die Verwendung der Kohlen veranschaulicht Skizze 36.

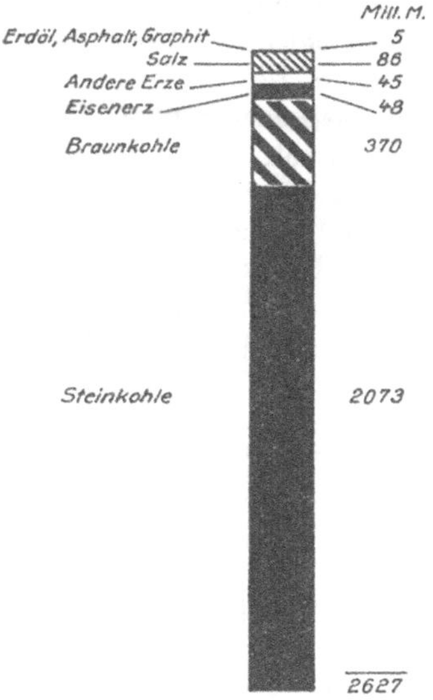

Skizze 35. Wert der deutschen Bergwerkserzeugnisse 1924.

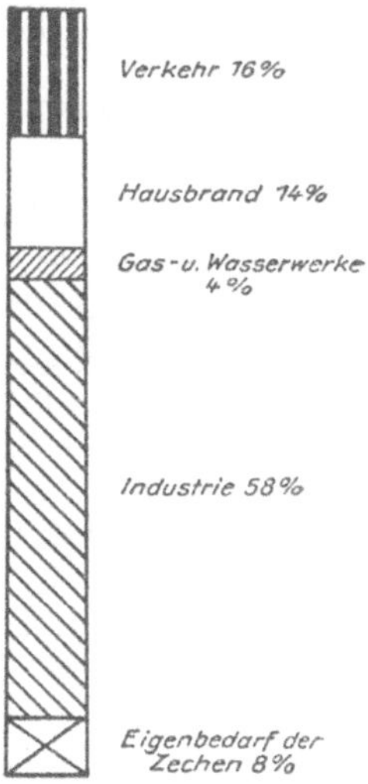

Skizze 36. Verwendung der Steinkohle.

Die Steinkohlengebiete. Der Reichtum Deutschlands an Steinkohlen lagert hauptsächlich an der Nordgrenze der Mittelgebirge, zwischen Tarnowitz und Aachen; ein bedeutsamer Abbau findet nur an 5 Stellen statt. Ergänzt wird dieses Vorkommen in namhafter Weise durch das Kohlenbecken des Saargebietes.

Niederrheinland-Westfalen. Ruhr, Rhein, Lippe und eine Linie von Hagen nach Hamm geben einen Anhalt für die Ausdehnung des rheinisch-westfälischen Kohlengebietes (siehe Seite 18). Die Mittelpunkte der Kohlengewinnung sind Dortmund und Hörde im O, Essen, Bochum und Gelsenkirchen im W, Recklinghausen im N.

Die Steinkohlenförderung dieses Gebietes betrug 1850: 2 Mill. t, 1912: 103 Mill. t. Kein deutsches Steinkohlengebiet vermag mit dieser gewaltigen Entwickelung Schritt zu halten. Das ist begründet 1. in den hervorragenden Eigenschaften der Ruhrkohle, 2. in dem Heranwachsen einer hochbedeutenden Industrie im Kohlengebiete, 3. in der günstigen Verkehrslage; denn dem Ruhrgebiete sind die niederländischen Staaten mit ihrem Kohlenbedarf benachbart; kein großer deutscher Steinkohlenbezirk engt den Absatz der Ruhrkohle in dem Gebiete zwischen Elbe, Main und Reichsgrenze wesentlich ein; hauptsächlich aber wird der Absatz der Kohle durch den Rheinweg und den Rhein-Weser-Kanal (von Duisburg und Herne aus) nach entfernteren deutschen und Auslandsgebieten ermöglicht. In den Duisburg-Ruhrorter Häfen gelangt $^1/_6$ der ganzen Förderung des Bezirks in den Verkehr.

Aachen. Die Kohle des Aachener Beckens dient im wesentlichen der im gleichen Bezirke ansässigen Industrie. Aachen und Eschweiler sind die Hauptorte.

Saar. Der Abbau findet in dem durch den Friedensvertrag selbständig gewordenen Saargebiete, zu einem kleineren Teile in Lothringen statt; Saarbrücken ist sein Mittelpunkt. Der Kohlenversand wird durch den Saar-Kanal in den Rhein-Marne-Kanal übergeleitet und erreicht so Straßburg und das französische Nachbargebiet.

Oberschlesien. Das oberschlesische Kohlenlager (S. 25) ist das ausgedehnteste europäische Lager; es birgt ebensoviel Kohle, wie ganz England besitzt. Die Kohlenschichten werden bis zu 16 m stark. In diesen Kohlenreichtum teilen sich 3 Länder: Deutschland, die Tschechoslowakei und Polen. Durch die Teilung Oberschlesiens ging der wertvollste Grubenbesitz an Polen verloren. Von 61 Kohlenbergwerken verblieben nur 11 bei Deutschland; diese liefern knapp $1/4$ der früheren deutsch-oberschlesischen Steinkohlenförderung. Die Kohle lagert in geringer Tiefe unter günstigem Gestein; sie ist von hervorragender Reinheit. Zwei Umstände sind der Entwickelung des oberschlesischen Bergbaues hinderlich: der Mangel an guten Kokskohlen und die ungünstige Verkehrslage des Gebietes. Das wichtigste Absatzgebiet ist Schlesien und Ostdeutschland; die Grenzlage weist auf den Auslandmarkt hin.

Niederschlesien. Das niederschlesische Kohlenbecken (S. 24) ist hufeisenförmig um das Heuscheuergebirge gelagert. Der westliche Flügel liegt fast ganz auf böhmischem Gebiete. Waldenburg im N, Neurode im S sind die Mittelpunkte des Bergfleißes.

Sachsen. Der Freistaat Sachsen verfügt über zwei Kohlenlager: ein kleineres im Plauenschen Grunde bei Dresden mit örtlicher Bedeutung und ein größeres bei Zwickau und Ölsnitz (S. 22 u. Skizze 20). Der Kohlenbergbau in diesem erzgebirgischen Becken wird das 20. Jahrhundert nicht überdauern; doch ist zur Zeit die Förderung für die Industrie in Sachsen und im östlichen Thüringen, sowie für Nordbayern von wesentlicher Bedeutung.

Kleinere Lager besitzen der Thüringer- und Frankenwald, der Deister, das Wesergebirge und der Teutoburger Wald.

Gesamtförderung. Die deutsche Steinkohlenförderung wird nur von derjenigen der Vereinigten Staaten und Großbritanniens übertroffen. Die Gewinnung wird aber durch Reparationslieferungen geschmälert (1922 = 16 Mill. t) und ist durch die Abtretungen stark verkleinert. Die Gesamtförderung betrug 1913 = 190, 1925 = 133 Mill. t. (Rückgang 1913—1925 = 30%.) Die Förderung Deutschlands, Englands und der U. S. A. verhielt sich 1913 wie 100 : 153 : 272, dagegen 1925 wie 100 : 189 : 392.

b) Der Braunkohlenbergbau.

Allgemeines. Die Entstehung der Braunkohle ist derjenigen der Steinkohle gleich; aber die Braunkohle ist bedeutend jünger, liegt in der Regel nahe der Erdoberfläche, ist durchweg mit lockeren Erdschichten überlagert (Gewinnung im Tagebau), ist bei weitem nicht so fest und heizkräftig wie die Steinkohle (6 t Steinkohle = 10 t Braunkohle) und kann daher nicht so hohe Frachten tragen (beengtes Absatzgebiet). Sie wird vielfach an Ort und Stelle zur Erzeugung elektrischer Kraft verwendet (Überlandzentralen). Durch Brikettierung wird die Braunkohle widerstandsfähiger und heizkräftiger (daher Versand auf größere Entfernungen). Die Braunkohle dient zur Kesselfeuerung und als Hausbrand (wie die Steinkohle). Fette Braunkohle wird geschwelt; die Haupterzeugnisse dieses Vorganges sind Teer, Solaröl (Leuchtmittel), Paraffin und Grudekoks (Heizmittel). Halle, Naumburg und Zeitz sind die Hauptorte der Braunkohlenschwelerei. Große Aussichten erwachsen dem Braunkohlenbergbau aus der Verwertung des Verfahrens zur Verflüssigung der Kohlen. Durch dieses Verfahren gelingt es, aus der Kohle auch die wertvollen Leicht- und Schweröle zu gewinnen die bisher nur die Raffinierung des Erdöls lieferte. Große Anlagen hierfür werden zur Zeit in Mitteldeutschland (bei Merseburg und Halberstadt) geschaffen.

Fördergebiete. Braunkohle findet sich fast im ganzen Deutschen Reiche, aber seltener in ausgedehnten Feldern. Die Hauptgebiete werden von folgender Linie umgrenzt: im Norden: Aachen—Köln—Braunschweig—Magdeburg—Frankfurt a. O.; im Osten: die Oder bis zur Katzbachmündung; im Süden: von hier über Görlitz, die böhmische Grenze und den Main; im Westen: Mainmündung bis Aachen. Was außerhalb dieser Grenzlinie gefördert wird, ist von geringer Bedeutung.

Niederrhein. Eine gute Wegstunde vom Rhein entfernt erhebt sich im linksrheinischen Gebiete der Kölner Bucht das niedrige „Vorgebirge". Zieht man von

Köln und etwas nördlich von Bonn aus Linien westwärts, so begrenzen diese den kohlenführenden Teil des Gebirges (Länge 25 km, Breite 5—6 km). Im S ist das Kohlenlager 20—35 m, an der Bahn Köln—Aachen 104 m mächtig. Hier lagern also gewaltige Kohlenmassen, deren Förderung mehr als $^1/_5$ der ganzen deutschen Braunkohlengewinnung ausmacht. Brühl und Frechen sind die Hauptorte des Abbaus, Wesseling der Rheinhafen. Die Hauptmasse der Kohlen wird brikettiert und nach West-, Mitteldeutschland und Holland versandt.

Hessen. Der Mittelpunkt der niederhessischen Braunkohlenlager ist Kassel (Habichtswald, Reinhardswald, Meißner). In Oberhessen sind Gruben am Vogelsberge, in der Wetterau, am Odenwald und am Main südöstl. Hanau im Betriebe. In beiden Gebieten handelt es sich um getrennte Lager geringeren Umfanges.

Braunschweig-Magdeburg. Dieses ergiebige Kohlenlager wird im O von der Elbstrecke Wittenberg—Schönebeck begrenzt. Die Grenzlinie führt von Schönebeck aus nordwestwärts bis in die Nähe von Braunschweig, dann südöstlich über Halberstadt und Aschersleben und ostwärts über Bitterfeld nach Wittenberg. Die Förderung ist etwa halb so groß wie am Niederrhein.

Thüringen-Sachsen. Der thüringisch-sächsische Braunkohlenbezirk fördert reichlich $^1/_3$ aller deutschen Braunkohlen und ist somit das bedeutendste Gebiet. Es zieht sich in einem schmalen Streifen aus dem Mansfeldischen nach Halle, dann in größerer Breite südwärts über Merseburg, Naumburg und Zeitz, dann ostwärts nach Sachsen-Altenburg (Meuselwitz) und Sachsen südlich Leipzig bis an die Freiberger Mulde. Die Hauptbedeutung liegt bei Halle und Meuselwitz.

Lausitz. Die Mittelpunkte des Oberlausitzer Braunkohlenbaus sind Görlitz und Zittau. Die Lager sind nicht ausgedehnt. Die Niederlausitz ist dagegen bedeutender als der rheinische Bezirk; auf sie entfällt mehr als $^1/_4$ der Gesamtförderung. Die Südgrenze des Kohlenlagers liegt nicht weit südlich von der schlesischen und sächsischen Nordgrenze. Es reicht von Sorau im O bis zu der Bahnlinie Dresden—Dobrilugk—Berlin; an der Nordgrenze liegen Forst und Fürstenwalde. Sehr wichtig ist das Kohlenvorkommen für die lebhafte Lausitzer Industrie; auch Berlin nimmt eine ansehnliche Menge Lausitzer Briketts auf (Wasserstraßen).

Kleinere Felder. 97 % der deutschen Förderung entfallen auf die besprochenen Gebiete; 1 % entstammt den oberbayrischen Pechkohlengruben und nur 2 % kommen aus kleineren Kohlenfeldern. Beachtenswert ist unter diesen der Bezirk von Frankfurt a. O.

Gesamtförderung. Die Braunkohlenförderung ist für die deutsche Volkswirtschaft sehr wichtig. Die Verwendung der Kohle (namentlich in der Industrie) nimmt ständig zu. 1901 wurden 44, 1913 = 87, 1925 aber 140 Mill. t gefördert. Dadurch wird der Verlust in der Steinkohlenförderung zum Teil ausgeglichen. Von der Weltförderung an Braunkohlen stammen 77 % aus deutschen Gruben.

c) Der Eisenerzbergbau.

Allgemeines. Eisenerz ist eine Verbindung von Eisen und anderen Mineralien. Schmelzwürdig ist ein Erz, wenn es mindestens 25—30 % Eisen enthält. Das wertvollste Erz ist der in Deutschland seltene Magneteisenstein, der in riesigen Mengen in Schweden lagert. Die deutschen Erze sind: 1. Spateisenstein (wichtig für die Erzeugung wertvoller Eisenarten), 2. Roteisenstein, 3. Brauneisenstein, 4. Kohleneisenstein. Die Abarten des Brauneisensteins sind: a) Raseneisenerz (in Deutschland fast abgebaut), b) Bohnerz, in dem das Eisen in Bohnenform eingesprengt lagert, c) die feinkörnige, phosphorhaltige **Minette**, das bedeutsamste Erz Luxemburgs und Frankreichs. — Das Erz wird entweder direkt verschmolzen oder vorher geröstet, d. h. sein Gehalt an Nebenbestandteilen wird durch Einwirkung von Wasser, Luft und Wärme herabgemindert.

Eisenerzbezirke. Der Nachteil der deutschen Erzlagerung besteht darin, daß Erz und Kohle in verschiedenen Gegenden lagern. Es ist also immer eine Verfrachtung eines der beiden Rohstoffe erforderlich.

1. **Siegerland.** Das Gebiet an der mittleren und oberen Sieg ist einer der ältesten deutschen Eisenerzbezirke. Er liefert den hochgeschätzten Spateisenstein und etwas Brauneisenerz. Seit 50 Jahren hat sich die Förderung verzehnfacht. Diese wird an das Ruhrgebiet abgegeben und im eigenen Bezirke mit Ruhrkohle verschmolzen.

2. **Andere Lager.** Benachbart ist dem Siegerland das Erzgebiet an der Lahn zwischen Limburg und Gießen und nordwärts davon an der Dill; kleinere Bezirke liegen am Taunus und Vogelsberge. Oberschlesiens Eisenerze (Beuthen) sind schwer zu verhütten und müssen mit fremden Erzen verschmolzen werden. Größere Mengen leicht gewinnbarer Erze liefert das nördliche Vorland des Harzes bei Peine und Salzgitter (Ilseder Hütte); im Nordharz geht der Erzbergbau zurück. Kleinere Erzlager werden abgebaut bei Osnabrück, bei Minden im Wesergebirge, im Thüringer Walde, in Niederschlesien; bedeutsamer sind die Lager bei Amberg in Bayern und bei Aalen am Jura (Württemberg).

Gesamtförderung. Durch den Verlust Lothringens ist Deutschland seiner wichtigsten Eisenerz-Lagerstätten beraubt; denn hier wurden $^3/_4$ aller deutschen Eisenerze gefördert. Aus den anderen Bezirken wird Deutschland höchstens 20% des Bedarfs, den es vor dem Kriege hatte, herausholen können. Die hochbedeutende deutsche Eisenerzverarbeitung wird daher künftig zum allergrößten Teile auf den Bezug fremder Erze angewiesen sein (aus Frankreich, Spanien, Schweden usw.). — Gesamtförderung 1913 = 29 Mill. t, 1924 = $4^1/_2$ Mill. t.

d) Der Bergbau auf andere Erze.

Die Förderung von Silber-, Kupfer-, Zink-, Blei- und Nickelerzen entspricht in Deutschland nicht dem Bedarf. Am bedeutsamsten ist der Bergbau auf Blei- und Zinkerze. Oberschlesien lieferte $^3/_4$ aller Zinkerze, die Hälfte aller Bleierze. Von dieser Förderung ist aber nur $^1/_7$ dem deutschen Reiche verblieben. Wichtig sind ferner für Blei- und Zinkerze der Harzer Bezirk, das Eifelgebiet mit Aachen und Stolberg, Westfalen und Hessen. Einen bedeutenden Teil ihres Bedarfes müssen die Hütten nunmehr aus Polen und Australien, ferner aus Österreich und andern Ländern beziehen. — Reine Silbererze werden in Deutschland nicht gefördert; dagegen wird Silber als Nebenerzeugnis aus Zink-, Blei- und Kupfererzen gewonnen. Die einheimischen Erze werden mit ausländischen Erzen im Bergbaugebiete verhüttet. — Das Hauptgebiet für die Gewinnung von Kupfererzen ist das Mansfeld mit seiner Hauptstadt Eisleben (80—90%). Bergbau auf Kupfer findet ferner in Sachsen, Westfalen, Niederschlesien, vor allem auch im Nordharz statt. Doch handelt es sich überall nicht um reiche Erzlager. Seinen großen Bedarf an Kupfer muß Deutschland zum weitaus größten Teile aus dem Auslande beziehen. (Hauptlieferant: Vereinigte Staaten.) — Erdöl wird in Deutschland ebenfalls gewonnen (Hauptgebiet: Wietze an der Aller); indessen ist die Förderung gering (1924 = 59000 t).

e) Der Salzbergbau.

Mächtige Salzlager liegen in großen Teilen des Norddeutschen Tieflandes, der Mittelgebirge und Oberdeutschlands. Reines Steinsalz wird vielerorts gefördert und zu Speise-, Vieh- und Gewerbesalz verarbeitet. Die Hauptmenge des Steinsalzes wird in der Form von Sole gehoben und in Salinen verarbeitet. Die Hauptbezirke sind: 1. Sachsen-Thüringen (Halle), 2. das Neckarland (Hall), 3. Oberbayern (Reichenhall, Rosenheim), 4. Südhannover, 5. einzelne Gebiete Norddeutschlands (Lüneburg, Sperenberg usw.). Von hoher Wichtigkeit ist in den letzten Jahrzehnten die Ausbeutung der die Steinsalze überlagernden Abraumsalze (Kalisalze) geworden; sie bilden ein für die Landwirtschaft unentbehrliches Düngemittel und haben zu einer bedeutenden chemischen Industrie Anlaß geben. Die Hauptabbaugebiete sind: 1. Thüringen (27 %), 2. das Werratal (12 %), 3. der Bezirk Halle-Staßfurt (23 %), 4. das Tal der Leine und Aller (24 %), 5. das nördliche Vorland des Harzes (12 %), 6. die Unterelbe (Mecklenburg = 2 %. Die Gesamtförderung an Kalisalzen betrug 1861 = 2300 t, 1890 = 1300000 t, 1923 = 11350000 t. Im Betrieb sind zur Zeit 239 Schächte, mit denen 87 Chlorkaliumfabriken verbunden sind. Demgegenüber förderten im gleichen Jahre das Elsaß 1600000 t (17 Schächte), Galizien, Britisch Indien und die Vereinigten Staaten zusammen etwa 100000 t).

3. Deutschlands Eisen- und Maschinenindustrie.

Gewinnung. Das Eisen wird aus den Erzen in großen Schachtöfen — den Hochöfen — erschmolzen. Die Erze erfordern den Zusatz sogenannter Zuschläge (Kalkstein, Dolomit, Schlacken usw.). Als Brennmaterial verwendet man Steinkohlenkoks (früher Holzkohle). Durchschnittlich liefert ein Hochofen in Deutschland täglich 150000 kg Roheisen aus 4 bis 500000 kg Rohstoff; dazu sind etwa 150000 kg Koks erforderlich, d. i. ein täglicher Ab- und Zufuhrverkehr von 35—43 Doppelwaggons zu je 20 t täglich für jeden Hochofen.

Verwertung. Das Erzeugnis des Hochofens heißt Roheisen. Ein kleiner Teil hiervon wird sofort zu fertigen Waren (Nr. 1)[1] ausgegossen. Ein beträchtlicher Teil wird an Eisengießereien abgegeben, hier mit Alteisen abermals geschmolzen und in Formen gegossen (Nr. 2). Die Hauptmenge des Roheisens wird zu Schmiedeeisen und Stahl verarbeitet; dabei handelt es sich um die völlige oder teilweise Entfernung von Beimengungen (Kohlenstoff, Schwefel, Phosphor usw.). Der Kohlenstoff macht das Eisen spröde. Bei seiner fast völligen Entfernung entsteht weiches, nicht härtbares Schmiedeeisen; bei etwas höherem Gehalt an Kohlenstoff (bis höchstens 1,6 %) bleibt das Eisen härtbar; es wird Stahl genannt. Diese Verarbeitung des Roheisens erfolgt in den mit den Hochöfen meistens verbundenen Stahlwerken. Dabei erfolgt entweder völliges Umschmelzen des Roheisens (= Flußeisen und Flußstahl), oder die Verarbeitung erfolgt ohne erneutes Umschmelzen (= Schweißeisen und Schweißstahl). In der Flußeisengewinnung sind drei Verfahren zu unterscheiden: 1. das Bessemer-Verfahren (Nr. 4), 2. das Thomas-Verfahren (Nr. 3), 3. das Siemens-Martin- oder Flammofenverfahren (Nr. 5). Die Schweißeisenbereitung durch den Puddelprozeß (Nr. 6) ist weit arbeitsreicher und kommt nur für hochwertige Eisensorten in Betracht. Näheres über den Gang der Verarbeitung und die Produktionsmengen ergibt sich aus Skizze 37.

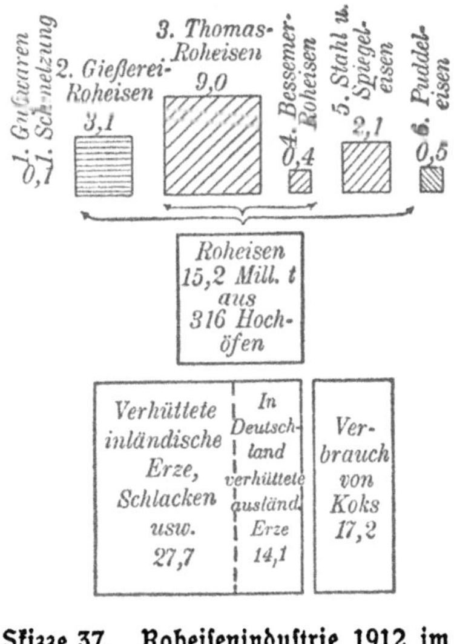

Skizze 37. Roheisenindustrie 1912 im deutschen Zollgebiet. (Die Zahlen bedeuten Millionen Tonnen.)
Roheisenerzeugung 1925: ca. 11,6 Mill. t.

Eisen und Stahl werden entweder in Formen zu fertigen Waren gegossen oder in Barren zum Verkauf gebracht oder — zum größten Teil — in die Walzwerke übergeführt und hier zu Handelseisen (Fasson-, Profil-,

1) Die Zahlen weisen auf die gleichen Zahlen in Skizze 37 hin.

Baueisen), zu Schwellen, Schienen, Radsätzen, Reifen, Platten und Blechen, Röhren und Draht ausgewalzt, zu Geschützen, Geschossen, Maschinenteilen usw. verarbeitet.

Soweit alle diese Werke keine fertigen Waren herstellen, erfolgt die endgültige Verarbeitung des Eisens in Eisengießereien (Öfen, Röhren, Wannen, Becken, Geschirr, Maschinenteile usw.) und Maschinenfabriken; die Erzeugnisse derselben sind außerordentlich mannigfaltig; genannt seien: Dampfmaschinen und Motore, Bergwerkseinrichtungen, Lokomotiven und Eisenbahnwagen, landwirtschaftliche Maschinen, Arbeitsmaschinen für alle Industriezweige, Hebemaschinen, Pumpen usw. Dazu kommen große Anstalten für Hallen- und Brückenbau, sowie die Werften mit ihrem großen Eisenbedarf. Eine besondere Industrie ist die Kleineisenindustrie, in der Nadeln, Nägel, Schrauben, Nieten, Werkzeuge und Geräte, Schlösser, Messer, Waffen usw. angefertigt werden, wobei die Heimarbeit eine große Rolle spielt.

Industriegebiete. Am dichtesten drängt sich die Eisenindustrie in den Kohlen- und Erzbezirken zusammen, aber darüber hinaus ist sie in den meisten Städten von Bedeutung ansässig; in hervorragendem Maße sind an ihr Sachsen, Mitteldeutschland, Niederschlesien und die bedeutenden Städte des Küstengebietes beteiligt.

Hochöfen. 1. Rheinland-Westfalen, der weitaus bedeutendste Hochofenbezirk Deutschlands. Der ganze Süden des Kohlengebietes ist mit Hochofenwerken versehen. Die bedeutendsten liegen in der Nähe des Rheins (Grund: Erzzufuhr) bei Duisburg, Oberhausen, Mülheim und Rheinhausen. Hervorragend sind ferner Dortmund, Hörde und Aplerbeck im östlichen Teile, Bochum und Gelsenkirchen in der Mitte. Weniger bedeutend ist hingegen Eschweiler im Aachener Bezirk. — 2. Siegerland-Lahn; hier liegen zahlreiche mittlere und kleine Hochöfen, die auf den Koksbezug aus dem Ruhrgebiete angewiesen sind: Mittelpunkt ist Weidenau-Geisweid bei Siegen. An der Lahn kommen nur Wetzlar und Lollar bei Gießen in Betracht. 3. Oberschlesien war neben dem Rheinland und Lothringen das bedeutendste Hochofengebiet (Beuthen, Hindenburg, Gleiwitz); doch ist durch die Teilung mehr als die Hälfte aller Hochöfen verloren gegangen. 4. Küstengebiet (Zufuhr von Kohle und Erz auf dem Seewege) Stettin, Lübeck, Bremen und Emden. 5. Einzelwerke. Vereinzelte Hochofenwerke finden sich in Osnabrück, bei Tangerhütte, bei Peine (Ilseder Hütte), am Nordharz, bei Saalfeld (Thür.), Amberg und Aalen (Süddeutschland). Mit dem Saarbecken und Lothringen ist fast der 4. Teil der deutschen Hochofenwerke ausgeschieden.

Stahl- und Walzwerke. Die Stahl- und Walzwerke sind in der Regel mit den Hochofenwerken verbunden; doch ermöglicht die bequeme Anlage der Siemens-Martin-Öfen auch ihre Verlegung in die Industriestädte; so ragen in Rheinland-Westfalen Essen (Krupp), Hamm, Hagen, Düsseldorf und Köln hervor, im Saargebiete St. Ingbert, in Sachsen Riesa, Zwickau und Dresden (Deuben).

Eisengießereien und Maschinenfabriken. Naturgemäß sind die Kohlen- und Hüttenbezirke gleichzeitig Gebiete hochentwickelter Fertigindustrie. Rheinland-Westfalen birgt eine solche Fülle von Eisenverarbeitungsstätten, daß das ganze Gebiet als ein einheitlicher Eisenindustriebezirk hervortritt. Essen (Krupp), Dortmund, Hörde, Bochum, Hagen und Iserlohn, Duisburg und Mülheim, Düsseldorf und Köln, Elberfeld und Barmen, Remscheid und Solingen besitzen die Hauptwerke; linksrheinisch: München-Gladbach und Krefeld, Aachen und Eschweiler. Die Industriestädte der anderen Bergbau- und Hüttenbezirke sind bereits genannt. Von den übrigen Landesteilen sind hervorzuheben:

Schlesien: Breslau, Görlitz, Liegnitz, Schweidnitz, Hirschberg, Striegau.

Mitteldeutschland: Magdeburg, Halle, Dessau, Halberstadt, Braunschweig, Hildesheim, Hannover, Nordhausen.

Thüringen: Erfurt, Gotha, Eisenach, Mühlhausen, Altenburg, Zeulenroda.

Norddeutschland: Berlin, Brandenburg, Frankfurt a. O., Eberswalde, Insterburg, Hafenstädte.

Hessen und Main: Kassel, Gießen, Frankfurt, Hanau, Würzburg, Darmstadt.

Süddeutschland: Nürnberg, München, Augsburg, Landshut, Regensburg, Amberg in Bayern, Stuttgart, Kannstatt, Göppingen, Reutlingen, Heilbronn, Neckarsulm in Württemberg, Karlsruhe, Mannheim, Freiburg in Baden.

So ist die Maschinenindustrie über das ganze Reich verbreitet; am schwächsten ist an ihr Nordostdeutschland beteiligt. In einigen Städten haben sich besondere Werke von hervorragender Bedeutung herausgebildet; Beispiele: Buchdruckmaschinen in Leipzig, Spinn- und Webmaschinen in Chemnitz und München-Gladbach, Papiermaschinen in Hirschberg, Reutlingen und Heidenheim, Steingutmaschinen in Zeulenroda, landwirtschaftliche Maschinen in Mannheim, Leipzig, Magdeburg, Liegnitz, Stralsund usw.

Kleineisenindustrie. Die Kleineisenindustrie, die viele Heimarbeiter beschäftigt, ist in zwei Hauptgebieten tätig: 1. im Bergisch-Märkischen Lande (Hauptorte Solingen, Remscheid, Hagen), 2. im Thüringer Walde (Schmalkalden, Suhl, Sömmerda und andere Orte). Auch in Württemberg und Baden (Waffenfabriken in Oberndorf und Rottweil) ist die Industrie ansehnlich.

Andere Metall verarbeitende Industrien. Unter ihnen steht an erster Stelle die elektrotechnische Industrie, die den gewaltigen Bedarf der deutschen Elektrizitätswerke an Apparaten, Leitungen, Kabeln usw. deckt und außerdem die ausländischen Abnehmer versorgte. Weltbedeutende Werke dieser Art haben neben vielen anderen Großstädten Berlin, Frankfurt, Nürnberg und Dresden. — Die feinmechanischen Industrien stellen optische und wissenschaftliche Instrumente, Uhren, Tonwerkzeuge, Schreib-, Sprech- und Rechenmaschinen, Registrierkassen usw. her. Die erstgenannten Erzeugnisse liefern vorzugsweise Berlin, Braunschweig, Düsseldorf, Kassel, Göttingen, Jena, Chemnitz und Dresden. Als Sitz der andern Fabrikationszweige kommen außer diesen Orten Frankfurt, Leipzig, Stettin und der obere Schwarzwald (S. 12) in Betracht. — Hierzu kommen endlich Metallwaren- und Schmuckwaren-Industrien (Hanau und Pforzheim).

Gesamtbedeutung. Alle diese Industrien lieferten vor dem Kriege Erzeugnisse, deren Wert sich nach Milliarden berechnete. Wohl war Deutschland in der Rohstoffbeschaffung vom Auslande abhängig, aber in keinem Zweige der verarbeitenden Industrie. Das ergab einen Ausfuhrüberschuß, wie ihn keine andere deutsche Industrie aufzubringen vermochte. — Skizze 38 veranschaulicht die Bedeutung und den Verlust Deutschlands als Roheisenerzeuger. Weniger groß ist die Einbuße der verarbeitenden Industrie. 1925 ist es Deutschland gelungen, sich mit 15 % der Welterzeugung wieder an die zweite Stelle der Roheisenländer zu setzen.

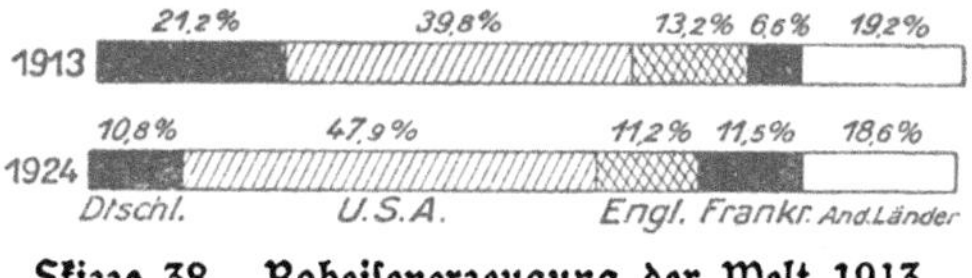

Skizze 38. Roheisenerzeugung der Welt 1913 (79 Mill. t) und 1924 (66 ½ Mill. t).

4. Deutschlands Textilindustrie.[1]

Allgemeines. Unter Textilindustrie versteht man die Verarbeitung von Fasern verschiedenster Art zu Gespinsten und Geweben. Die Rohstoffe werden aus allen drei Naturreichen gewonnen, und zwar

1) Siehe Teubners Einzelkarten zur Wirtschaftsgeographie Deutschlands Nr. 3 „Textilindustrie" mit Begleitheft.

I. aus dem Mineralreiche:
Asbest.

II. aus dem Pflanzenreiche:
1. Stengelfasern:
a) Flachs, b) Hanf, c) Jute.
2. Blattfasern:
a) Sisal, b) Ramie.
3. Fruchtfasern:
a) Baumwolle, b) Kokosfasern.

III. aus dem Tierreiche:
1. Seide.
2. Schafwolle.
3. Haare verschiedener Tiere (Pferde-, Kamel-, Ziegenhaare).

Außerdem werden künstliche Rohstoffe verarbeitet (Zellulose, künstliche Seide, Glas- und Metallfäden).

Von den wichtigeren Rohstoffen werden Flachs, Hanf und Schafwolle teilweise in Deutschland selbst gewonnen; der Bedarf an Baumwolle, Jute und Seide muß vom Auslande bezogen werden. Bei weitem der wichtigste Rohstoff ist die **Baumwolle**; dann folgen dem Werte nach Wolle, Seide, Flachs, Jute und Hanf.

Gang der Verarbeitung. Die Rohstoffe können durchweg nicht in der Form verarbeitet werden, in der sie die Natur darbietet; sie bedürfen einer **Vorbereitung**, die entweder in den Erzeugungsgebieten (Baumwolle, Flachs, Hanf, Jute) oder an den Verarbeitungsstätten und in besonderen Anstalten (Wolle) erfolgt. Die Rohfaser wird in der **Spinnerei** zu Fäden verarbeitet. Nach erfolgter Reinigung und Mischung werden die Fasern durch Maschinen derart geordnet, daß sie alle in derselben Richtung liegen und einen feinen Flor darstellen; dieser wird immer weiter gestreckt und schließlich zu einem losen Faden zusammengedreht; das „Vorgespinst" gelangt in die eigentlichen Spinnmaschinen, die den Faden weiter strecken und scharf zusammendrehen. So entsteht das Garn. Mehrere zusammengedrehte Fäden bilden den Zwirn. Man unterscheidet Näh-, Strick- und Stickgarne und Webgarne.

In die **Webereien** gelangt das Garn entweder in rohem Zustande oder gebleicht und gefärbt. Es wird hier auf Handwebstühlen oder auf Kraftstühlen (mechanischen Webstühlen) zu flächenartigen Gebilden verarbeitet. Dabei werden Kette (Längsfäden) und Schuß oder Einschlag (Querfäden), so miteinander verschlungen, daß sie sich gegenseitig an einer Verschiebung hindern. Die Erzeugnisse der Weberei sind außerordentlich verschiedenartig und verschiedengestaltig.

Die rohen Gewebe haben meist ein unschönes Aussehen. Sie werden einer Anzahl von Arbeiten unterworfen, die man mit dem gemeinschaftlichen Namen Zurichtung oder Veredelung (Appretur) bezeichnet. Dazu gehören das Bleichen, Färben und Bedrucken der Stoffe, das Scheren, Glätten, Rauhen, Walken, Bügeln, Imprägnieren usw. Diese Arbeiten werden zum Teil in den Webereien selbst erledigt, oder sie fallen einer besonderen Industrie zu, die auch für das Ausland tätig ist.

Eine andere Art der Garnverarbeitung stellt die **Wirkerei** dar; sie besteht darin, daß nicht, wie bei der Weberei, viele Fäden miteinander verbunden werden, sondern daß in der Regel nur ein Faden zu Maschen verschlungen wird, so daß sich das gewirkte Gebilde auch wieder zu einem Faden auseinanderziehen läßt (Strickstrumpf). Die Verarbeitung erfolgt mit Wirkmaschinen; die Haupterzeugnisse sind Strümpfe, Handschuhe, Unterkleider und Trikotwaren. Mit gleichen Maschinen wird Tüll hergestellt (Gardinen, Spitzen). Eine weitere Abteilung der Textilindustrie ist die Anfertigung von Spitzen als Handarbeit und mit Maschinen, sowie die Herstellung von Kleider- und Möbelbesatz (Posamentenindustrie), endlich auch die Fabrikation von Filz.

An die eigentliche Textilindustrie schließt sich ein bedeutsames Gewerbe an, das sich mit der Herstellung fertiger Kleidungsstücke beschäftigt, die sogenannte **Konfektion**, die sich seit etwa 80 Jahren zum Großgewerbe entwickelt hat.

Betriebsformen. Die Verarbeitung der Rohstoffe und Halbfabrikate erfolgt entweder in Fabriken oder in der sogenannten Hausindustrie (Heimarbeit); hier liefert der Unternehmer seinen Arbeitern die Arbeitsstoffe und nicht selten auch die Maschinen. Die Hausindustrie war früher umfangreich, geht aber stark zurück und hält sich vornehmlich noch in Gebirgsgegenden, in denen der Boden mit Erträgnissen kargt, der lange Winter eine gewerbliche Betätigung erforderlich macht und oft die Ausnutzung einer Wasserkraft möglich ist. Die Hauptbedeutung der Textilindustrie fällt den Fabriken zu, die sich immer mehr zu Groß- und Riesenbetrieben auswachsen. Die Großbetriebe (mit über 50 Arbeitern) beschäftigten vor dem Kriege in der Baumwollindustrie mehr als 80, in der Wollindustrie mehr als 70% aller Arbeitskräfte.

a) Die Beschaffung der Rohstoffe.

Baumwolle. Baumwolle, der wichtigste Spinnstoff, ist ein Erzeugnis der fremden Erdteile; der Anbau in Südeuropa ist geringfügig und kommt für die Bedarfsdeckung der großen Webereigebiete überhaupt nicht in Betracht. (Über Weltproduktion und Welthandel s. S. 120f.) Deutschland muß seinen Gesamtbedarf einführen und hat in Bremen den bedeutendsten Baumwollhandelsplatz des Festlandes entwickelt. Es verarbeitet in der Hauptsache nordamerikanische, indische und ägyptische Baumwolle (Verbrauch 1913 = 486000 t, 1925 dagegen nur 368000 t). Die Zufuhr erfolgt außer über Bremen und Hamburg auch über Rotterdam und Triest.

Unter **Wolle** versteht man insbesondere das Haarkleid der Schafe. Früher besaß Deutschland eine hervorragende Schafzucht. Infolge der Zunahme des Ackerbaus ist jedoch die Schafhaltung ständig zurückgegangen (Schafbestand 1863: 28, 1925: 4,8 Mill. Tiere). Über größere Herden verfügen Pommern, Mecklenburg, Brandenburg, Prov. Sachsen, Hannover, Ostpreußen, Bayern und Württemberg mit zusammen $^2/_3$ des Gesamtbestandes. Bedeutendere Handelsplätze für inländische Wolle sind Berlin, Breslau, Güstrow (Meckl).

Deutschlands Industrie ist daher auf die Zufuhr von Wolle aus dem Auslande angewiesen, Hauptlieferanten sind Argentinien und Uruguay (1925 = 22%), Australien (34%) und Südafrika (14%). Die Einfuhr erfolgt über Bremen, in zweiter Linie über Hamburg; doch bezieht Deutschland auch beträchtliche Mengen Wolle über London (1925 = 10%), die nordfranzösischen und belgischen Märkte.

Flachs und Hanf. Der Anbau des Flachses ist über ganz Europa verbreitet; auch Deutschland hatte früher einen namhaften Anbau, der sich aber nur im Erzgebirge, in Hannover, Westfalen, Bayern und einigen anderen Gegenden erhalten hat. Doch reicht der Anbau bei weitem nicht aus. Die Einfuhr erfolgt aus den Ostseeländern, Rußland und Polen. Bedeutende Märkte sind Königsberg, Danzig, Breslau und Bremen. — Deutschlands Anbau von Hanf ist unbedeutend; wir versorgen uns in Rußland, Italien und einigen anderen Gebieten.

Jute. Jute ist eine Stengelfaser wie Flachs und Hanf. Die Jutepflanze wird 4—5 m hoch; sie gedeiht in tropischen Niederungen, namentlich im Mündungsgebiete des Ganges und Brahmaputra und in Assam (Haupthandels- und Industrieort: Kalkutta); geringe Mengen erzeugen China, Japan und Formosa.

Seide. Seide ist das Erzeugnis des Seidenspinners. Die aus den Schmetterlingseiern entschlüpfenden Raupen werden etwa 30 Tage lang mit Maulbeerbaumblättern gefüttert; dann spinnen sie sich ein. Die äußere Schicht der „Kokons" besteht aus einem lockeren Gespinste, der Flockseide; die innere Hülle ist dichter und gleichmäßig;

sie liefert das beste Erzeugnis. Die Fadenlänge des ganzen Gespinstes beträgt bis zu 3000 m, die nutzbare Länge 500—600 m. Die Tiere werden in den Kokons durch Hitze abgetötet und die Seide wird abgehaspelt, wobei 3—20 Fäden zu einem einzigen leicht zusammengedreht werden. Das Erzeugnis heißt Rohseide.

Die Versuche, die Seidenzucht in Deutschland heimisch zu machen, sind gescheitert. Den ganzen Bedarf an Rohseide muß Deutschland aus Italien, Südfrankreich und Ostasien, sowie über die Schweiz einführen.

Andere Rohstoffe. Die anderen Rohstoffe der Textilindustrie (Roßhaare, Kamelhaare, Ziegenhaare, Ramiefasern, Sisalhanf, Kokosfasern usw.) stehen in

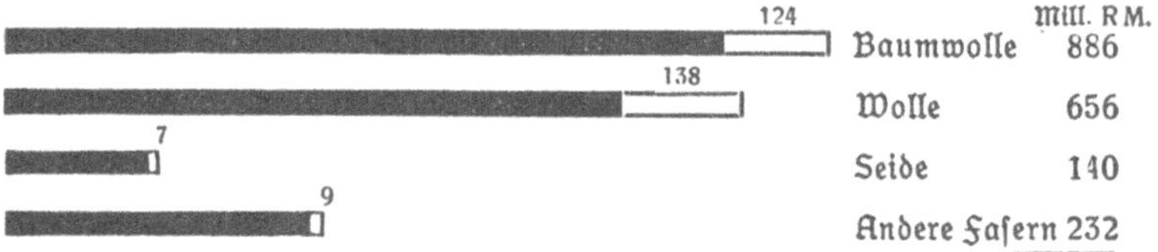

Skizze 39. Rohstoffeinfuhr i. J. 1925 1914
(▭ Wiederausfuhr.) 1875 613

ihrer Bedeutung weit hinter den besprochenen zurück; sie werden gewöhnlich mit diesen gemeinsam verarbeitet. Die Skizze 39 veranschaulicht die gesamte Rohstoffeinfuhr und -ausfuhr des Jahres 1912.

b) Die deutschen Textilindustriegebiete.

Es gibt kaum einen Bezirk in Deutschland, in dem nicht das Textilgewerbe vertreten ist. (Verteilungsgründe: 1 Rohstofferzeugung; 2. verfügbare Kräfte: a) Naturkräfte, b) Kohlenlager; 3. Verkehrslage; 4. Gebirgslage). Als bedeutsame Industrie tritt es in den nachgenannten Gebieten und Städten auf.

I. **Ostseebezirke.** In den Küstenländern der Ostsee ist die Textilindustrie schwach vertreten. Zu erwähnen sind nur die Leinenindustrie Insterburgs und die Wollweberei Mittelpommerns (Konfektionsindustrie Stettins).

II. **Schlesien und Brandenburg.**

a) In Schlesien ist die Industrie weniger in großen Städten vertreten; sie ist in dem ganzen schlesisch-böhmischen Berglande von Oberschlesien bis zur sächsischen Grenze verbreitet und ernährt hier noch viele Hausweber. Daneben arbeiten große Fabriken mit oft mehreren tausend Arbeitern. Verarbeitet werden Leinen, Wolle und Baumwolle, hier und da auch Seide (Görlitz). Die Wollindustrie ist hauptsächlich in Oberschlesien links der Oder und im nördlichen Gebiete zwischen Hirschberg, Liegnitz und Görlitz ansässig, die Baumwollverarbeitung in den stundenlangen Dörfern am Fuße des hohen Berglandes; vor allem tritt in ihr Langenbielau hervor, das schlesische „Manchester". Die Leinenindustrie verbreitet sich über das ganze Bergland und die angrenzende Ebene vom Glatzer Berglande bis Lauban (bedeutendste Taschentuchweberei). Das wichtigste Gebiet ist der Kreis Landeshut. Daneben treten Langenbielau, Waldenburg, Hirschberg und Lauban als wichtige Mittelpunkte hervor. — Gesondert von diesen Industriegebieten liegt Breslau als bedeutender Woll- und Flachsmarkt und Industrieort (Wolle, Baumwolle und Leinen).

b) Die sächsische Oberlausitz schließt sich an das vorgenannte Gebiet unmittelbar an und weist dieselben Verhältnisse auf. Der Hauptort ist Zittau mit weiter Umgebung; daneben sind Löbau und Bautzen bedeutend. Im Elbgebiete selbst ist sie in Dresden (Gardinen, Wollverarbeitung), in Großenhain (Wolle) und Meißen (Jute) vertreten.

c) Die Niederlausitz ist seit langen Zeiten ein sehr bedeutendes Gebiet der Tuchweberei gewesen. Der Hauptbezirk liegt zwischen Oder und Spree mit Spremberg und Kottbus an der Spree, Forst und Guben an der Neiße, Sagan und Krossen am Bober, Grünberg, Sommerfeld und Sorau. Im schlesischen Anteile tritt auch Leinenindustrie, im Spreewalde Baumwoll- und Juteweberei auf. Nördlich von diesem Hauptgebiete ist die Tuchweberei in Luckenwalde, Brandenburg, Schwiebus und Landsberg vertreten. Berlin selbst hat seine Bedeutung als Textilort mehr und mehr eingebüßt, ist dagegen der wichtigste Platz für Konfektion; über 100000 Meister und Heimarbeiter sind hier für eine große Anzahl von Weltfirmen tätig.

III. **Norddeutschland westlich der Elbe** ist bei weitem das wichtigste Gebiet der Textilindustrie.

a) Sachsen und Thüringen beschäftigen allein etwa $^1/_3$ aller deutschen Textilarbeiter. Nirgends ist die Industrie für die Gesamtheit wichtiger als hier; denn nach den Ergebnissen der Berufszählung von 1925 findet von allen Personen, die in Industrie und Handwerk beschäftigt werden, in Sachsen jede vierte, in Thüringen jede siebente ihren Erwerb in der Textilindustrie. Der Bezirk ist ausgezeichnet durch die Mannigfaltigkeit und Güte seiner Erzeugnisse. Verarbeitet werden alle Rohstoffe der Textilindustrie; alle Arbeitsarten werden geübt. Hier liegt auch die Hauptbedeutung der Wirkerei, Spitzenfabrikation und Posamentenindustrie. Alle Orte werden überragt von Chemnitz, dem deutschen Manchester, das mit der ganzen Welt in Verbindung steht. Plauen i. V., Gera, Greiz, Werdau, Glauchau, Crimmitschau, Zwickau, Reichenbach und Apolda stellen weitere Vororte dieser Industrie dar. Im westlichen Thüringen treten Meiningen, Eisenach, Mühlhausen und Gotha hervor. Eine besondere Stelle nimmt Leipzig ein, ein wichtiger Garnhandelsplatz mit hervorragender Spinnerei und Weberei, Wollwäscherei und -kämmerei.

b) Das Rheinland steht unter den deutschen Textilgebieten an zweiter Stelle mit nicht ganz $^1/_6$ aller Beschäftigten. Der linksrheinische Teil zerfällt in den Wollbezirk von Aachen (Aachen, Eupen, Düren usw.) und den nördlichen Bezirk mit seiner hochentwickelten Baumwoll- und Seidenverarbeitung, deren Mittelpunkte Gladbach-Rheydt und Krefeld sind. Letzteres, das deutsche Lyon genannt, übertrifft alle deutschen Städte mit seiner Seidenindustrie; hier sind allein 76 Seiden- und 39 Samtfabriken tätig, unter ihnen eine Anzahl Riesenbetriebe. — Der rechtsrheinische Teil gruppiert sich um die Wupperstädte Elberfeld-Barmen (Baumwolle, Seide, Wolle).

c) Westfalen besitzt zwischen der holländischen Grenze und der Ems ein wichtiges Baumwollgebiet; Gronau ist der bedeutendste Spinnereiort Deutschlands. In hoher Blüte steht die Leinenindustrie am Teutoburger Walde. Ihre Hauptorte sind Bielefeld (Leinen, Baumwolle, Wolle, Seide), Osnabrück, Detmold und Herford.

d) Das Küstengebiet. Hier ist die Textilindustrie in der Nähe der Einfuhrplätze vertreten. Allen voran steht die Woll- und Juteindustrie von Bremen und Umgebung (Delmenhorst, Blumenthal). Außerdem kommen Hamburg—Harburg und Neumünster i. Holst. in Betracht.

e) In den anderen Gebieten Nordwestdeutschlands sind zu nennen: Hannover (Wolle), Braunschweig (Jute), Kassel (Segeltuch und Jute).

IV. **Süddeutschland** war vor dem Kriege an der deutschen Textilindustrie mit $^1/_4$ aller Arbeitskräfte beteiligt; doch ist der bedeutendste Bezirk, das Elsaß, seit 1919 französisch geworden.

a) Der Schwarzwald beherbergt die Industrie auf dem Südabhange, in Freiburg i. Br., im Norden und auf dem Ostabhange.

b) Das Neckartal und der Jura. Im oberen und mittleren Neckargebiete (Stuttgart, Calw, Neckarsulm) ist eine hervorragende Baumwollindustrie ansässig. Am Nordfuße des Jura (Reutlingen), auf diesem selbst (Heidenheim, auch Nördlingen) und im Donautale tritt neben einer ausgedehnten Wollweberei auch Baumwoll- und Leinenverarbeitung auf. Südlich davon liegt das altberühmte Augsburg, einer der bedeutendsten Spinnereiorte Deutschlands (Baumwolle), in dem auch die Tuchfabrikation heimisch ist.

c) Das Algäu ist ein gewerbefleißiger Bezirk (Kempten mit Baumwollindustrie, Ravensburg mit Leinenindustrie).

d) Die Bedeutung Oberfrankens liegt namentlich in seiner Baumwollspinnerei; auch Weberei und Leinenindustrie sind vertreten. Hauptorte: Bamberg, Bayreuth, Hof, Kulmbach.

e) Wichtigere Gewerbebezirke sind auch das Rheintal (Mannheim, Worms), der östliche Odenwald und die Rheinpfalz; hier behauptet Kaiserslautern seinen Ruf als hervorragende Wollspinnereistadt.

c) Bedeutung der deutschen Textilindustrie.

Die deutsche Textilindustrie einschl. des Konfektionsgewerbes beschäftigt rund 1,4 Mill. Menschen, d. i. etwa der 45. Teil der Bevölkerung. Diese arbeiten in erster Linie für die Deckung des deutschen Bedarfes, sodann aber auch in einem sehr beträchtlichen Umfange für den Weltmarkt, auf dem die deutschen Werke mit denjenigen der U. S. A., Englands, Frankreichs, Italiens und Belgiens, neuerdings auch mit denjenigen Japans und Indiens in scharfem Wettbewerb stehen.

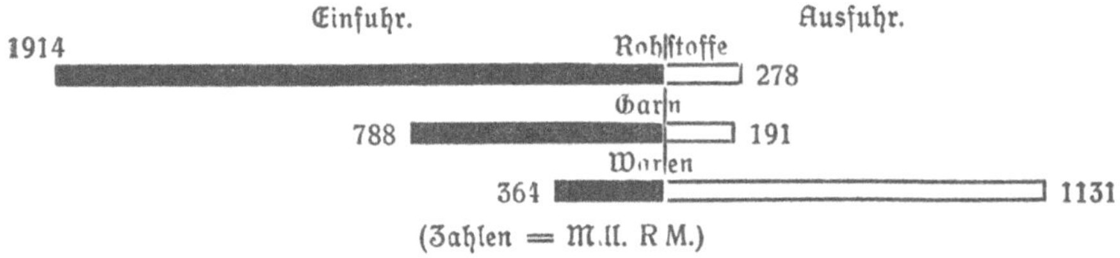

Skizze 40. Außenhandel der Textilindustrie 1925.

Diese weltwirtschaftliche Abhängigkeit wird durch Skizze 40 veranschaulicht. Die Rohstoffe werden fast ausschließlich aus dem Auslande bezogen. Garn liefern uns in immerhin beträchtlichen Mengen vor allem England (40 %), dann die Tschechoslowakei, Frankreich, die Schweiz und Belgien (zusammen 88 % der Einfuhr). Einen Teil der Einfuhrbeträge kann Deutschland mit einer Mehrausfuhr an Webwaren und Kleidung begleichen. Die Ausfuhr geht zu etwa 75 % in europäische Länder, zu 25 % über See. Der Gesamtwert der Einfuhr an Rohstoffen, Garnen und Webwaren belief sich 1925 auf rund 3 Milliarden Mark gegenüber einer Ausfuhr von 1,6 Milliarde. Der Weltkrieg hat auch hier trotz der großen Leistungsfähigkeit der deutschen Industrie einen empfindlichen Rückschlag gebracht.

5. Andere Industrien Deutschlands.

Die Gesamtindustrie Deutschlands zerfällt in viele Einzelarten. Sie ist über das ganze Reich verteilt. Für ihren Standort sind hauptsächlich folgende Gründe maßgebend:

1. Die Nähe von Steinkohlen- und Braunkohlengruben und das Vorhandensein von Wasserkraft. Durch die elektrischen Überlandzentralen in diesen Gebieten wird die Anlage von Industrieunternehmungen auch in weiterem Umkreise ermöglicht.

2. Das Vorkommen von Rohstoffen der betreffenden Industriezweige. Die Industrie erhält sich aber auch dann lebenskräftig, wenn die Lagerstätten dieser Rohstoffe schon erschöpft sind.

3. Waldreichtum, da in früheren Zeiten Holz und Holzkohle das bedeutsamste Heizmittel für die Industriewerke abgaben.

4. Günstige Verkehrslage, die es ermöglicht, die Rohstoffe billig herbeizuschaffen und die Erzeugnisse in der Nähe abzusetzen oder billig zu verfrachten. Darauf beruht die Industrieentwickelung an den Küsten, den Binnenwasserstraßen und zum Teil in den Großstädten.

5. Die Anwesenheit ausreichender Arbeitskräfte und deren besondere Geschicklichkeit. Letzteres gilt namentlich für Gewerbe, die Kunstfertigkeit beanspruchen (Schnitzerei, Spielwarenindustrie) usw.

6. Gebirgslage mit mangelnder Arbeitsgelegenheit. (Hausindustrie.)

Für viele Einzelwerke ist aber auch ausschließlich die Tatkraft der Unternehmer entscheidend gewesen. Die Gründe, die die Anordnung der Industrie im Reiche bewirkt haben, treten nicht mehr überall klar hervor.

Die wichtigeren Industrien sollen in nachfolgendem besprochen werden.

a) Industrie der Steine und Erden.

Unter dieser Bezeichnung faßt man zusammen: 1. die Steinbruchbetriebe, 2. die Ziegeleiindustrie, 3 die Zementindustrie, 4. die Tonwarenindustrie, 5. die Glasindustrie.

Steinbrüche. Deutschland ist reich an nutzbaren Steinen, die zu Denkmälern, Hausbauten, zur Straßenpflasterung, in der Hochofenindustrie, zur Gewinnung von Kalk, Gips und Zement verwendet werden. Einzelbetriebe finden sich auch in dem Norddeutschen Tieflande (Rüdersdorf, Ostseeküste); doch fällt das Gewerbe fast ganz dem deutschen Gebirgslande zu. Hervorragend ist es entwickelt in sämtlichen deutsch-böhmischen Randgebirgen, mit Ausnahme des größten Teiles des Böhmer Waldes, am Main und Rhein (namentlich auf der Eifel und am Hunsrück), im und am Harz und in Hessen. Der Inlandbedarf wird von den deutschen Werken nicht gedeckt (Granit aus Schweden, Marmor aus Italien).

Ziegeleien. Die Ziegeleiindustrie schließt sich durchweg an die Stätten des Verbrauchs an. So hat sie sich im niederrheinisch-westfälischen Industriegebiete hervorragend entwickelt und bildet in der weiteren Umgebung Berlins an den märkischen Wasserstraßen ein bedeutsames Gewerbe.

Zementwerke. Die Zementindustrie benutzt als Rohstoffe Kalk, Ton und Mergel; sie hat demnach dort ihren Standort, wo diese Stoffe nahe zusammenlagern oder billig herbeigeschafft werden können; da auch ihr Bedarf an Brennstoffen groß ist, drängt diese Industrie an die Küsten und Wasserstraßen heran; wir finden daher die umfangreichsten Werke im Kreise Oppeln, bei Stettin, in den Bezirken Lüneburg und Stade, in Holstein, in Rheinhessen und bei Mannheim usw. Eine beträchtliche Menge der Erzeugnisse wird an das Ausland abgegeben.

Tonwaren. Die Tonwarenindustrie erzeugt die verschiedenartigsten Waren vom einfachen Steingut bis zum feinsten Porzellan. Der wichtigste Rohstoff (Ton) findet sich im ganzen Lande, selten aber in so großen Lagern wie am Niederrhein, bei Klingenberg am Main, bei Amberg in Bayern, bei Großalmerode (Kassel), bei Bitterfeld (Prov. Sachsen), im Thüringer Becken, in Niederschlesien usw. Porzellanerde oder Kaolin kommt seltener vor; die wichtigsten Gruben liegen in der Nähe von Bautzen, bei Meißen, an der Saale (Halle), im Kreise Celle und bei Amberg. Das zur Herstellung von Porzellan verwendbare feine Kaolin muß in bedeutenden Mengen aus Großbritannien und Böhmen eingeführt werden. — In der gesamten Tonwarenindustrie sind folgende Hauptgebiete zu unterscheiden: 1. Thüringen-Sachsen beschäftigt mehr als die Hälfte aller Arbeiter. Hervorragend ist die Erzeugung feuerfester Tonwaren in den Braunkohlenbezirken der Niederlausitz und bei Bitterfeld. 2. Schlesien besitzt ganz bedeutende Unternehmungen im Waldenburger Kohlengebiete und im Gebiete der unerschöpflichen Tonlager von Bunzlau. 3. Das Rheingebiet beherbergt große Betriebe am Niederrhein (Bonn, Köln, Mettlach, Eifel); bekannt ist ferner das altberühmte Gewerbe des Kannebäckerlandes (Westerwald), sowie die Industrie in Hessen, Offenburg und Freiburg. 4. Bayern und Württemberg haben die Industrie in vielen Bezirken entwickelt, unter denen namentlich das Regnitztal (Nürnberg) und der nördliche Teil des Böhmer Waldes mit dem Fichtelgebirge hervortreten. — In der Porzellanindustrie sind die Werke von Berlin-Charlottenburg, Meißen, Selb in Bayern und Nymphenburg vorbildlich; ihre Kunsterzeugnisse sind in der ganzen Welt berühmt.

Glas. Die Glasindustrie ist am bedeutendsten in Mittel- und Niederschlesien und der Niederlausitz; ungefähr gleichbedeutend ist Sachsen Thüringen. Altberühmt ist die Glasindustrie des Böhmer Waldes und in Mittelfranken, die von Böhmen aus eingewandert ist. Ferner sammelt sich das Gewerbe im Ruhr- und Saargebiet (Kohlen!) und ist in manchen Bezirken des Oberrheins und der Weser vertreten. Waldgebiete und Kohlenreviere sind somit der Standort der Industrie. Berühmt sind die optischen Werke von Jena, Rathenow, Berlin, Dresden, Nürnberg und Wetzlar.

Bedeutung. Diese Industrien, insbesondere die Glas- und die Tonwarenindustrie, decken nicht allein den großen Inlandbedarf, sondern weisen außerdem eine sehr erhebliche Ausfuhr auf, die hauptsächlich in die europäischen Nachbarstaaten, nach Großbritannien, Süd- und Nordamerika geht.

b) Die chemische und Farbenindustrie.

Die chemische Industrie befaßt sich mit der Umwandlung von Rohstoffen und von Abfällen anderer Industrien; zu ihr gehört außerdem die Herstellung von Arzneimitteln, Sprengstoffen und Zündwaren, sowie die Gewinnung künstlicher Düngemittel. Die Farbwarenindustrie erzeugt natürliche und künstliche Farbstoffe; letztere (Teerfarbenindustrie) gewinnen immer ausschließlicher die Herrschaft. Wegen der Menge der erforderlichen, geringwertigen Rohstoffe, die hohe Eisenbahnfrachten nicht vertragen, ist die chemische Großindustrie in den Rohstoffgebieten und an Wasserstraßen ansässig; das letztere gilt auch von den Farbenfabriken, die große Mengen Wasser zur Verarbeitung nötig haben.

Die Hauptwerke liegen im Gebiete des Rheins, und zwar 1. in Mannheim-Ludwigshafen, 2. am Untermain (Höchst, Griesheim, Frankfurt, Biebrich), 3. am Niederrhein (Leverkusen, Duisburg, Elberfeld), 4. im Ruhrgebiet (Verarbeitung der Nebenerzeugnisse der Hochöfen). — In Mitteldeutschland drängt sie sich in den Kali- und Braunkohlengebieten zusammen (Staßfurt, Leopoldshall, Bernburg, Schönebeck, Halle, Bitterfeld, Merseburg [Leunawerk], Zeitz usw.). Bedeutsam ist sie ferner in Berlin (Teerfarben), Stettin (Verkehrslage!), Schweinfurt, Nürnberg, Dresden und Kassel (Farben).

Bedeutung. Deutschlands chemische und Farbenindustrie ist derjenigen des Auslandes weit überlegen; ihre großartige Entwickelung ist in erster Linie den Erfolgen der deutschen Wissenschaft zu danken. Sie beschäftigte 1922 fast 300000 Menschen. Ihre Erzeugnisse gehen in alle Welt.

c) Die Papierindustrie und Druckerei.

Papier wird aus Lumpen (feine Papiersorten), Holz, Stroh und anderen pflanzlichen Rohstoffen hergestellt. Der Hauptrohstoff ist Tannenholz; dieses wird entweder geschliffen (Papiermühlen in den Waldgebieten) oder auf chemischem Wege zu Zellstoff verarbeitet. Die Papierindustrie ist eine Großindustrie, die in Deutschland vor dem Kriege über 200000 Arbeiter beschäftigte. Für ihren Standort ist entscheidend: 1. der Holzreichtum der Gegend, 2. das Vorhandensein von Wasserkräften und von ausreichendem klaren Wasser für die Verarbeitung.

Hauptsitze der Industrie sind Schlesien (Hirschberg), die Oberlausitz, das Elbsandstein- und westliche Erzgebirge, Thüringen, Hessen und der Harz, das Sauerland und die bayrischen Oberlande. Das hervorragendste Gebiet ist Sachsen.

Bedeutend war seit alten Zeiten das deutsche Buchdruckgewerbe (Erfindung der Buchdruckerkunst um 1450 durch Gutenberg); mit ihm verbunden ist die Herstellung von Musiknoten, von farbigen Bildern und Umhüllungen, sowie die Buchbinderei. Das Gewerbe ist allerorten vertreten, am meisten naturgemäß in den Großstädten; von größter Bedeutung ist es in Leipzig, Berlin und Stuttgart, den Stätten des Buchverlages. Von hier aus findet auch eine ansehnliche Ausfuhr nach allen Ländern der Erde statt.

Bedeutung. Dieser Zweig der deutschen Industrie bezieht zwar ansehnliche Rohstoffmengen aus dem Auslande, vornehmlich aus den waldreichen Gebieten Schwedens, Finnlands, Polens und der Tschechoslowakei, indessen bringt die Ausfuhr an Papier und Papierwaren namhafte Überschußwerte; sie richtet sich in alle Länder der Erde; Hauptabnehmer sind England und die Niederlande.

d) Das Ledergewerbe.

Die Lederindustrie Deutschlands steht der Papierindustrie fast ebenbürtig zur Seite. Sie verarbeitet Häute und Felle aller Art, die zu einem beträchtlichen Teile aus Frankreich, Österreich, Ungarn, Südamerika, Indien und anderen Gebieten eingeführt werden; außerdem ist die Einfuhr von Gerbstoffen erforderlich, da die deutsche Lohegewinnung bei weitem nicht ausreicht. Die Gerbindustrie ist über das ganze Land verbreitet; doch tritt sie in Nord- und Ostdeutschland zurück, im Rheinland und Süddeutschland dagegen stark hervor.

Der bedeutendste Zweig der Lederverarbeitung ist die Schuhfabrikation, die als Großgewerbe vertreten ist in der Rheinpfalz (Pirmasens), Frankfurt a. M., Kassel, Erfurt, Weißenfels, Leipzig und Umgebung, im westlichen Erzgebirge, in Dresden und Breslau, außerdem in Berlin und München. Die Herstellung von Handschuhen hat besonderen Ruf in Schlesien, Sachsen, Altenburg, Erlangen und Berlin. Weltberühmt ist die Fabrikation feiner Lederwaren in Offenbach, Berlin, Hanau, Nürnberg und Dresden. Leipzig ist nächst London der bedeutendste Platz für den Handel und die Zurichtung von Pelztierfellen (Rauchwaren).

Bedeutung. Die Erzeugnisse der deutschen Leder- und Lederwarenindustrie gehen in großen Massen außer Landes. Die deutsche Leder- und Lederwarenindustrie zählt zu unseren großen Außenhandelsindustrien; seit dem Kriege sind allerdings die außer Landes umgesetzten Werte wesentlich zurückgegangen; sie betrugen in der Einfuhr 1925 = 425, in der Ausfuhr 345 Mill. RM.

6. Deutschlands Handel.

Dem Handel fällt die Aufgabe zu, die Güter zwischen Erzeugern und Verbrauchern zu vermitteln, die Industrie mit den gewaltigen Rohstoffmengen aus Inland und Ausland zu versorgen und ihren Erzeugnissen einen regelmäßigen und sich stetig erweiternden Absatz zu verschaffen.

Am deutlichsten tritt der Außenhandel in die Erscheinung; vor 1914 war Deutschland nächst England die bedeutendste Welthandelsmacht; sein Handel umkreiste den Erdball. 1913 bewältigte der Außenhandel Werte in Höhe von 21,4, 1925 dagegen nur 16,3 Milliarden RM., wobei zu bedenken ist, daß die Kaufkraft des Geldes wesentlich zurückgegangen ist. (Genaueres siehe Abschnitt D); doch sind diese Werte weitaus geringer als diejenigen, die der Binnenhandel umsetzt. Dieser ist naturgemäß überall vertreten; seine Hauptstätten sind die Großstädte, die großen Industriegebiete, die Verkehrsknotenpunkte, die Binnenstraßen und die Flußmündungen; seine Hauptorte: 1. an der Küste: Hamburg, Bremen, Stettin, Lübeck, (Danzig), Königsberg; 2. an Binnengewässern: Duisburg, Köln, Mannheim, Magdeburg; 3. im Übergangsgebiete vom Norden nach dem Süden: Frankfurt a. M., Leipzig, Nürnberg; 4. Landeshauptstädte: Berlin, München.

An all diesen Plätzen befinden sich Börsen für den Großhandel oder einen Zweig desselben (Spezialbörsen); die Hauptbörse besitzt Berlin. (Welche anderen Börsenplätze sind dir bekannt?) Eigenartig ist der Meßhandel Leipzigs. Der Geldhandel (Wertpapiere und Edelmetall) findet seinen Großmarkt in den Börsen von Berlin und Frankfurt a. M., Leipzig, Hamburg, Köln und anderen Plätzen zweiter Ordnung.

IV. Die Landverluste Deutschlands.

1. Die abgetrennten Gebiete.

Durch den Frieden von Versailles sind dem Deutschen Reich folgende Gebiete genommen worden:

1. Nordschleswig (4000 qkm, 167000 E.) ist bis zu einer Linie Flensburger Förde—Tondern an Dänemark abgetreten. Es ist ein rein landwirtschaftliches Gebiet, in dessen Marschen neben dem Anbau von Hafer und Gerste eine bedeutsame Rindviehzucht (Molkereien) hervortritt.

2. Memelland (2700 qkm, 140000 E.). Das Land wird von Deutschen und deutsch denkenden Litauern bewohnt. Es ist seit 1923 als selbständiges Gebiet mit Litauen vereinigt worden. Das Gebiet besitzt eine beachtenswerte Landwirtschaft und Viehzucht, daneben Holzindustrie. Für die Abtrennung war ausschlaggebend die große Verkehrsbedeutung der Memel. (Skizze 51.)

3. Die Freie Stadt Danzig (1900 qkm, 364000 E., davon 315000 Deutsche), das Gebiet im Mündungsdreieck der Weichsel. In ihm steht neben einer vorzüglichen Landwirtschaft (Getreide, Zuckerrüben, Pferdezucht) eine sehr beachtenswerte Industrie (Maschinen, Werften). Als einziger Zugang zum polnischen Reiche ist das kerndeutsche Gebiet nunmehr polnischem Einflusse vollständig unterstellt; es gehört zum polnischen Zollgebiet und die Haupteisenbahnen werden von Polen verwaltet.

4. Die Abtretungen an Polen (46000 qkm, fast 4000000 E.). Von Ostpreußen mußte der Kreis Soldau abgetreten werden. Westpreußen ging bis auf ein kleines Gebiet östlich der Weichsel und den Bezirk Schneidemühl verloren. Dadurch erlangte Polen einen freien Zugang zum Meere und die volle Herrschaft über die Weichsel, da auch das rechte Flußufer den Polen zugesprochen wurde (Skizze 51). Mittelschlesien mußte einen Streifen von 500 qkm Fläche an Polen abtreten, dem außerdem fast die ganze Provinz Posen zufiel. Mit diesen Abtretungen gingen auch große Gebiete mit rein deutscher oder gemischtsprachiger Bevölkerung verloren, in denen seit Jahrhunderten eine bedeutsame deutsche Kulturarbeit geleistet worden ist. Der hauptsächlichste wirtschaftliche Wert dieser

Bezirke liegt in ihrer Landwirtschaft (Getreide, Futterrüben, Viehzucht, Spiritus- und Stärkegewinnung usw.). Bergbau und Industrie treten stark zurück.

5. Oberschlesien wurde so geteilt, daß 3200 qkm rechts der Oder mit 980000 Einwohnern (306 auf 1 qkm) und damit der wertvollste Teil des Kohlen- und Industriebezirks zu Polen kam. Tarnowitz, Kattowitz, Königshütte und andere wichtige Orte mit ganz überwiegend deutscher Bevölkerung wurden polnisch. ³/₄ der Kohlenförderung und damit sehr aussichtsreiche Entwicklungsgebiete (Rybnik), ⁶/₇ der Zinkgewinnung, weit mehr als die Hälfte der Hochöfen dieses Bezirkes und der wesentlichste Teil der von Deutschen aufgebauten großartigen Industriewerke gingen verloren. Die unnatürliche Teilung zerreißt das blühende Industriegebiet in 2 Teile, die aufeinander angewiesen bleiben.

Das Hultschiner Ländchen (340 qkm mit 50000 E.), der südlichste Teil Oberschlesiens links der Oder, ist der Tschechoslowakei zugefallen. Sein natürlicher Wert ruht in einer gut gepflegten Land- und Forstwirtschaft und in seinen ergiebigen Kohlengruben (1918 = 700000 t).

6. Elsaß-Lothringen (14500 qkm, 1875000 E.). Das Land ist deutsch; denn nach der letzten Zählung sprachen 87 % der Bevölkerung deutsch als Muttersprache. Der Kamm

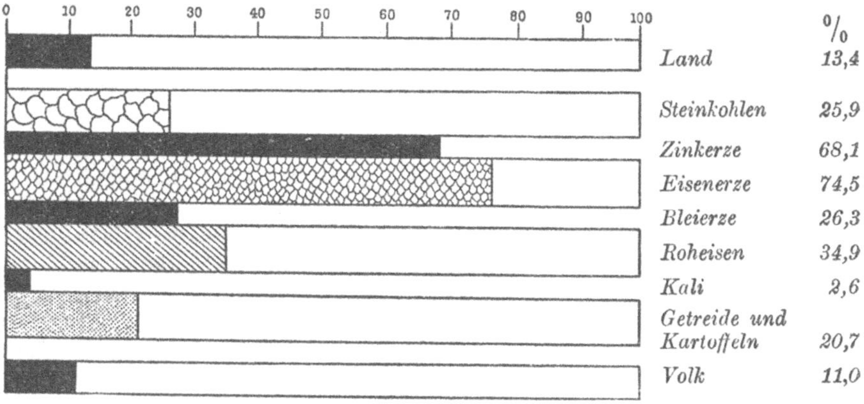

Skizze 41. Kriegsverluste Deutschlands einschl. Saar (in Hundertteilen).

des Wasgenwaldes ist die natürliche Grenze zwischen den Völkern; dennoch hat Deutschland das reiche Gebiet abtreten müssen, ohne daß eine Volksabstimmung zugelassen wurde. Der Boden der Rheinebene und des lothringischen Stufenlandes trägt hervorragende Ernten an Weizen und Gerste. Fast ein Drittel des deutschen Weines wurde in diesem Lande gekeltert. Ein Teil seiner bedeutsamen Obst- und Gemüseernten fand Absatz im Reiche. Die Berge sind mit prächtigen Waldungen dicht bestanden.

Bedeutsamer aber ist das Land in Bergbau und Industrie. Fast 2 % der deutschen Kohlen wurden in den Gruben des lothringischen Anteils am Saarrevier gefördert, und 74 % der deutschen Eisenerzförderung stammten aus dem Gebiete westlich der Mosel (Metz—Diedenhofen). Beinahe ¹/₄ des deutschen Roheisens wurde in den lothringischen Hochöfen gewonnen; daran schloß sich eine hochbedeutende Verarbeitungsindustrie an (Flußeisen- und Walzwerke). Frankreich hat ferner mit dem Elsaß einen Teil der deutschen Kaligruben erhalten, die es sehr stark auswertet (Förderung 1923 rund 1600000 t, etwa ¹/₇ der Förderung Deutschlands, gegen 3 % vor dem Kriege). Das Elsaß beherbergt ferner eine großartige Textilindustrie (zwischen Kolmar und Mülhausen), Färbereien und chemische Fabriken. — So hat Frankreich ein Land erobert, in dem der Fleiß und der wirtschaftliche Geist der deutschen Bewohner Werte schuf, deren Verlust die deutsche Volkswirtschaft aufs schwerste gefährdet.

7. Das Saargebiet (1900 qkm, 650000 E.) siehe Seite 16.

8. Bezirk Eupen und Malmedy (1036 qkm, 61000 E.). Von den Bewohnern ist nur etwa der 6. Teil als Wallonen anzusprechen; dennoch wurden die Bezirke Belgien angegliedert; eine Volksabstimmung fand nicht statt. In den Städten des Waldgebietes ist eine beachtliche Tuch- und Lederindustrie heimisch.

Der Gesamtverlust Deutschlands ergibt sich aus Skizze 41. Er betrug mehr als ¹/₈ seiner Fläche = 70600 qkm, ¹/₁₀ seiner Bevölkerung = 6500000, reiche Schätze an Rohstoffen, große Bezirke mit Ernteüberschüssen und mit hochentwickelter Industrie. In diesen Zahlen ist das Saargebiet nicht einbegriffen.

2. Die Kolonien.

Deutschland besaß bei Ausbruch des Krieges Kolonien mit einer Gesamtfläche von 2,9 Mill. qkm (Kamerun, Togo, Deutsch Südwestafrika, Deutsch-Ostafrika, Südseebesitzungen und Kiautschou). Damit war es die vierte Kolonialmacht der Erde. Durch den Friedensschluß ist es seiner Kolonien beraubt. Diese fielen an England (81 %), Belgien, Frankreich (17 %), die Südafrikanische Union, Japan und Australien. Alle Deutschen, die in den früheren Kolonien bleiben durften, kamen unter fremde Herrschaft. Der deutsche Handel hat außerhalb der deutschen Grenzen keinen eigenen Stützpunkt mehr. Der deutsche Unternehmungsgeist wird sich auswärts nur noch in fremden Hoheitsgebieten betätigen können. Durch den Verlust der Kolonien wird die Stellung Deutschlands als Weltwirtschafts- und Welthandelsmacht außerordentlich erschwert.

Welche Bedeutung die deutschen Kolonien für das Mutterland hatten, ergibt sich aus folgender Zusammenfassung.

Ausfuhr nach Deutschland. Die deutschen Kolonien waren in erster Linie Handels- und Plantagenkolonien. Für Besiedelung kam fast ausschließlich Südwestafrika in Betracht. Die Kolonien versorgten das Mutterland mit land- und forstwirtschaftlichen Rohstoffen. An erster Stelle stand der wichtige Kautschuk, dann folgten Rohstoffe zur Ölgewinnung nebst Palmöl, Gespinstfasern, Holz, Kakao, Kaffee. Erzeugnisse des Tierreiches (Häute, Felle, Wolle usw.) lieferten namentlich die südafrikanischen Gebiete, Elfenbein die tropischen Gebiete Afrikas. Der Bergbau war in erfreulicher Entwickelung in Südwest (Diamanten, Kupfer, Blei), Ostafrika und in der Südsee (Phosphat).

Einfuhr aus Deutschland. Hiergegen setzte Deutschland in seinen Schutzgebieten Nahrungs- und Genußmittel und gewerbliche Erzeugnisse ab. Unter letzteren traten besonders die Erzeugnisse der Metallindustrie hervor; daneben kamen Baustoffe, Drogen und Farben und Steinkohlen hauptsächlich vor.

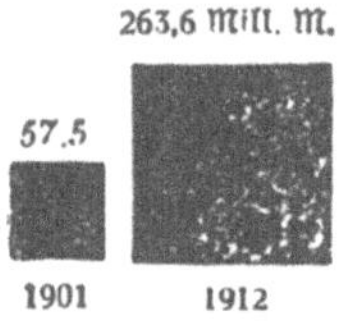

Skizze 42. Außenhandel der deutschen Schutzgebiete (ohne Kiautschau i. J. 1912).

Gesamtumsatz. Wenn auch der Anteil unserer Schutzgebiete an dem gesamten deutschen Außenhandel nicht hoch war, so stieg er doch sehr beachtenswert und entwickelte sich lebhaft. 1912 war der Gesamthandel unserer Schutzgebiete 5mal so groß wie 1901 (Skizze 42). Je weiter die Kolonialbahnen ausgebaut wurden, desto lebhafter wurde die Produktion der Kolonien entwickelt. 1913 waren in den afrikanischen Besitzungen im Betriebe 4200 km, im Bau 300 km Eisenbahnen; das entspricht etwa dem Eisenbahnnetze des 70mal kleineren Dänemark.

Bevölkerung. In den deutschen Kolonien schätzte man die Bevölkerung auf insgesamt 12½ Mill. Menschen. Ansässig waren dort 29000 Europäer, darunter 24000 Deutsche.

C. Die bedeutendsten außerdeutschen Wirtschaftsgebiete.

I. Großbritannien und Irland.

Großbritannien und Nordirland 245000 qkm mit 44,2 Mill. E. (182 auf 1 qkm); Irland, seit 1922 Freistaat mit Selbstverwaltung, 70000 qkm mit 3 Mill. E. (46 auf 1 qkm).

Lage und Küste. Das einzige Inselreich Europas besteht aus zwei Haupt- und einer Anzahl Nebeninseln und Inselgruppen (s. Karte). Die Insellage sichert die friedliche Entwicklung des Landes (letzter feindlicher Einfall vor 850 Jahren) und weist die Bewohner auf das Meer hinaus. Die Nähe des Festlandes (Dover—Calais: 32 km) und den Hochstraßen des Weltverkehrs machte Großbritannien zur ersten Seemacht, ersten Kolonialmacht und zum bedeutendsten Handelsvermittler Europas. — Bezüglich der Breitenlage vergleiche London und Kassel, Hull und Hamburg, Orkneyinseln und Stockholm. Die nördliche Lage wird durch den Einfluß der See und des Golfstromes gemildert, so daß Häfen und Flüsse nicht wesentlich unter Vereisung leiden.

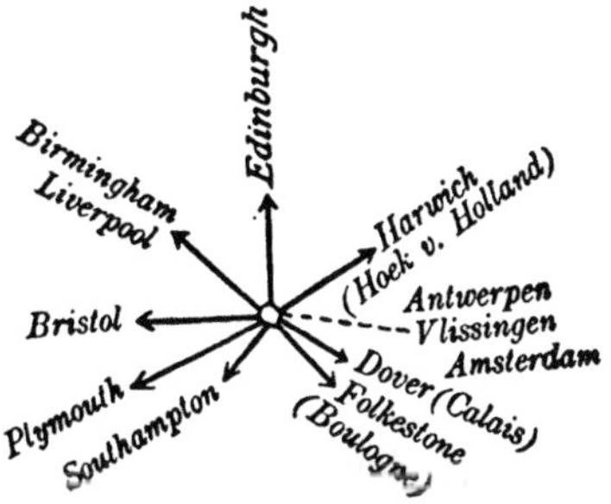

Skizze 43. London.

Die starke Gliederung der Küste erhöht die Gunst der Lage. Zahlreiche Buchten (welche?) greifen paarweise tief ins Land hinein; die starken Gezeiten erweitern die Flußmündungen und tragen die Seeschiffe weit stromauf. Infolgedessen haben die bedeutenden Häfen vorzügliche Landverbindungen (Skizze 43), und kein Ort liegt weiter als 120 km von der Küste entfernt (vgl. dagegen München—Hamburg). Eine Fülle von Naturhäfen begünstigt den Verkehr.

Aufbau. Der Südosten der Hauptinsel ist Tiefland, durchzogen von mehreren Hügelketten, die an der südenglischen Steilküste (Kreideküste wie in Nordfrankreich) auslaufen. Die fruchtbaren Böden und weiten Weideflächen des Tieflandes sind das hervorragendste Landwirtschaftsgebiet Großbritanniens. Der gebirgige Teil der Insel besteht aus Rumpfgebirgen, die durch Ebenen voneinander getrennt sind. Vgl. Skizze 44 mit der Karte! Die höchsten Gebirge erreichen Brockenhöhe; sie sind in den höheren Lagen mit Heide und Moor bedeckt (Unterschied von den deutschen Waldgebirgen!). Die Ebenen zwischen ihnen haben fruchtbaren Boden; seine Nutzung wird aber durch den hier ansässigen Bergbau und die Industrie zurückgedrängt. — Schottlands Gebirge werden durch die Einbrüche der Lowlands und den Kaledonischen Kanal in das Niederschottische Bergland, das rauhe Grampiangebirge und das Schottische Hochland geteilt. Die Höhen sind rauh, daher Wald- und Schafzuchtgebiet. Die Niederungen bieten räumlich beschränkten Ackerboden, aber reiche Schätze an Kohle und Eisen; sie sind daher der Sitz einer sehr lebhaften Industrie. — Irland zeigt die Form einer

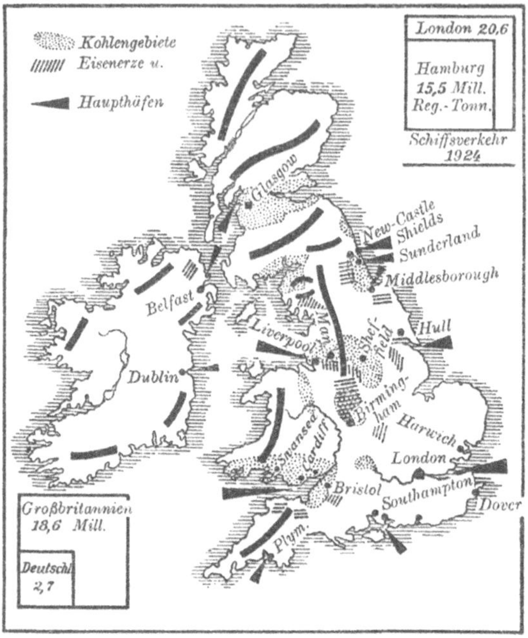

Skizze 44. Großbritannien: Bodenschätze und Häfen.

Mulde, die am Rande von einzelnen Bergzügen umstanden ist. Das innere Tiefland hat zahlreiche Seen, Sümpfe und Moore und eignet sich in erster Linie als Viehzuchtgebiet. Bodenschätze fehlen fast ganz.

Bewässerung. Die Inseln sind reich an Niederschlägen und dichten Seenebeln (Golfstrom); nur der SO ist trockener (Grund?). Die Oberflächenform der Inseln gestattete zwar nicht die Ausbildung großer Flußsysteme; indessen zeichnen sich die englischen Flüsse durch gleichmäßigen Wasserstand, geringes Gefälle und weite Mündungstrichter aus. Sie eignen sich als Verkehrswege; auch begegnet die Anlage von Kanälen keinen Schwierigkeiten. Das englische Kanalnetz ist daher größer als das deutsche; dennoch dient es nur dem Kleinverkehr, da die privaten Eisenbahngesellschaften seinen Ausbau zurückhalten. Dagegen haben die von der Küste ausgehenden Großschiffahrtskanäle und Flußvertiefungen erhöhte Bedeutung, in erster Linie der Kanal Liverpool—Manchester.

Bevölkerung. Die Hauptinsel ist dicht, aber ungleichmäßig bevölkert. Fast 40% der Gesamtbevölkerung wohnen in den 50 Großstädten des Landes. London allein beherbergt $4\frac{1}{2}$, mit seinen Vorstädten 7,3 Mill. Menschen. — Irland hat in den letzten 60 Jahren etwa die Hälfte seiner Bevölkerung durch Auswanderung und Abwanderung verloren. — Die Briten sind ein hochbegabtes, tatkräftiges und unternehmendes Volk. Diesen Eigenschaften haben sie nicht zum geringsten Teile ihre Welterfolge zu danken.

Die Wirtschaft. — 1. Land- und Forstwirtschaft, Viehzucht und Fischerei. Der Landwirtschaft kommt bei weitem nicht die Bedeutung zu, die sie in Deutschland hat. Gründe: 1. Das Ackerland wird durch Moore und Heiden eingeengt (Klima); 2. die Hauptmasse der Bevölkerung wird von Handel und Industrie in Anspruch genommen; 3. es mangelt an freiem Bauernlande (in England sind 95% des Bodens im Besitze großer Grundherren; in Irland gehört die Hälfte des Bodens 800 Besitzern); 4. die Einfuhr von Lebensmitteln ist zollfrei; die Landwirtschaft kann daher gegen den ausländischen Wettbewerb nicht aufkommen. (Vgl. Skizze 45.)

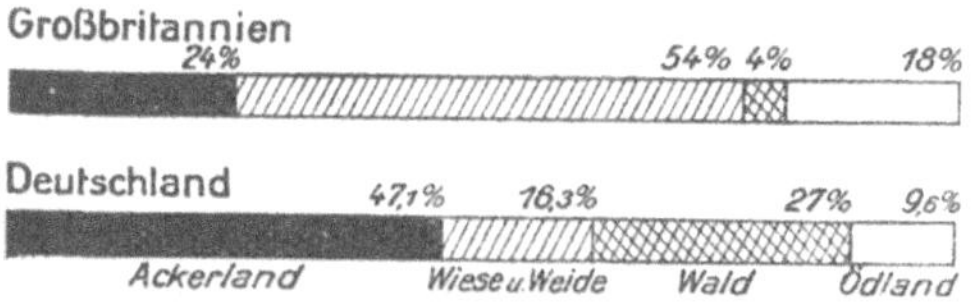

Skizze 45. Bodennutzung.

Die Landwirtschaft deckt daher nur einen geringen Teil des Bedarfes an Brotfrucht. Bedeutsamer ist der Anbau von Hafer und Futtergewächsen für die Viehzucht, von Gerste und Hopfen in Ostengland für die Bierbrauerei (Hauptort London). Die Bergbezirke und Irland liefern immer noch etwa $^1/_7$ des englischen Bedarfes an Flachs.

Dagegen ist die Viehzucht stark entwickelt und in vieler Hinsicht vorbildlich geworden (Pferde-, Rinder- und Schweinezucht); sie wird durch die ausgedehnten Weidegebiete und den Rückgang des Ackerbaues begünstigt (Skizze 45). Die Berghöhen Englands, namentlich aber Schottland, sind ein bedeutendes Schafzuchtgebiet. Schottland liefert täglich in eigenen Eisenbahnzügen Hammelfleisch auf den Londoner Markt. Dennoch ist Großbritannien auf massenhafte Einfuhr von Vieh, Fleisch, Butter, Eiern usw. angewiesen.

Die Seefischerei ist von jeher bedeutend gewesen; die Bewohner Nordschottlands und der nördlichen Inselgruppen leben ausschließlich von Schafzucht und Fischfang. Im Jahre 1925 war der Gesamtertrag der englischen Seefischerei reichlich 7mal größer als der Deutschlands. Die Haupthäfen sind Yarmouth, Grimsby und Wick. Einer starken Ausfuhr, namentlich von Heringen, steht eine beachtliche Einfuhr durch holländische Fischer gegenüber.

Deutschlands Waldbestände sind zehnmal so groß als die Großbritanniens. Das Inselreich ist also waldarm. Die Forstpflege wird vernachlässigt. Holzeinfuhr aus Rußland, Skandinavien und Nordamerika.

2. Bergbau und Industrie. Die Grundlage für die gewaltige industrielle Betätigung Großbritanniens bildet der Reichtum an Steinkohlen. Diese lagern in der Hauptsache am Fuße der Gebirge und in den zwischen ihnen liegenden Einsenkungen. Die bedeutendsten Lager sind: 1. das schottische (Glasgow-Edinburgh), 2. das nordenglische (Newcastle), 3. das große mittelenglische östlich, südlich und westlich der Penninen (Sheffield, Birmingham, Liverpool-Manchester), 4. das südenglische am Südabhange des Berglandes von Wales und südlich des Bristolkanals (Haupthäfen: Cardiff und Swansea). — Die englische Kohle ist von hervorragender Güte, die Cardiffkohle die beste Dampferkohle der Welt. Die Förderung wird wesentlich durch die Nähe der See begünstigt.

Die Vereinigten Staaten lieferten 1925 etwa 45 %, Großbritannien 21 %, Deutschland 12 % der Weltkohlenförderung. Der zehnte Teil der englischen Kohle geht ins Ausland; nach allen Häfen der Welt laufen die englischen Kohlendampfer, und bis tief in das europäische Festland hinein findet die englische Kohle Absatz. Von der gesamten Bergbauförderung des Landes kommen über 90 % auf Steinkohle.

Kupfer-, Blei-, Zinn- und Zinkerze werden auf der Halbinsel Cornwall, in Mittelengland, an der Westküste Irlands und auf den Nebeninseln gewonnen, doch geht die Förderung stark zurück. Die Eisenerzlager fallen mit den Kohlenlagern zusammen (großer Vorteil! Vergleich mit Deutschland!); indessen reichen sie nicht aus.

England ist das hervorragendste Industriegebiet der Erde. Es ist das klassische Land der Erfindungen und noch heute in mancher Hinsicht das Vorbild aller anderen Industrieländer. Das bedeutsamste Gewerbe ist ansässig in den Hafenstädten (London), in Gebieten mit billigen Arbeitskräften (Irland), vor allem aber in den Kohlenbezirken; unter diesen tritt in besonders hohem Maße neben dem südenglischen und schottischen der mittelenglische Bezirk hervor.

Eisenindustrie. Mit seiner Roheisenerzeugung stand England 1925 an 4. Stelle mit etwa dem 6. Teile der Produktion der U. S. A. (siehe Skizze 65). Die Haupteisenindustrie besitzt Mittelengland (Birmingham, Sheffield, Lancashire), neben ihm das schottische Niederland und Südwales. Für den Welthandel stellen die englische Maschinenindustrie und die Industrie der elektrischen Apparate etwa die gleichen Werte zur Verfügung wie die deutsche. Besonderen Ruf hat die mittelenglische Stahlwarenindustrie. — Ganz hervorragend ist die Werftindustrie und die damit zusammenhängende Ausrüstung der Kriegs- und Handelsschiffe. Etwa die Hälfte sämtlicher Schiffe der Welt werden zur Zeit auf englischen Werften gebaut. Hauptorte: Glasgow, Newcastle-Shields, Hull, Grimsby, Middlesborough, Belfast.

Textilindustrie. Noch bedeutender ist die Textilindustrie. Sie ist unübertroffen und beherrscht mit erstklassigen Erzeugnissen den Welthandel. Die Baumwollindustrie hat ihren Schwerpunkt in dem größten Weltmarkte Liverpool-Manchester und seiner weiteren Umgebung; dieser Bezirk nimmt $^2/_3$ des Gewerbes in Anspruch. In Schottland besitzt Glasgow, im S London die größten Betriebe. Die Wollindustrie verarbeitet einheimische und Kolonialwolle (Hauptmarkt: London). Sie drängt sich am meisten zusammen westlich der Penninen in Manchester, östlich derselben in Bradford, Leeds, Halifax und Huddersfield. Außerdem tritt Glasgow hervor. Die Leinen- und Juteindustrie ist am bedeutendsten in Irland (Belfast). Seidenfabrikstädte erster Ordnung sind London und Nottingham.

Unter den anderen hochentwickelten Gewerben fällt die größte Bedeutung der Herstellung von Töpferwaren zu; hier liefert $^3/_4$ der Gesamterzeugung der Potteriedistrikt; Mittelpunkt ist Stoke am Trent.

3. Handel und Verkehr. Der Binnenverkehr fällt hauptsächlich den Eisenbahnen zu (Privatbesitz). Das Bahnnetz gehört zu den dichtesten Europas. Ganz gewaltig ist der Seeverkehr. Auch jetzt noch ist $^1/_3$ der Welthandelsflotte britisch. Mehr als die Hälfte aller Seekabel gehörte England. Damit beherrscht dieses den Nachrichtenverkehr der Welt. Sieben Riesenhäfen liegen an seinen Küsten: London, Southampton, Cardiff, Liverpool, Glasgow, Newcastle und Hull.

Reichlich der sechste Teil des Welthandels fällt England (Irland eingeschlossen) zu. Sein Gesamtaußenhandel hatte 1924 einen Wert von 43,4 Milliarden RM. (Deutschland: 15,6, die Vereinigten Staaten: 34,4). Die Einfuhr versorgt das Land mit Nahrungsmitteln, Rohstoffen und Halbfabrikaten; immerhin entfällt ein sehr beträchtlicher Teil auf Fabrikate. Diese überwiegen in der Ausfuhr mit etwa $^4/_5$ des Gesamtwertes. Von großer Bedeutung ist England noch immer als Warenvermittler des Festlandes. So bestand 1925 der sechste Teil der gesamten Ausfuhrwerte Englands aus fremden Erzeugnissen. London ist der erste Weltmarkt für Kolonialwolle, Hanf, Metalle, Tee und Rohrzucker, und seine Börse bleibt tonangebend für den internationalen Zahlungsausgleich.

England und Deutschland. Beide Länder sind durch die regsten Handelsbeziehungen miteinander verbunden und voneinander abhängig. England bezieht von uns Erzeugnisse der Textil-, chemischen und Metallindustrie, Leder, Papier, Spielzeug und viele andere Waren; es liefert dagegen feine Garne und Webwaren, Kohlen und Gewerbeerzeugnisse aller Art. Unter den Verkehrsländern Deutschlands steht England an zweiter Stelle.

England als Kolonialmacht. Suche auf der Karte auf: 1. die großen Kolonialgebiete Englands, 2. die britischen Besitzungen an den Welthandelsstraßen, 3. den

Besitz Englands an kleinen Inseln und Inselgruppen. Größe und Bevölkerung des britischen Weltreiches ergeben sich aus folgender Übersicht:

Großbritannien und Irland	317 000 qkm,	47,4 Mill. Einwohner.
Besitzungen in Europa	320 „	0,2 „ „
„ „ Asien	5 507 000 „	332,7 „ „
„ „ Afrika	9 910 000 „	50,4 „ „
„ „ Amerika	10 382 000 „	11,1 „ „
„ „ Australien	8 492 000 „	7,8 „ „
	34 608 320 qkm,	449,0 Mill. Einwohner.

Großbritannien ist die erste Kolonialmacht der Erde; seine Dominions (Kanada, Australien, Neuseeland und Südafrika), Kronkolonien und Protektorate umfassen mehr als $^1/_4$ der Landfläche der Erde, weit mehr als $^1/_4$ aller Erdbewohner. Durch den Weltkrieg gewann England das Mandat Deutsch-Südwestafrika und Deutsch-Ostafrika sowie Deutsch-Samoa, die deutschen Inseln der Südsee südlich des Äquators, mit Frankreich zusammen Kamerun und Togo und somit einen neuen Besitz, fast viermal so groß wie Deutschland, ferner das Mandat über Palästina und Irak. Es erreichte die Vorherrschaft in Persien und Stützpunkte seiner Macht an den Dardanellen und am Bosporus. Der Indische Ozean ist ein englisches Weltmeer, die Südsee englischer Herrschaftsbereich; Süd- und Ostafrika stehen unter britischem Machtwillen. Die Eingänge des Mittelmeeres sind in Englands Händen. Die Freiheit der Meere ist eine britische Freiheit. Kein Weltreich hatte solchen Umfang. Als seine machtvollen Begrenzer treten im Westen Amerika, im Osten Japan auf; Deutschland ist als solcher vorläufig ausgeschaltet. — Englands Streben geht dahin, sein Weltreich zu einer in sich selbständigen, von allen anderen Gebieten unabhängigen Einheit (britisches Imperium) zusammenzuschließen. Auf wirtschaftlichem Gebiete ist dies zu einem großen Teile erreicht; 1925 kamen 30 % der englischen Einfuhr, 40 % der Ausfuhr auf Rechnung des britischen Imperiums. Die auswärtigen Besitzungen versorgen das Stammland mit Rohstoffen und Nahrungsmitteln; sie sind wichtige Abnehmer seiner Industrie, sichern Englands Seeherrschaft, beleben seinen Verkehr und nehmen einen großen Teil der englischen und irischen Auswanderer auf.

II. Die Niederlande.

Größe 34200 qkm (kleiner als Provinz Ostpreußen). Einwohner 6900000, d. i. 202 auf 1 qkm.

Lage. Das Königreich der Niederlande (Holland) hat eine hervorragende Lage am Nordwestrande Europas. Innerhalb seiner Grenzen münden Rhein, Maas und Schelde (Verkehrswege!). Dabei wird Holland nach keiner Seite hin durch verkehrsfeindliche Grenzen abgeschlossen. Dieser Lage verdankt es seine Entwicklung und Bedeutung. Holland ist das Tor Nordwesteuropas und ein bedeutender Seestaat.

Natur des Landes. Das Land ist eben; nur im südlichen Landzipfel treten die letzten Höhen des Aachener Kohlengebirges hervor. Das Gebiet westlich Utrecht liegt unter dem Meeresspiegel; es ist durch mächtige Deiche geschützt. Das höhere Hinterland ist wenig fruchtbares Geestgebiet mit ausgedehnten Heiden und Mooren, die durch Schafzucht und Torfstich nutzbar gemacht werden. Ihnen sind im N die westfriesischen Marschen vorgelagert (Mittelpunkt: Groningen). Die Küste ist im Flußmündungsgebiete stark zergliedert, im N durch gewaltige Meereseingriffe (Zuidersee und Dollart) zerrissen. Wie im deutschen Ostfriesland liegt hier eine lange Kette von Düneninseln vor den hohen Deichen. (Karte!)

Die Ebenheit des Landes, die Seenähe und die reiche Bewässerung haben zur Anlage zahlreicher Kanäle Anlaß gegeben, die großenteils die Landstraßen ersetzen. In der Deich- und Wasserbaukunst ist der Holländer Meister. („Gott schuf das Land, der Friese die Küste.") Die holländische Regierung hat beschlossen, den größten Teil der Zuidersee einzudeichen; dadurch würden etwa 2100 qkm fruchtbares Nutzland gewonnen werden.

Wirtschaft. Das Rückgrat der holländischen Wirtschaft bilden Bodenbau, Handel und Verkehr. Die fruchtbaren Niederungen erzeugen Getreide, Zuckerrüben, Gemüse, Blumen, Flachs und Hanf; sie sind auch der Sitz blühender Rindviehzucht. Die Schafzucht beschränkt sich auf die Geest und die Inseln. Mit diesen Wirtschaftszweigen verknüpft sich ein lebhaftes Gewerbe (Molkereien, Zuckerfabriken, Branntweinbrennereien). Bergbau wird nur im äußersten Süden betrieben (Kohlen bei Maastricht). Im Mündungsgebiete des Rheines wird der Schwemmsand in zahlreichen Ziegeleien und Steinzeugfabriken (Delft) verwertet. Die eigentliche Industrie knüpft zunächst an den Außenhandel und Seeverkehr an, so die wichtige Tabakverarbeitung, die Margarinefabrikation, die Kakaoindustrie, der Schiffsbau, die Herstellung von Seilerwaren und Segeltuch, die Goldwarenindustrie und Diamantenschleiferei (Amsterdam). Außerdem hat sich in einigen Seestädten und in Tilburg eine beachtenswerte Tuchfabrikation erhalten. Von größerer Bedeutung ist die Baumwollindustrie an der deutschen Grenze (Enschede), die von hier aus auf deutsches Gebiet übergriff (Gronau). Dagegen reicht die andere Industrie nicht aus, namentlich nicht die Eisenindustrie (Bedeutung für den nahen rheinisch-westfälischen Bezirk!). Lebhaft ist die holländische Seefischerei entwickelt, die einen beträchtlichen Teil des Londoner und deutschen Bedarfes deckt.

Handel und Verkehr. Holland besaß von jeher große Seegeltung. Der Riesenhafen Rotterdam (Vorhafen: Hoek van Holland) und der alte Weltbörsenplatz Amsterdam sind Hauptmärkte für Tabak, Kaffee, Tee, Rohrzucker, Gewürze und Drogen, Kautschuk, Zinn, Ölfrüchte und andere Kolonialerzeugnisse. Neben ihnen strebt Vlissingen als kontinentaler Endpunkt des Personenverkehrs mächtig auf. Diese drei Häfen bilden die Ausgangspunkte des niederländischen Weltverkehrs. Seine Bedeutung ergibt sich aus folgendem Vergleiche: i. J. 1924 kamen von dem Werte des Außenhandels auf jeden Einwohner in Holland 1884, in Deutschland 249 RM. — Deutschland ist in Ein- und Ausfuhr das Hauptverkehrsland der Niederlande. Am lebhaftesten sind die Beziehungen Hollands zu den rheinischen Bezirken und den deutschen Hafenplätzen (Skizze 46).

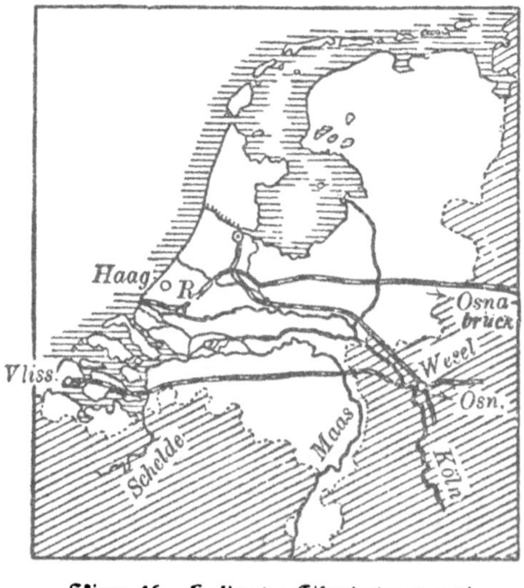

Skizze 46. Holland: Eisenbahnen und Wasserstraßen.

Die Kolonien der Niederlande sind von größter Bedeutung für die Machtstellung Hollands im Welthandel. Sie umfassen 2 Mill. qkm mit 50 Mill. E. und sind wirtschaftlich stark entwickelt. 94 % derselben gehören zur südostasiatischen Inselwelt. Sie liefern Tabak, Reis, Kaffee, Rohrzucker, Tee, Gewürze, Kautschuk und Zinn auf den holländischen Markt und sichern damit die Handelsbedeutung des Mutterlandes. — Suche die holländischen Kolonien auf der Karte auf und merke deren Hauptorte!

III. Belgien.

Größe 30400 qkm, Bevölkerung 7,5 Mill., d. i. 245 auf 1 qkm. (Sachsen: 15000 qkm, Bevölkerung 5,0 Mill., d. i. 321 auf 1 qkm.)

Natur des Landes. Das Königreich Belgien ist ein Übergangsgebiet zwischen Frankreich und den Niederlanden, zwischen Deutschland und der See, zwischen Bergland und Flachland, zwischen rein romanischen und rein germanischen Wohngebieten. Die Gunst dieser Lage wird aber beeinträchtigt durch die Ungunst der schmalen Flachküste. Das Haupteingangstor Belgiens — Antwerpen — liegt landeinwärts hinter der holländischen Grenze. Die Breitenlage des Landes entspricht derjenigen Mitteldeutschlands (vgl. belgische Nordgrenze und Kassel!). Das Klima ist daher günstig; im W unterliegt es dem Einfluß der See. — Das Land baut sich auf: 1. aus dem schmalen Küstenstreifen mit eingedeichten Polderlandschaften; 2. aus dem Tieflande mit den zahlreichen Wasserläufen der Schelde; im Osten die Geestlandschaft der Campine; 3. aus dem Berglande der Ardennen, die sich nach N abdachen. Der NW des Berglandes wird von der Maas-Sambre durchbrochen.

Die Bevölkerung siedelt außerordentlich dicht, vor allem im Industriegebiete der Maas. Wie Sachsen besitzt das Land vier Großstädte: Brüssel (756000), Antwerpen, Lüttich und Gent. Im N wohnen die germanischen Flamen, im S die romanischen Wallonen. Auf der Grenze beider Volksgebiete entstand die Landeshauptstadt.

Wirtschaft. Die fruchtbaren Niederungen an der Küste und das Tiefland haben gute Getreideböden, auf denen auch Zuckerrüben, Flachs, Gemüse und Blumen gezogen werden und die Rindviehzucht heimisch ist. Die Sandböden der Campine dienen vorzugsweise dem Kartoffelanbau und der Schafzucht (Vergleich mit Holland!). Die rauheren Höhen der Ardennen sind mit Wald bedeckt. Trotz der reichen Erträge reichen die Bodenerzeugnisse bei weitem nicht für den Landesbedarf aus.

Belgien ist ein Industriegebiet erster Ordnung. Diese Tatsache ist begründet in dem Reichtum des Landes an Steinkohlen (Fortsetzung des Aachener Kohlenbeckens in dem Gebiete Lüttich-Namur-Mons und in der Campine) und an Eisenerzen (Fortsetzung des französischen Minettebezirkes). Dazu kommen Kupfer-, Blei- und Zinkerze. Trotz seiner Kleinheit steht Belgien unter den europäischen Staaten in der Kohlen- und Roheisengewinnung an sechster, in der Zinkgewinnung (Lüttich) an zweiter, in der Bleigewinnung an dritter Stelle. Die damit zusammenhängende Großeisen- und Metallwarenindustrie tritt außer im Kohlengebiete (Lüttich, Namur, Charleroi, Mons) auch in Brüssel bedeutsam hervor. Die berühmtesten Anlagen besitzt das Coquerillwerk in Seraing, das ähnlich wie Krupp Kohlengruben, Hochofen-, Stahl- und Bearbeitungswerke umfaßt. Lüttich und Umgebung beherbergt eine sehr bedeutende Waffenfabrikation in Großbetrieben und Hausindustrie. — Nicht weniger bedeutend ist die Textilindustrie Belgiens. Mittelpunkte sind Lüttich und Verviers einerseits, Brügge und Gent andererseits. Gent allein erzeugt 3/4 aller belgischen Baumwollfabrikate. Der hochwertige belgische Flachs wird in Brabant und Flandern zu feinen Waren verarbeitet (Brabanter Spitzen, Hauptort: Brüssel). — Von anderen

Gewerben treten die Glasindustrie des Kohlengebietes (Lüttich und Charleroi), die Zuckergewinnung, die Spiritus- und Brauindustrie hervor.

Handel und Verkehr. Dem stark entwickelten Binnenverkehr steht ein Eisenbahnnetz von unübertroffener Dichte zur Verfügung; daneben bewältigen die zahlreichen Kanäle des Tieflandes einen großen Teil des Güterverkehrs. Lüttich im Kohlengebiete, Gent im Textilgebiete des Tieflandes sind hervorragende Handelsplätze; Brüssel ist der Hauptgeldmarkt des Landes. Die Seegeltung Belgiens ist dagegen weit weniger bedeutend als diejenige Hollands. Die Flotte ist klein und der Seehandel daher auf fremde Schiffe angewiesen. Der gesamte Seeverkehr des Landes wurde früher nur zu 6% mit belgischen, zu 30% mit deutschen Schiffen bewältigt; auch vom Binnenschiffahrtsverkehr entfiel $\frac{1}{3}$ auf die deutsche Flagge. Der einzige große Hafen des Landes ist Antwerpen mit einem Güterumsatze gleich dem Hamburgs. Er vermittelt auch einen beträchtlichen Teil der Ein- und Ausfuhr Deutschlands. (Beachte die Zufuhrwege über Aachen und Luxemburg!) Antwerpen ist der Hauptgetreidemarkt des Festlandes. Wie in England liefern Kohlen und Industrieerzeugnisse die Hauptausfuhrwerte; in der Einfuhr überwiegen Nahrungsmittel. Von diesen Erzeugnissen liefert und empfängt Deutschland neben Frankreich die bedeutendsten Werte.

Wirtschaftlich ist das benachbarte Luxemburg mit seinem Erzbergbau und seiner Hochofenindustrie an Belgien angeschlossen (früher an Deutschland).

Der einzige überseeische Besitz Belgiens ist der Kongostaat (2400000 qkm, 12 Mill. E.), dem jetzt der Nordwesten des ehemaligen Deutsch-Ostafrika angegliedert ist. Die Einfuhr von dort bringt Kupfer, Kautschuk, Elfenbein, Gold und Ölfrüchte.

IV. Frankreich.

Größe vor dem Kriege 536000 qkm (Deutschland), Bevölkerung 40 Mill. (Preußen), d. i. 74 auf 1 qkm, nach der Erwerbung Elsaß-Lothringens 551000 qkm mit 39,2 Mill. Einwohnern, d. i. 71 auf 1 qkm.

Lage. Die Republik Frankreich hat eine besonders günstige Lage zwischen den beiden bedeutendsten Verkehrsmeeren der Gegenwart (welchen?), zwischen hochentwickelten Ländern (welchen?), in unmittelbarer Nähe Englands (Calais—Dover: 32 km). Seine Seegrenze mißt 3200, seine Landgrenze 2400 km. Letztere ist nur gegen Spanien verkehrsfeindlich. Die Alpen dagegen werden von einer Reihe belebter Bahnen überwunden. So hat Frankreich eine hervorragende Durchgangslage.

Suche auf der Karte (und im Kursbuche) folgende Expreßlinien auf: 1. Calais—Paris—München—Konstantinopel (Orientexpreß); 2. Paris—Straßburg—Karlsbad (Karlsbaderexpreß); 3. Petersburg—Berlin—Köln—Paris (Nordexpreß); 4. Paris—Madrid—Lissabon (Südexpreß); 5. Calais—Paris—Turin—Brindisi (Peninsularexpreß); 6. Calais—Paris—Bern—Mailand (Simplonexpreß).

Frankreich hat eine günstige klimatische Lage fast genau zwischen Pol und Äquator. Vergleiche Nordfrankreich und Süddeutschland, die Lage der Seine- und Neckarmündung! Westfrankreich hat ozeanisches, Südfrankreich Mittelmeerklima. Die Niederschläge sind ausreichend und die Winter durchweg milder als in Deutschland.

Die Küsten dagegen heben mit ihrer Ungunst manche dieser Vorteile auf. Die Flußmündungen sind durch eigene Ablagerungen (Rhone) und durch Meeresströmungen (Garonne, Loire, Seine) der Versandung ausgesetzt. Die Dünenküsten westlich der Rhone und südlich der Garonne sind hafenarm. Die günstigsten Küsten, die Normandie, Bretagne und die landschaftlich schöne Riviera, haben keine vorteilhafte Lage zu den Hauptgebieten des Landes.

Aufbau des Landes. Den französischen Alpen zwischen Genfer See und Meer mit dem Montblanc (4800 m) ist im NW die langgestreckte Platte des Juras vorgelagert. Jenseits des alten Völkertores der Burgundischen Pforte erhebt sich der geschlossene Wall des Wasgenwaldes, dem westlich das Lothringische Stufenland vorgelagert ist. Ein Außengebiet ist der französische Anteil an der Oberrheinischen Tiefebene.

Die Alpen werden durch die tiefe Senkung des Rhone-Saone-Beckens umgrenzt, die am Steilabfall der Cevennen endet. Diese dachen sich nach W und NW ab, werden durch tief eingeschnittene Flußtäler zergliedert und erhalten durch zahlreiche erloschene Vulkane lebhafte Abwechselung. Zwischen diesem Mittelgebirge und dem geschlossenen Gebirgswall der Pyrenäen liegt die fruchtbare Ebene der Garonne. Den NW Frankreichs füllt das Tiefland aus (Mittelpunkt: Paris). Es wird westlich von den Gebirgsrümpfen der Bretagne und Normandie unterbrochen und im O durch die Randstufen der Champagne (Mittelpunkt: Reims) natürlich begrenzt.

Lauf und Verteilung der Hauptströme (Karte) sind außerordentlich günstig; doch leiden die atlantischen Flüsse unter unregelmäßigem Wasserstande, die Rhone unter starkem Gefälle und dem verkehrsfeindlichen Delta (beachte die Lage von Marseille!). So wird der Verkehrswert der Flüsse wesentlich beeinträchtigt.

Wirtschaft. 1. Bodenbau und Viehzucht. Frankreich ist durchweg mit fruchtbarem Boden und günstigem Klima gesegnet. Nur $8\frac{1}{2}\%$ der Gesamtfläche sind Unland (Hochgebirge!), 19% stehen unter Wald. Die Landwirtschaft spielt daher eine hervorragende Rolle. 46% der Bevölkerung ziehen aus derselben ihren Erwerb. Der Großgrundbesitz tritt zurück; die Bewirtschaftung erfolgt durch Bauern und Pächter. Die Landwirtschaft ist hoch entwickelt, wenn auch dem Boden durchschnittlich nicht so hohe Erträge abgerungen werden wie in Deutschland.

Die Brotfrucht des Landes ist der Weizen. Der Roggenanbau bleibt auf die höheren Gebirgslagen beschränkt. Dazu kommen Hafer an der See, Gerste im N (Bierbrauerei Nordfrankreichs), Mais im S. Nordfrankreich ist ferner bedeutend durch hervorragenden Anbau von Zuckerrüben und Flachs, Südfrankreich durch die Gewinnung von Südfrüchten aller Art und durch Blumenzucht (Nizza) mit weitreichendem Versand.

Frankreich ist das erste Weinland der Erde, denn dem Weinbau werden $2\frac{1}{2}\%$ der Gesamtfläche des Landes gewidmet. Nur die Gegenden nördlich der Linie Loiremündung—Paris entbehren die Weinberge. Die wichtigsten Anbaugebiete sind: 1. das Flußgebiet der Garonne (Bordeaux); 2. Burgund (Beaune); 3. die Champagne (Reims); 4. das Gebiet der mittleren Loire; 5. das Rhonegebiet; 6. das Elsaß. Die Ausfuhr ist bedeutend. Weithin berühmt sind auch die Erzeugnisse der Likörfabrikation (Kognak, Chartreuse usw.).

Auch die Viehzucht des Landes ist in jeder Hinsicht gut entwickelt. Mit seinen Herden ist Frankreich mehr als Deutschland imstande, den Landesbedarf zu decken; die Schafhaltung ist dort größer als bei uns, und die französische Geflügelzucht wird von keinem anderen Lande übertroffen (Ausfuhr). Ganz hervorragend ist die Seidenraupenzucht zwischen Loire, Pyrenäen und Seealpen.

2. Bergbau und Industrie (Skizze 47). Frankreich verfügt über eine große Zahl von Kohlen- und Eisenlagern. Das Hauptkohlenlager mit $\frac{2}{3}$ der Gesamtförderung liegt an der Nordgrenze (Mittelpunkt: Valenciennes); es bildet eine Fortsetzung der belgischen Lager. Kleinere Becken werden am Rande der Mittelgebirge abgebaut: in Burgund bei Le Creuzot, zwischen Loire und Rhone bei St. Etienne, im unteren Rhonetal. Der Frieden von Versailles hat Frankreich den lothringi-

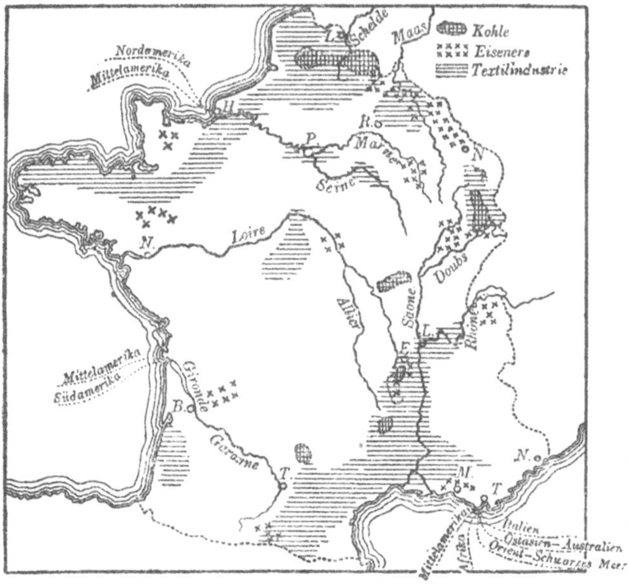

Skizze 47. Frankreich: Bergbau und Industrie.

schen Anteil am Saarbecken und auf 15 Jahre die ganze Kohlenausbeute des Saargebietes gebracht. — Durch die Aneignung der Reichslande ist Frankreich nunmehr im Besitze fast des ganzen Minettebezirkes Lothringens. Somit besitzt Frankreich das reichste Erzlager Europas. Die Hauptförderung erfolgt in den Bezirken von Nancy, Briey, Longwy und Diedenhofen.[1]) Der Ertrag der Gruben ist so groß, daß das Land ihn nicht allein verarbeiten kann (Ausfuhr). Zu den Minettelagern kommen noch die bedeutsamen Erzlagerstätten in der Normandie und Bretagne, sowie kleinere Lager in Burgund (Le Creuzot), in den Alpen und Pyrenäen.

Erzreichtum ist die Stärke, Kohlenmangel die Schwäche der französischen Schwerindustrie (Deutschlands Kohlenlieferungen!); sie ist ansässig vor allem im Minettebezirk, in Nordfrankreich (Lille), in Burgund (Le Creuzot) und in den Hafenstädten, sowie in St. Etienne. Das Wesen des französischen Gewerbes liegt vornehmlich in der Hervorbringung geschmackvoller, kunstsinniger Erzeugnisse. An erster Stelle steht hier die Textilindustrie, die fast mehr Arbeitskräfte, aber weniger Maschinen als die deutsche beschäftigt. Der Süden (Skizze 47) beherbergt die hervorragendste Seidenindustrie der Welt; Vororte sind: Lyon, St. Etienne, Grenoble. Der Norden besitzt eine ausgezeichnete Woll-, Baumwoll- und Leinenindustrie; Hauptplätze: Lille, Roubaix, Tourcoing, Calais, Valenciennes, Sedan, Amiens. Das Elsaß ist berühmt durch Weberei aller Art, besonders Baumwollverarbeitung: Mülhausen, Kolmar, Gebweiler, Münster, Markirch usw. Darüber hinaus ist die Industrie weit verbreitet. Paris beherrscht die Welt mit seinen Moden. Hochbedeutend sind ferner die Lederwaren-, Papier-, Porzellan- und Glasindustrie, die chemische Industrie und das Kunstgewerbe, deren Erzeugnisse massenhaft auf den Weltmarkt gelangen. In fast all diesen Gewerbezweigen gebührt Paris der Vorrang. Marseilles besondere Bedeutung beruht in der Nahrungsmittel- und Seifenfabrikation (Einfuhr von Öl aus den Mittelmeerländern).

3. **Handel und Verkehr.** Den Inlandverkehr bewältigt in der Hauptsache das dichte und planmäßig ausgebaute Eisenbahnnetz, dessen beherrschender Mittelpunkt Paris ist (Skizze 48). Die Flüsse und zahlreichen Kanäle lassen durchweg nur kleine Schiffe zu; auf der unteren Seine jedoch gelangen Seefahrzeuge bis nach Paris, das dadurch einer der größten Binnenhäfen der Welt wird. — $^2/_3$ des Auslandverkehrs

1) Vgl. S. 57.

gehen über die Seegrenze; ihm dienen vier Haupthäfen: 1. Marseille, hart bedrängt von Genua; 2. Le Havre; 3. Bordeaux; 4. Dünkirchen.

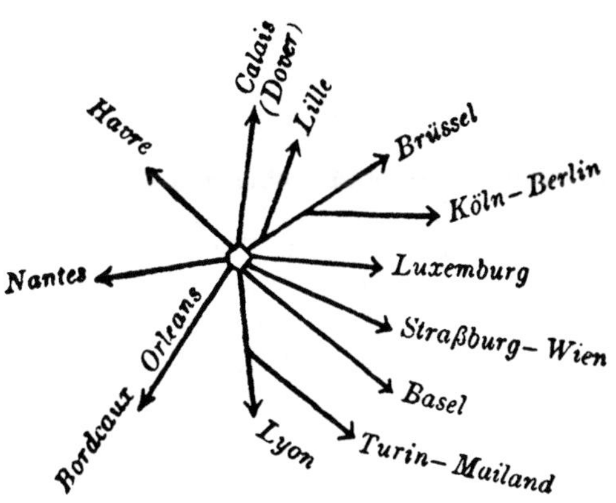

Skizze 48. Paris.

Unter den Welthandelsstaaten stand Frankreich hinter England, Deutschland und Nordamerika an vierter Stelle. Es ist auf die Einfuhr von Kohlen und Rohstoffen, Nahrungsmitteln und Fabrikaten angewiesen und liefert dagegen Erzeugnisse seiner Luxusindustrie, Getreide, Wein, Früchte sowie Rohstoffe (Seide, Kolonialwolle). Der Krieg hat den einst bedeutenden Handelsverkehr zwischen Deutschland und Frankreich aufgehoben und wird ihn auch für die Zukunft beeinträchtigen.

Frankreichs Kolonialbesitz.

Besitzungen in Afrika	9219000	qkm	=	29672000	E.
„ „ Asien	821000	„	=	23132000	„
„ „ Amerika	3100	„	=	522000	„
„ „ der Südsee	26	„	=	89000	„
	10043126	qkm	=	53415000	E.

Mit diesem Außenbesitz, zu dem noch das Protektorat über Marokko hinzukommt, ist Frankreich das drittgrößte Kolonialreich. Der Weltkrieg hat ihm das Mandat über Syrien, sowie über den größten Teil von Togo und Kamerun eingebracht. (Suche die französischen Besitzungen auf der Karte auf!) Wirtschaftlich am wichtigsten sind Algier, Indochina, Tunis und Westafrika. Von der Gesamteinfuhr stammten 1925 — $10^1/_8\%$ aus den Kolonien, von der französischen Ausfuhr gingen 14% nach dort. Eine Sonderstellung nimmt die Insel Korsika ein, die zwar politisch zu Frankreich, aber geographisch zur Apenninenhalbinsel gehört.

V. Die Schweiz.

Größe 41300 qkm, Bevölkerung 3900000, d. i. 94 auf 1 qkm. (Prov. Schlesien 40300 qkm, Bevölkerung 5200000, d. i. 129 auf 1 qkm.)

Lage. Die Schweiz liegt zwischen Deutschland und Italien, zwischen Frankreich und Österreich und wurde daher trotz der Schwierigkeiten, die sich hier dem Bahnbau entgegenstellten, ein wichtiges Verkehrsgebiet. Eingangstore sind Basel und Genf, Hauptdurchgangsbahnen: 1. die Arlbergbahn; 2. die Gotthardbahn (Tunnel: 15 km); 3. die Simplonbahn (Tunnel: 20 km) mit der sie nach N fortsetzenden Lötschbergbahn (Tunnel: 14,5 km). Vom Meere ist die Schweiz abgeschnitten; für ihren Überseeverkehr ist sie auf Hamburg, Bremen, die Rheinstraße, Marseille und Genua angewiesen.

Natur des Landes. Die Schweiz besteht 1. aus dem formenreichen Hochgebiete der Alpen (bis 4000 m); 2. aus der Schweizer Hochebene; 3. aus dem dieser Ebene vorgelagerten Jura. Eine große Zahl von Seen (welche?) bilden die natürlichen Staubecken der Alpenflüsse. — Das schöne Hochland ist das Reiseziel vieler Tausende von Fremden aller Nationen, die den Gasthäusern jährlich eine sehr große Einnahme zuführen („Fremdenindustrie"). Durch die langen Täler der Rhone und des Rheins wird es in zwei Längszüge zerteilt, die im Gotthard zusammenhängen. Das Hochland ist spärlicher bevölkert. Waldnutzung, Jagd und Viehzucht sind die Haupterwerbsquellen. Auf der dicht besiedelten Hochebene gibt der Boden Anlaß zum Ackerbau und zu hervorragender Viehzucht. Der Jura ist unwirtlich.

Wirtschaft. 1. Der Ackerbau vermag nur einen kleinen Teil des Bedarfes an Brotkorn zu liefern (Einfuhr). Der Weinbau bringt ansehnliche Erträge in den südlichen Tälern, am Genfer See und im Rheingebiete; Obstbau ist auf der Hochebene verbreitet. Hervorragend ist die Rindviehzucht der Schweiz. Große Käsereien (Emmental, Ausfuhrplatz Burgdorf) und Anstalten zur Herstellung kondensierter Milch liefern weithin bekannte Erzeugnisse. Hier knüpft auch die Schokoladenfabrikation an. Außerdem finden Zuchttiere im Auslande Absatz.

2. Industrie. Die Schweiz ist von den Meeren abgeschlossen; keine Binnenschiffahrtswege erleichtern den Verkehr; die Eisenbahnfrachten sind hoch. Erze und Kohlen fehlen. Dennoch steht die Schweizer Industrie in hoher Blüte; denn die Unzulänglichkeit des Ackerbodens weist die Bewohner auf das Gewerbe hin. Die zahlreichen Wasserkräfte fördern es, die elektrische Kraft ermöglicht die Ausdehnung des Hausgewerbes. Die Rührigkeit und die Kraft des Volkes verbürgen einen stetigen Aufschwung.

Aus den angegebenen Gründen ist aber die Industrie wie in keinem anderen Lande darauf angewiesen, die eingeführten Rohstoffe in möglichst hochwertige Ausfuhrgüter zu verarbeiten (Spitzen, Seidenstoffe, Seidenbänder, Uhren). Der durchschnittliche Ausfuhrwert eines Doppelzentners betrug vor dem Kriege in Deutschland 14, in Frankreich 40, in der Schweiz aber 130 Mark. In zwei Gebieten drängt sich die Industrie zusammen: 1. im ganzen Norden des Mittellandes (Basel—Zürich—St. Gallen), 2. in den Tälern des Jura (Solothurn—Genf).

An erster Stelle steht naturgemäß die Textilindustrie, die ihren Schwerpunkt im NO hat und von hier aus sogar auf deutsches Gebiet übergriff (Schwarzwald). Verarbeitet werden fast ausschließlich Baumwolle und Seide (Rohseidengewinnung in den südlichen Kantonen!). St. Gallen, Basel und Zürich sind die bedeutsamsten Hauptorte der Industrie; der erstgenannte ist der scharfe Konkurrent Plauens in der Spitzenherstellung. — Auf dem Jura ist die Uhrenindustrie als hochentwickeltes Hausgewerbe weit verbreitet (Genf, La Chaux-de-Fonds, St. Imier). Großeisenindustrie haben St. Gallen, Basel, Zürich und die Bodenseestädte. Schweizer Maschinen finden in allen Nachbarstaaten und in Übersee guten Absatz. Der Rheinfall bei Schaffhausen liefert einer der größten europäischen Aluminiumfabriken Betriebskraft. Zu diesen Industrien kommen noch andere geringeren Umfanges.

VI. Österreich.

84000 qkm, 6,5 Mill. Einwohner, d. i 78 auf 1 qkm; etwa so groß wie das rechtsrheinische Bayern (79000 qkm mit 6,3 Mill. E.).

Lage. Das neue Österreich ist ein Binnenstaat, umgeben von sechs Nachbarländern (s. Skizze 49). Es gliedert sich in zwei Hauptteile: 1. das Land der Donau zwischen Passau (deutsch) und Preßburg (tschechoslowakisch), 2. das Alpenland (Gebiet des Inn, der Salzach, Enns, Mur und Drau). Im Westen reicht es in das Gebiet des Rheins (Vorarlberg), im Osten in das Ungarische Tiefland hinein (Ödenburg). Lage und Gestalt kennzeichnen Österreich als eine Fortsetzung Deutschlands in der Richtung der Donau (Deutschlands Ostmark). Es ist das alte Durchgangsgebiet vom Abendland nach dem Morgenland (Paris—Konstantinopel), aber auch ein Übergangsgebiet von Nord- nach Südeuropa (s. Skizze 49).

Bevölkerung. Die Bevölkerung ist deutsch; doch fallen Volks- und Staatsgren-

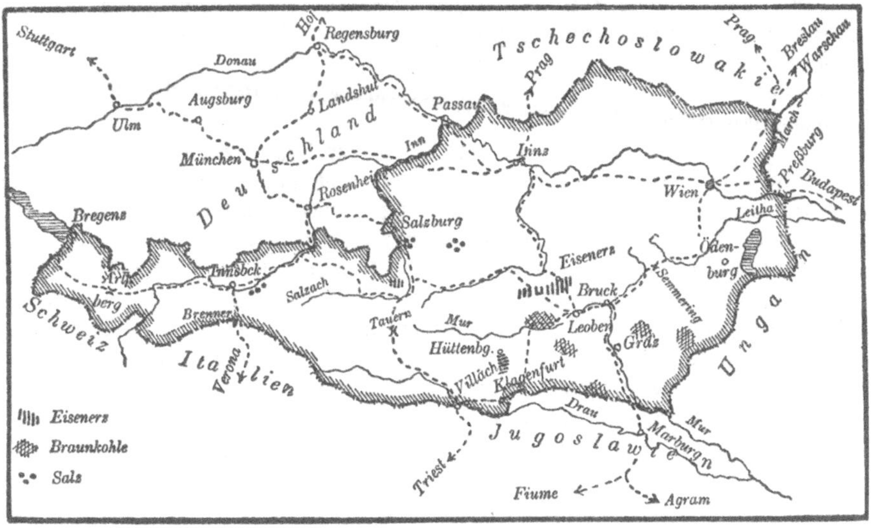

Skizze 49. Deutsch-Österreich.

zen weder auf der tschechoslowakischen noch auf der italienischen Grenze zusammen. Die Alpenländer sind dünn bevölkert, abgesehen von den gewerbfleißigen Teilen Vorarlbergs und Steiermarks (Graz 150000 E.). Am meisten drängt sich die Bevölkerung in dem durch Verkehrslage und Fruchtbarkeit ausgezeichneten Wiener Becken zusammen; die Hauptstadt Wien beherbergt mit ihren 1,9 Mill. E. allein etwa $^3/_{10}$ der Gesamtbevölkerung.

Natur des Landes. Der österreichische Alpenteil zerfällt in zwei Teile. Diese werden durch die Längstäler des Inn, der Salzach und der Enns geschieden. Südlich dieser Linie steigen die Züge der Ötztaler Alpen und der Tauern zu bedeutenden Höhen auf, die, im Westen höher als im Osten, die Schneegrenze vielfach überschreiten. Diese Zentralalpen atmen Ernst, erhabene und schwermütige Größe. Aus der Fels- und Gletscherpracht schreitet der Wanderer durch eine weitgedehnte Waldzone, vorbei an grünen Almen hinab in die breiten Täler, an die der Verkehr gebunden ist. Hier haben auch Bergschätze eine gewerbliche Betätigung ermöglicht; im übrigen sind Waldnutzung und Viehzucht die Haupterwerbsquellen der Bevölkerung.

Nördlich der genannten Flüsse liegen die Voralpen (welche?). Die äußersten niedrigen Ketten sind teilweise mit fruchtbarem Boden bedeckt. Die inneren Bergzüge erhalten ihr Gepräge durch die eigenartigen, vielgestaltigen Formen des Kalkgesteins — ein Gebiet, reich an Naturschönheiten, aber arm an Gaben des Bodens. Überquert wird das Alpenland Österreichs von drei bedeutenden Bahnen, der Brenner-, der Tauern- und der Semmeringbahn (s. Skizze 49).

Das von Gebirgen umgrenzte Vorland der Alpen, namentlich das Wiener Becken, ist erfüllt von Schottermassen der Alpen und weichen, fruchtbaren Schwemmlandböden. Hier kreuzten sich seit jeher die Heerwege und die Handelsstraßen; hier entstand die alte Kaiserstadt Wien, die sich durch die Gunst der Lage auch zur ersten Industriestadt des Landes entwickeln konnte.

Nach Osten öffnen sich die Alpen und verlieren sich im gesegneten Ungarischen Tieflande, dessen westlicher Teil, das Burgenland, mit Österreich vereinigt wurde.

Wirtschaft. Auch wirtschaftlich bestehen zwischen dem Alpenanteil und dem Alpenvorlande große Unterschiede; in jenem beschäftigen sich rund zwei Drittel der Bewohner mit der Nutzung des Bodens durch Landwirtschaft, Viehzucht und Forstwirtschaft, während in Niederösterreich sich nur rund ein Fünftel der Bewohner in diesen Wirtschaftszweigen betätigt.

In den inneren Alpen nimmt der Wald die Hälfte, im ganzen Lande 37% des nutzbaren Bodens ein. Das Holz wird vielfach in Sägewerken geschnitten und weiter verarbeitet; Zellstoffabriken finden wir namentlich in Salzburg, Kärnten und Steiermark. Die zahlreichen Weiden haben zu einer ausgedehnten Viehzucht geführt; doch ist das Molkereiwesen bei weitem nicht so entwickelt wie in der Schweiz. Im ganzen ist der Nahrungsraum knapp; nur 26% der Gesamtfläche dienen als Acker und Garten (in Deutschland 47%); zudem ist der Ackerertrag durchschnittlich um 25% geringer als bei uns. Folgen? An Wiesen und Weiden stehen dagegen 27% der Gesamtfläche zur Verfügung (in Deutschland 16%).

Die Industrie leidet unter dem Mangel an Steinkohlen. Die bedeutsamen Kohlengruben sind dem Staate sämtlich verloren gegangen. Die dem Lande verbliebenen Felder in Niederösterreich haben nur örtliche Bedeutung. Einigen Ersatz bieten die Braunkohlengruben im Murtal und im Grazer Bezirke. Die Gesamtförderung beträgt z. Z. etwa 2% derjenigen Deutschlands. Diese Kohlenarmut setzt der Ausbreitung der Industrie Grenzen; indessen kann das Land einen Ersatz in der Ausnutzung der zahlreichen Wasserkräfte finden, die auch in besonders starkem Maße ausgenützt werden.

Reich dagegen ist Österreich an Eisenerzen. Steiermark besitzt in dem Erzberg der Eisenerzer Alpen Eisensteinlager von 160—200 m Mächtigkeit; das Erz ist von besonderer Reinheit. Weniger bedeutend sind die Erzlager in Kärnten (Hüttenberg) und Salzburg. An diesen Bergsegen schließt sich eine alte und bedeutsame Eisenverarbeitung an, deren Mittelpunkte Eisenerz und Leoben sind. Die Maschinenindustrie hat ihre Hauptstätten außer in Graz ausschließlich im Alpenvorlande (Wien, Wiener Neustadt, Linz). — Erwähnenswert sind die Kupferlager des Inntales, reich an Salz Oberösterreich (Ischl), Salzburg (Hallein) und das Inntal (Hall), die sämtlich nach den salzarmen Sudetenländern ausführen.

In der Webwarenindustrie treten zwei Bezirke hervor: 1. Vorarlberg und das Inntal, 2. das Donaugebiet, namentlich in Oberösterreich. In Betracht kommt ferner Graz. Wien beherbergt außer Woll- und Seidenwarenfabriken eine hervorragende Modewarenindustrie. Die Hauptstadt ist der industrielle Mittelpunkt des Landes; sie verdankt diese Bedeutung in erster Linie ihrer Lage an der schiffbaren Donau.

Handel und Verkehr. Österreich ist durch den Verlust seiner wichtigsten Rohstoff-, Ernte- und Industriegebiete unselbständig geworden. Die notwendigen Zufuhren gehen über fremde Häfen. Der Donauweg bietet keinen Ersatz für den Verlust von Triest, denn die Mündung liegt weit außerhalb der Grenzen; die Nebenflüsse sind nicht schiffbar; es fehlt die Verbindung nach Elbe und Oder, und die Fortsetzung nach Main und Rhein ist noch ohne Bedeutung. Durch diese Tatsachen wird die Erhaltung der österreichischen Wirtschaft gefährdet, die Entwickelung beeinträchtigt. Immerhin ist die Donau eine Lebensader des Landes. (Verfolge die in Skizze 49 angedeuteten Haupteisenbahnwege auf der Karte!) Der Außenhandel weist mit der Hälfte seiner Werte nach dem Osten und Südosten Europas; die anderen Nachbarländer sind an ihm mit etwa einem Drittel beteiligt. Dabei steht der Güteraustausch mit Deutschland an erster Stelle. — Der Anschluß Österreichs an das Deutsche Reich ist einstweilen von den fremden Mächten nicht zugelassen.

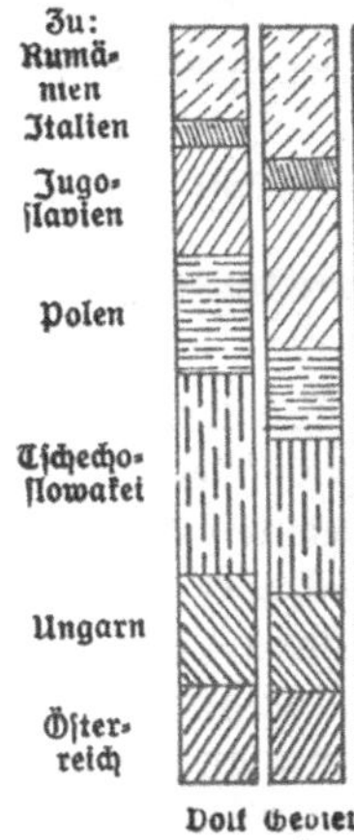

Aufteilung Österreich-Ungarns

Skizze 50. Tschechoslowakien.

VII. Tschechoslowakien.

Etwa 140000 qkm, 13,6 Mill. Einw., d. i. 97 auf 1 qkm.

Überblick. Das Staatsgebiet gliedert sich in drei Teile: 1. Böhmen, das Land der Elbe-Moldau, 2. Mähren, das Land der March, 3. Slowakien, das Land der Waag, und das gebirgige Nordungarn. Im letztgenannten Gebiete stößt die Grenze südlich bis an die verkehrswichtige Donau vor (s. Skizze 50); Landeshauptstadt Prag (677000); Hauptstadt Mährens: Brünn (222000).

Lage. Im N und W sind die Landesgrenzen durch Gebirge scharf bezeichnet, nach der Donau und dem Ungarischen Tieflande hin nicht. Die Tschechoslowakei ist ein Binnenstaat, weitab von der See gelegen. Ins Ausland führen zwei natürliche Wege, Donau und Elbe, die beide als bedeutsame Wasserstraßen internationaler Aufsicht unterstehen werden. Von ihnen bleibt der Elbeweg der wichtigste, weil er die kürzeste Strecke zum Meere ist und weil er die wichtigsten Gebiete des Landes erschließt. — Umgeben von fünf Nachbarn (welchen?), ist die Tschechoslowakei Durchgangsgebiet zwischen Österreich und Polen, zwischen Deutschland und Ungarn. Klimatisch gehört sie zum Übergangsgebiete zwischen dem westeuropäischen Seeklima und dem strengen osteuropäischen Landklima.

Bevölkerung. Das Gebiet wird von Tschechen und Slowaken, im O von Ruthenen bewohnt; indessen ist das gesamte Randgebiet Böhmens von rein deutscher Bevölkerung besiedelt (insgesamt 3,7 Mill.), der es sehr schwer wird, ihr Volkstum gegenüber dem tschechischen Übergewicht im Staate zu bewahren.

Natur des Landes. Das böhmisch-mährische Land ist gegen Deutschland durch hohe Randgebirge scharf abgegrenzt, doch findet der Verkehr viele bequeme Paßwege und Tore. Die das Innere erfüllende Urgesteinsmasse sank im N zu der Senke der Eger und Elbe ab. Formenreiche Gebirgszüge und Basaltkegel geben dem Lande anziehende Reize. Der Boden ist durchweg ergiebig. Die südböhmische Masse ist ein flachwelliges Hochland, das eine Anzahl von Beckenlandschaften einschließt. Der Wald tritt hier zurück, denn der Boden zeitigt reiche Ernten. Die Randgebiete sind Waldländer. Mähren ist ein etwa 500 m hoch gelegenes welliges Land, dessen Boden durchweg mit fruchtbarem Lehm bedeckt ist. In den Senken trifft man auf zahlreiche Teiche und sumpfige Wiesen. — Von Preßburg aus führt das Leithagebirge zu den Karpathen, auf deren Kamm die Nordostgrenze Slowakiens verläuft. In der Mitte des nordungarischen Berglandes erhebt sich die Hohe Tatra bis zu 2700 m. Der südliche Teil dieses Gebiets, das Ungarische Erzgebirge, birgt den seit Jahrhunderten gehobenen Bergsegen (Gold, Silber, Eisen), der zuerst von deutschen Bergleuten erschlossen wurde (Ortsnamen!). Im übrigen tritt in den Karpathen die Waldnutzung viel ausschließlicher hervor als in den Alpen.

Wirtschaft. Das Schwergewicht der Wirtschaft liegt in den dicht bevölkerten böhmisch-mährischen Landen. Hier kann sich die Landwirtschaft durchweg auf hohen Bodenertrag stützen. Besonders hervorzuheben sind die Zuckerrübengebiete in Nordböhmen, an der March und in der Donauebene; ferner der Anbau von hochwertigem Hopfen und von Gerste an der Elbe, Eger und Beraun. In Verbindung damit steht eine bedeutende Brauindustrie. Zuckerfabriken, Brauereien und Mälzereien stellen hohe Ausfuhrwerte. Auch der Obstbau kann einen Teil seiner Ernte an das Ausland abgeben. Der Anbau von Flachs und Hanf hat in den Sudetenländern und Mähren noch seine Bedeutung bewahrt. Die Viehzucht lieferte in den letzten Jahrzehnten steigende Ergebnisse, namentlich in Mähren; sehr große Verbreitung hat die Geflügelzucht. — Aus der Waldwirtschaft der böhmischen Randgebiete und der Karpathen können auch fremde Gebiete einen Teil ihres Holzbedarfs decken.

Der Bergbau fördert Steinkohlen zwischen Prag und Pilsen, in den Sudeten und vor allem bei Mährisch-Ostrau, wo das Land seinen Anteil am oberschlesischen Kohlengebiete ausnutzt. Außerordentlich reich ist das Egerland an hochwertigen Braunkohlen (Becken von Eger—Dux—Teplitz und von Falkenau—Ellbogen; Ausfuhr); von geringerer Bedeutung sind die mährischen Lager. Eisenerze werden in der Gegend zwischen Prag und Pilsen gefördert und hier verhüttet. Dagegen muß der Hochofenbezirk von Mährisch-Ostrau die erforderlichen Erze aus der Slowakei (Skizze 50!) oder Schweden heranholen. Die Förderung anderer Erze ist für die Gesamtwirtschaft des Landes nicht mehr von entscheidender Bedeutung.

Die Maschinenindustrie tritt am stärksten in Nordböhmen (Pilsen, Prag, Reichenberg), im Ostrauer Bezirk (Witkowitz), in Brünn und Budweis hervor. Von noch größerer Wichtigkeit ist die Weberei, die seit alten Zeiten in den nordböhmischen Randgebieten als Hausgewerbe geübt wird und sich namentlich im NO zur Großindustrie entwickelte. Hier ist Reichenberg der Mittelpunkt der Woll- und Baumwollverarbeitung, Trautenau der Hauptort der Leinenindustrie. Bedeutend treten ferner Mähren (Brünn) und das frühere österreichische Schlesien hervor. Unter den mannigfachen anderen Industrien sind besonders zu nennen: die Herstellung von Glas (Nordböhmen), von Glasperlen (Gablonz), von Papier, Zündhölzern, Möbeln, Musikinstrumenten, Porzellan (Karlsbad), Leder- und Schuhwaren. So sind Böhmen und Mähren als hervorragende Industrieländer zu bezeichnen.

Handel und Verkehr. Nach N hin öffnen sich dem Eisenbahnverkehr drei Haupttore: die Täler der Elbe, der Eger und der Oder; durch diese treten die großen Durchgangslinien in das Land ein (Skizze 50!). Der Elbweg erhält seine erhöhte Bedeutung durch die Schiffbarkeit des lebhaft befahrenen Flusses. Diese beginnt auf der Moldau bei der Landeshauptstadt Prag, die den Hauptort des Verkehrs darstellt. Die Donau ist nur Grenzfluß; sie büßt dadurch an Bedeutung ein, weil sie nicht durch Kanäle mit Elbe und Oder verbunden ist. — Die Binnenlage weist das Land auf einen regen Güteraustausch mit den Nachbargebieten, namentlich mit Deutschland und Österreich hin.

VIII. Polen.

Überblick. Das neue Polen setzt sich aus ehemaligen österreichischen (Galizien), russischen (Kongreßpolen) und deutschen (Prov. Posen, Westpreußen und Oberschlesien) Gebietsteilen zusammen. Das Gesamtgebiet Polens umfaßt 388000 qkm mit 27 Mill. Einw. (70 auf 1 qkm). Schwach besiedelt sind die Gebiete südlich der Memel mit rund 30 Einwohnern auf 1 qkm; mittlere Dichte weisen die ehemals preußischen Bezirke auf (70 auf 1 qkm). Mit dichtester Besiedelung tritt das polnisch gewordene Oberschlesien (306 E. auf 1 qkm) hervor. In der Hauptsache sind die Bewohner Polen; an der Memel überwiegen die Litauer, in Ostgalizien bilden die Ruthenen etwas weniger als die Hälfte der Volkszahl. Im Westen, aber auch um Lodz und an der Weichsel, desgleichen in Galizien und Oberschlesien stellen die Deutschen einen wesentlichen Teil der Bevölkerung (1 Mill.).

Lage. Zwischen Karpathen und Ostsee gelegen, schließt Polen den Freistaat Danzig und das verkleinerte Ostpreußen ein. Polen ist das Stromgebiet der Weichsel und ihrer sämtlichen Zuflüsse (Skizze 51). Der Westen gehört dem Gebiet der Warthe und Netze, der Südosten dem des Dnjestr an. Polen ist das Übergangsgebiet zwischen Mittel- und Osteuropa; es hat nur einen Zugang zum Meere über die Weichsel.

Natur des Landes. Die Südgrenze des Landes verläuft auf dem Hauptkamme der Karpathen; deren Vorland wird durch den San in zwei Teile geschieden. Die waldigen Vorberge in Westgalizien gehen in das Niederungsgebiet der Weichsel über, das von Sand, Mooren, Teichen und Sümpfen bedeckt ist. Ostgalizien gehört der Podolischen Platte an, einer durch fruchtbare Lößerde ausgezeichneten Fläche, die durch die eingesenkten Flußtäler einige Abwechslung erhält. — Nördlich der Weichsel erhebt sich das polnische Berg- und Hügelland, das an der schlesischen Grenze und in der Lysa Gora (600 m) seine höchsten Erhebungen hat, aber kaum den Eindruck eines Gebirges macht. Östlich der Weichsel verliert sich das Hügelland in der Ebene. — Im Norden des Landes weist der seengeschmückte Baltische Landrücken Höhen von etwa 300 m auf. Zwischen beiden Bodenerhebungen liegt die polnische Niederung, die mit einem dichten Mantel eiszeitlicher Ablagerungen überdeckt ist. Hier wechseln sandige Höhen und Dünen mit sumpfigen Niederungen, Mooren und Seen, fruchtbarer Boden mit dürftigem Acker. Die Bodenerhebungen gehen hier kaum über 100 m hinaus; so ist es gerade die polnische Niederung, die wie ein breites Tor von Deutschland nach Rußland hineinführt. Hier liegt die Landeshauptstadt Warschau (936000).

Wirtschaft. Die Bodennutzung gibt der Wirtschaft des Landes das Gepräge. Im ganzen kann die polnische Erde als fruchtbar bezeichnet werden, wenn auch die besten Böden nicht den größten Teil des Landes einnehmen. Roggen- und Kartoffelbau herrschen daher vor. In Ostgalizien, an der Weichsel, Netze und Warthe werden Weizen, Gerste und Hafer bevorzugt. Im Warschauer, Posener Lande wie an der Weichsel liegen bedeutsame Zuckerfabriken. 1924 war Polen sogar der drittgrößte Zuckerproduzent Europas. Die Durchschnittserträge des polnischen Ackerbaus stehen sehr wesentlich hinter den mittel- und westeuropäischen zurück (1924 erntete Polen 8 Doppelzentner Weizen vom Hektar, Deutschland 17, Belgien 25). Am besten entwickelt ist die Landwirtschaft in den ehemals deutschen Gebieten.

Von Handelsgewächsen sind zu erwähnen: Hopfen in Galizien und Westpolen, Tabak in Galizien, Flachs und Hanf sowie Hülsenfrüchte. — Der Wald spielt nur in Galizien und Nordpolen eine hervorragende Rolle. Von hier aus erfolgt Ausfuhr. Der Anteil des Waldes am Boden ist in Russisch-Polen bedeutend

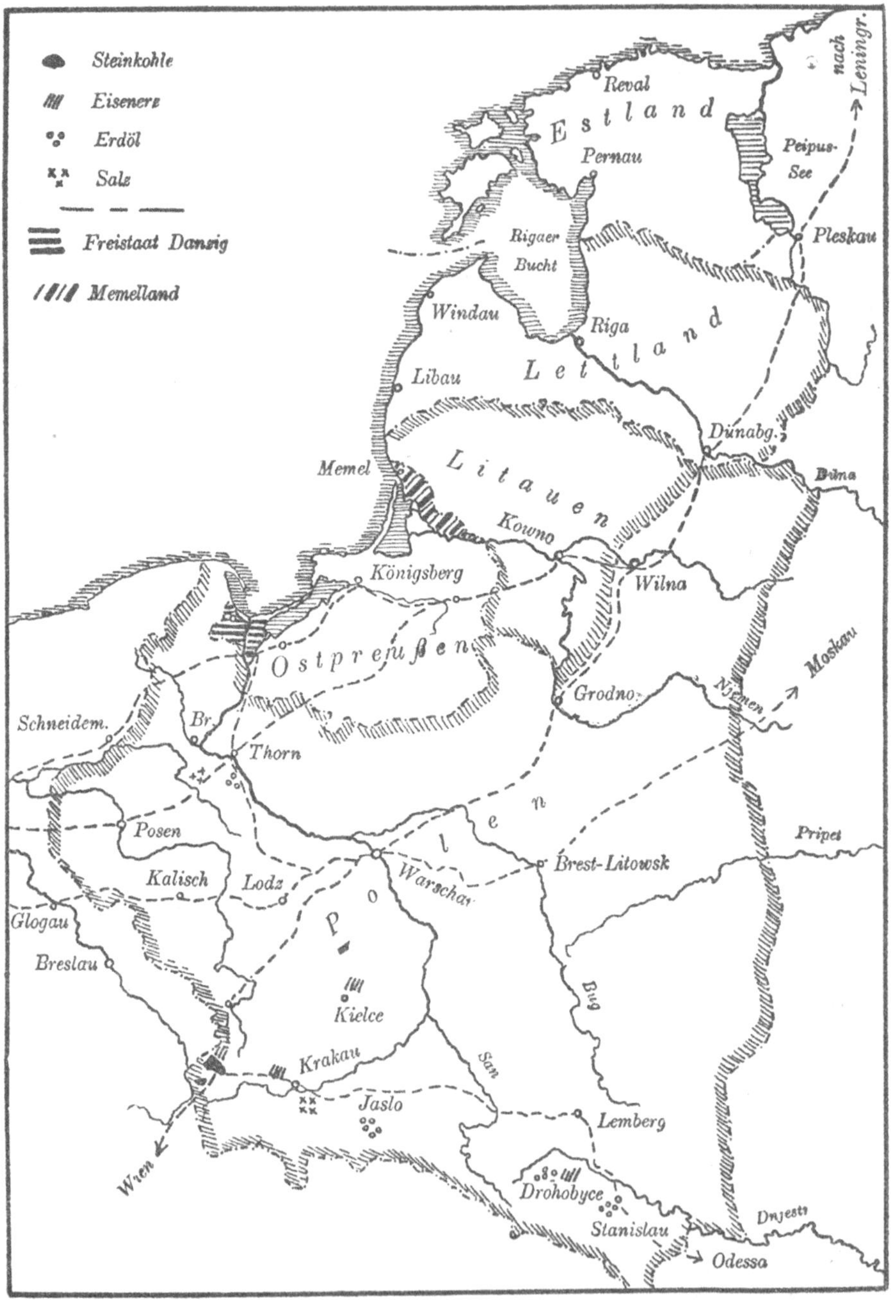

Skizze 51. Das neue Polen und die Randstaaten.

geringer als in Deutschland. Als **Viehzuchtgebiet** steht Galizien an erster Stelle; weit verbreitet ist die polnische Perdezucht.

Bergbau und Industrie. Für den Bergbau kommen zwei Gebiete in Betracht: das polnische Berg- und Hügelland und das Vorland der Karpathen. Von dem ganzen oberschlesischen Kohlenbecken besitzt Polen nunmehr den weitaus größten Teil. Im ehemals deutschen Bezirk, im benachbarten Dombrowabecken und im Kraukauer Berg-baugebiet werden Steinkohlen, Eisen-, Blei- und Zinkerze gefördert. Ein zweites ergiebiges Eisengebiet liegt in der Gegend von Kielce. — Salz wird als Steinsalz oder in Solen gewonnen bei Wieliczka-Bochnia, ferner an der Weichsel sö. Thorn und bei Inowrazlaw (Hohensalza). Von hervorragender Bedeutung ist die Gewinnung von **Erdöl** und Erdwachs in Galizien (s. Skizze 51).

Auf diesen Bergsegen stützt sich die bedeutende Eisen- und Maschinenindustrie Oberschlesiens (Tarnowitz, Kattowitz, Königshütte, Myslowitz, Rybnik), des Dombrowabeckens und seiner Umgebung (Sosnowice, Bendzin, Czenstochau, Krakau), die, wie überhaupt die polnische Industrie, auf ausländischen, besonders deutschen Unternehmungsgeist zurückzuführen ist. Neben den obengenannten Städten tritt als bedeutsame Stätte der Metallverarbeitung Warschau hervor. Auf ehemals deutschem Gebiet sind Posen und Graudenz zu nennen, an der litauischen Grenze **Wilna** und **Grodno**.

Die hervorragendste Industrie Polens ist indessen die **Webwarenindustrie**, die ihre Hauptstätte in Lodz und Umgebung hat; an zweiter Stelle steht das Dombrowa-Becken, an dritter Warschau und an vierter Bjelostock. Lodz hat sich im Laufe eines Jahrhunderts von etwa 500 Einwohnern zu einer Halbmillionenstadt emporentwickelt. Vor dem Kriege zählte man dort rund 70000 Deutsche. Die größten Unternehmungen der Textilindustrie tragen deutsche Namen.

Von den anderen Industriezweigen Polens sind zu nennen: die Lederindustrie, die Holzverarbeitung, die chemische Industrie (Seife), die Schokoladen- und Zuckerwarenindustrie Warschaus und diejenigen Gewerbe, die sich mit der Verarbeitung landwirtschaftlicher Erzeugnisse befassen (Stärke-, Zucker-, Spiritusfabriken).

Handel und Verkehr. Der Durchgangsverkehr von Mittel- nach Osteuropa ist auf die Eisenbahnen angewiesen. Ein Ausbau der Wasserwege nach dem Osten ist bisher nicht durchgeführt. Auch das Eisenbahnnetz harrt noch des Ausbaues. Die Landwege knüpfen sich in **Warschau** zusammen (Skizze 52). Auf ehemals deutschem Boden tritt **Posen** als Verkehrsmittelpunkt hervor. Der Hauptwasserweg, die **Weichsel**, läßt bereits an der oberschlesischen Grenze den Verkehr mit kleinen Schiffen zu. Doch ist der Flußlauf bis Thorn ungeregelt. Regelmäßige Überschwemmungen stören die Schiffahrt, die erst nach Durchführung der beabsichtigten Strombauten bedeutsam werden wird.

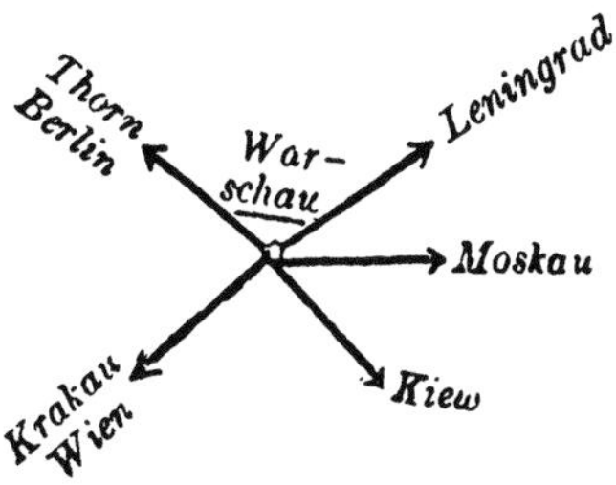

Skizze 52. Warschau.

Wichtig ist die Holzverfrachtung auf den Flüssen; diese findet durch die Brahe, den Bromberger Kanal und die Netze ihre Fortsetzung nach dem Westen. Auf der Warthe setzt bei Posen die Kleinschiffahrt ein. Auch der Grenzfluß im Norden, der **Njemen**, ist als Abfuhrweg der dort dicht bewaldeten Gebiete wichtig. Am Außenhandel Polens war Deutschland 1925 mit 30% der Einfuhr und 40% der Ausfuhr weitaus am bedeutendsten beteiligt.

IX. Die östlichen Randstaaten.

Gebiet. Aus den ehemaligen russischen Ostseeprovinzen Estland, Livland und Kurland haben sich drei neue selbständige Staaten herausgebildet (s. Skizze 51):

1. Estland,	48000 qkm,	1,1 Mill. E.;	23 auf 1 qkm;	Hauptstadt	Reval;
2. Lettland,	66000 qkm,	1,6 Mill. E.;	24 auf 1 qkm;	„	Riga;
3. Litauen,	55000 qkm,	2,0 Mill. E.;	37 auf 1 qkm;	„	Kowno.

Die Staatsgrenzen decken sich ungefähr mit den Volksgrenzen. Der Streit zwischen Litauen und Polen um den Besitz des Bezirks Wilna ist noch nicht entschieden. Das Memelgebiet wurde 1923 durch die Pariser Botschafterkonferenz der Oberhoheit Litauens unterstellt. — Die Zahl der Deutschen in den Randstaaten beträgt etwa 130000. Das Deutschtum war seit Jahrhunderten in jenen Gebieten Träger der Kultur.

Lage. Die Randstaaten liegen an der Ostsee zwischen Memel und Finnischem Meerbusen. Sie werden ihre seitherige Bedeutung als Durchgangsgebiete für die russische Ein- und Ausfuhr behaupten.

Natur des Landes. Das ganze Gebiet wird von dem baltischen Landrücken durchzogen, dessen höchste Erhebungen etwa 300 m erreichen. Zwischen den Höhenzügen liegen weitgedehnte Moore und Sümpfe, an deren Entwässerung seither wenig getan ist. In dem der Landwirtschaft nutzbar gemachten Gebiete wechseln Sand- und Lehmboden mit saftigen Wiesen ab. Am wenigsten fruchtbar ist Estland.

Wirtschaft. Die Randstaaten sind Landwirtschaftsgebiete. 80% der Gesamtbevölkerung leben von Ackerbau, Viehzucht, Forstwirtschaft, Jagd und Fischerei. Die Erzeugnisse (Butter, Eier, Geflügel, Getreide, insbesondere Flachs) gingen vorzugsweise stets nach Deutschland und England. Auch die Holzausfuhr über die Häfen und die Memel war seit jeher bedeutsam. Ackerbau und Waldnutzung erfolgen vielfach noch in einfachster Weise. Die schlechten Verkehrsverhältnisse und die Genügsamkeit der Bewohner haben eine Hebung der Wirtschaft zurückgehalten.

Das Gewerbe, namentlich die Weberei, ist im ganzen Lande als Hausgewerbe vertreten; auch die Holzbearbeitung und die Gerberei ist in vielen Kleinbetrieben anzutreffen. Die Industrie findet sich in geringem Umfange in den wenigen größeren Orten des Landes. Als Industrieorte treten besonders hervor in Lettland: Riga, die Hauptstadt an der Düna (Vorhafen Dünamünde), und Libau mit ansehnlichen Betrieben für die Metallverarbeitung; in Litauen die Hauptstadt Kowno an der Memel mit Eisenwaren-Industrie. Die Industrie tritt also nur vereinzelt auf. Die Entstehung der industriellen Werke ist in den meisten Fällen auf deutschen Unternehmungsgeist zurückzuführen.

Handel und Verkehr. Der Landverkehr der Randstaaten ist wenig entwickelt. Die Flußwege der Memel und Düna erhalten dadurch erhöhte Bedeutung. Litauen wird von der Fernbahn Königsberg—Petersburg geschnitten und von der Bahn Wilna—Libau durchquert. Estlands Hafen Reval hat günstige Schiffahrtsverhältnisse, bleibt aber in seiner Bedeutung beträchtlich hinter den lettländischen Häfen Riga, Libau und Windau zurück, die vor dem Kriege weitreichende Verbindungen nach dem Innern Rußlands unterhielten. Litauen stößt nur mit schmaler Küste ans Meer; es bleibt mit seinen Auslandsbeziehungen auf die Landwege nach Ostpreußen und auf die Memel angewiesen.

Finnland.

Etwa 333100 qkm, 3,4 Mill. E., d. i. 10 auf 1 qkm; Hauptstadt: Helsingfors.

Das ehemals unter russischer Oberhoheit stehende Gebiet ist seit dem Friedensschluß selbständiger Freistaat. Es liegt zwischen dem Finnischen und dem Bottnischen Meerbusen. Das Innere ist erfüllt von der Finnischen Seenplatte (das „Land der 1000 Seen"). Das Gewirr von Flüssen, Seen und Niederungen läßt nur wenig Raum für die Landwirtschaft; dagegen ist die Viehzucht gepflegt, und der Wald, der über den weitaus größten Teil des nutzbaren Bodens verfügt, kann große Erträge für die Sägewerke und Papierfabriken sowie für die Ausfuhr liefern; diese besteht zu drei Vierteln aus Holz, Holzmasse und Papier, zu einem Siebentel aus Erzeugnissen der Viehzucht. Eingeführt werden besonders Getreide, Kolonial- und Industriewaren. Deutschland steht unter den Einfuhrländern Finnlands weitaus an 1. Stelle, unter den Ausfuhrgebieten an 3. Stelle. — Hauptorte sind Helsingfors und Abo.

X. Nordeuropa.

1. Schweden	= 410500 qkm	= 5,9 Mill. E.,	d. i.	14 auf	1 qkm;	Hauptst.: Stockholm;
2. Norwegen	= 310000 „	= 2,6 „ „	„	8 „	1 „	„ Oslo;
3. Dänemark	= 43000 „	= 3,4 „ „	„	76 „	1 „	„ Kopenhagen.

Natur des Gebietes. Dänemark besteht aus der Nordhälfte Jütlands und der nach Schweden führenden Inselbrücke (Karte!). Beide Teile weisen die Eigenart des Norddeutschen Tieflandes auf. Der Wald tritt zurück (9% der Bodenfläche). Skandinavien zerfällt durch die von großen Seen (welchen?) ausgefüllte Senkung in das südschwedische Flachland und das skandinavische Hochland. Dieses fällt nach W schroff ab und ist am äußeren Rande in zahlreiche Inseln aufgelöst (Lofoten). Tief greift das Meer in die steilwandigen Täler ein (Fjorde). Das Gebirge ist im W und S am höchsten (2650 m), schwer zugänglich und fast unbewohnt. Je weiter nach N, desto unwirtlicher ist das Gebiet; in Dänemark ist $^1/_6$, in Schweden $^1/_8$, in Norwegen $^3/_4$ der Gesamtfläche Ödland (vergleiche die Bevölkerungsdichte!). — Das Klima wird im W vom Meere beeinflußt (Golfstrom; Hammerfest mit eisfreiem Hafen); im trockeneren O nähert es sich dem kontinentalen.

Wirtschaft. Skandinavien ist in erster Linie Waldland. In Schweden dienen nur 12%, in Norwegen 4% dem Ackerbau; 52 bzw. 21% sind Waldland. Beide Königreiche sind daher bedeutsam als Holzlieferanten wie durch ihre Zündholz-, Holzstoff- und Papierindustrie. Der Ackerbau vermag die schwache Bevölkerung trotz bester Bodenwirtschaft kaum zu ernähren. Hafer und Gerste nehmen den Hauptteil des Ackers in Anspruch; Roggen und Kartoffeln liefern die Nahrungsmittel. Südschweden tritt auch mit Zuckerrübenbau hervor, ebenso Dänemark. Dieses ist ein ganz hervorragendes Viehzuchtgebiet. Die Erzeugnisse (Vieh, Fleisch, Fett, Butter, Eier, Häute) finden Absatz auf dem englischen und deutschen Markte.

Umfangreiche Industrie hat nur Schweden. Seine Eisenerzlager sind schier unerschöpflich; sie liegen 1. in Lappland um Kirunavara und Gellivara (gewaltige Massen mit hohem Eisengehalt; Ausfuhrhäfen: Narwik und Lulea), 2. nördlich vom Venernsee, 3. bei Dannemora, 4. beim Taberg am Wettersee. Dazu kommen Kupfer-, Silber- und Golderze. Nur Kohlen sind dem Lande fast ganz versagt (Ersatz: Holz).[1] Die gewaltigen Wasserkräfte ermöglichen die Entwickelung der Eisenindustrie. Eskilstuna am Mälarsee ist berühmt durch seine Stahlwaren. Die als Hausgewerbe

1) In Schweden kommen auf 100 Einw. 391 ha Wald, in Deutschland 22 ha.

verbreitete Textilindustrie geht allmählich zum Fabrikbetriebe über. Daneben blühen mancherlei Gewerbe auf land- und forstwirtschaftlicher Grundlage auf, und die Steinbrüche im S (Granit) liefern ansehnliche Ausfuhrwerte. Dänemark hat mit Schweden die Herstellung von Leder und Handschuhen gemeinsam. Kopenhagen ist weltberühmt durch seine Porzellanwaren. — In allen drei Ländern tritt die Bedeutung der Seefischerei besonders stark hervor, am meisten in Norwegen (starke Ausfuhr).

Der Binnenverkehr fällt außer dem Götakanal (Stockholm—Göteborg) fast ausschließlich den Eisenbahnen zu. Ganz hervorragend ist der Seeverkehr entwickelt. Die Landeshauptstädte (Karte!), außerdem Göteborg, Malmö und Helsingborg haben den Hauptverkehr.

Im Gesamthandel der drei nordischen Reiche geht die Ausfuhr in erster Linie nach England, in zweiter nach Nordamerika, in dritter nach Deutschland (dänische Viehzucht-, skandinavische Wald- und Bergbauerzeugnisse). Unter den Einfuhrstaaten steht Deutschland durchaus an erster Stelle; dann folgen England und Vereinigten Staaten.

XI. Rußland.

Überblick. Die Union der sozialistischen Sowjet-Republiken (U. d. S. S. R. oder russisch S. S. S. R.) in Europa und Asien umschließt rund 21 Mill. qkm Fläche mit 130—140 Mill. E. In ihr sind 23 nach der Nationalität der Bewohner gebildete Republiken zu einem Staatenbund zusammengeschlossen. Im europäischen Anteil sind unter Einrechnung der kleinen Republiken zu unterscheiden:

Räterußland (R. S. F. S. R.)	4025000 qkm,	70 Mill. E.,	d. i.	17	auf	1 qkm,
Räteukraine (U. S. S. R.)	460000 „	28 „	„ „ „	61	„	1 „
Räteweißruthenien (B. S. S. R.)	125000 „	4 „	„ „ „	32	„	1 „
	4610000 qkm,	102 Mill. E.,	d. i.	22	auf	1 qkm.

Schließt man die Transkaukasische S. F. S. R. mit ein, so erhält man ein Gebiet von 4,8 Mill. qkm mit 108 Mill. E.

Eur. Rußland ist trotz des Landverlustes (welche Gebiete?) wenig kleiner als halb Europa. Der Verkehr hat mit Riesenentfernungen zu rechnen. (Miß die Entfernungen zwischen Ost- und West-, zwischen Nord- und Südgrenze!)

Lage. Rußland ist Osteuropa. Nach W öffnet sich nur ein Tor: Leningrad (Petersburg), die ehemalige Hauptstadt mit jetzt reichlich 1 Mill. Einw.; denn die Eismeerküste ist verkehrsfeindlich und abgelegen. Mit der Schwarzmeerküste ist Rußland an den Mittelmeerverkehr angeschlossen (Häfen!). Dennoch bleibt es das abgeschlossenste Gebiet des Erdteils ohne bedeutsamen Durchgangs- und Fremdenverkehr. Es ist inniger mit Asien als mit Westeuropa verbunden.

Klima. Lage und Größe des Landes haben starke klimatische Gegensätze zur Folge. Rußland hat ein ausgesprochen kontinentales Klima. „Südrußland hat im Januar die Temperatur Stockholms, im Juli die von Madeira. Monatelang dauert der Frost und bedeckt ein Schneeteppich den größeren Teil des Landes; alle wirtschaftlichen Arbeiten kommen zum Stillstand, und der Mensch muß andere Beschäftigung suchen." Im S sind die Flüsse 2—3, im N 5—8 Monate vereist. Im Gebiete des Eismeeres reift kein Getreide mehr. Tundren füllen den Norden, Steppen den Südosten aus. Dort ist das Verbreitungsgebiet des Renntiers, hier das des Kamels. — Am meisten durch Klima und Boden begünstigt ist die Ukraine mit der Halbinsel Krim. Die Breitenlage dieses Gebietes entspricht etwa der Süddeutschlands und Norditaliens (vgl. Frankfurt und Kiew, Mailand und Odessa!); indessen tritt der Einfluß dieser südlichen Lage hier wesentlicher hervor als in Mitteleuropa (pontisches Klima).

Aufbau. Im O bildet der wüste Ural (Tundra) die Grenze gegen Asien; der Erz- und der Wald-Ural liegen noch innerhalb der Staatsgrenzen. Das von W allmählich ansteigende Gebirge bietet dem Verkehr nur geringe Schwierigkeiten. Zwischen den Südausläufern und dem Kaspisee öffnet sich das breite Völkertor der Kirgisensteppen. — Im S erstreckt sich der bis 5600 m aufsteigende Kamm des Kaukasus vom Kaspisee bis zum Schwarzen Meere. Wie die Pyrenäen wird er von den Eisenbahnlinien umgangen. Ihm sind im N die Steppen Ciskaukasiens, im S die Wald- und die fruchtbaren Steppengebiete Transkaukasiens vorgelagert. — Eine westliche, durch das Meer unterbrochene Fortsetzung des Kaukasus stellt das Gebirge am Südrand der Halbinsel Krim dar.

Zwischen diesen Gebirgen dehnt sich das weite, eintönige russische Tiefland aus. In ihm tritt die Waldaihöhe am meisten hervor (320 m), das Quellgebiet der Wolga, Düna und des Dnjepr. Von hier ziehen hügelige Landhöhen nach allen Richtungen. Im SO enden sie an der Wolga. Weite Sümpfe und Moore füllen die Niederungen am Pripet und im Hinterlande des Eismeeres.

Der Norden des Tieflandes ist mit den Geröllmassen der Eiszeit überschüttet, daher weniger ertragsfähig, ein weitgedehntes Waldland. Im S lichtet sich der Waldgürtel mehr und mehr, und der Ackerbau tritt in seine Rechte; er dringt immer weiter nach N vor. Seine günstigsten Bedingungen findet er im südlichen Teile, wo die Schwarzerde die reichsten Ernten bietet. Das Randgebiet des Kaspisees gehört zur menschenleeren Salzsteppe. — In dem weiten Lande konnten sich viele große Ströme entwickeln (Karte!), unter ihnen der größte Strom Europas, die Wolga = 3600 km.

Wirtschaft. 1. Landwirtschaft und Viehzucht. a) Räte-Rußland ist in erster Linie Landwirtschafts- und Viehzuchtgebiet und konnte früher beträchtliche Mengen dieser Erzeugnisse für die Ausfuhr bereitstellen. Besonders zu erwähnen sind außer Getreide: Flachs, Hanf, Hülsenfrüchte, Häute, Felle, Butter und Eier. Der Bodenertrag ist allerdings infolge der unentwickelten Betriebsweise gering. — In N ist die Pelztierjagd bedeutsam. In den Grenzmeeren, Binnenseen und Flüssen wird ein sehr ertragreicher Fischfang betrieben, auf der Wolga und dem Uralflusse insbesondere der Fang von Stör und Hausen (Kaviarversand von Astrachan).

Die Viehzucht vermag ebenfalls namhafte Mengen ihrer Erzeugnisse ans Ausland abzugeben; denn sie verfügt über sechsmal soviel Pferde, doppelt soviel Rinder, viermal soviel Schafe und Ziegen, als Deutschland besitzt; aber auf hoher Stufe steht die Zucht nur im W. Die Geflügelzucht und die Bienenzucht sind bedeutend.

Die riesigen Wälder Nordrußlands bergen gewaltige Vorräte an Holz, mit denen Rußland einen Hauptteil des westeuropäischen und deutschen Bedarfs zu decken vermag; doch fehlt es an verständiger Forstpflege.

b) Die Ukraine ist das fruchtbarste Ackergebiet Osteuropas. Der Steppenboden nördlich des Meeres und die Schwarzerde, die drei Viertel des Bodens bedeckt, lohnen die Mühen der Bauern mit reichen Ernten, die allerdings im S öfters durch die Sommerdürre gefährdet werden. Während im O vielfach noch eine sorglose Wirtschaft die Pflege des Bodens vernachlässigt, steht die landwirtschaftliche Betriebsweise des westlichen Teiles auf hoher Stufe. Die Ukraine ist eine Kornkammer Europas. Der Ernteüberschuß ging früher über die Schwarzmeerhäfen Odessa, Cherson, Taganrog und Rostow namentlich nach dem Westen des Erdteils. Das Land liefert ferner große Mengen an Rübenzucker, Tabak, Wein (insbesondere auf der Halbinsel Krim), Hanf und Flachs. Es ist ebenso ein hervorragendes Viehzuchtgebiet, in dem vorwiegend die Mastviehzucht gepflegt wird, die bedeutende Ausfuhrwerte zur Verfügung stellt. Die Forstwirtschaft tritt zurück.

2. **Bergbau und Industrie.** Rußland ist reich an Mineralschätzen. Der **Ural** liefert die größten Platinmengen auf der Erde, das meiste Gold in Europa (50000 kg); er birgt Kupfer- und Eisenerze, sowie Asbest. **Mittelrußland** hat Kohlenlager bei Tula, dort und östlich Moskau reiche Eisenerzlager. Diesem Reichtum entspricht vorläufig die Ausbeute nicht. Ganz hervorragend ist der **Bergbau des Donezbeckens** entwickelt. Er liefert reiche Mengen an Steinkohlen, Eisenerz und Salz. Bei Nikopol in der Ukraine werden von deutschen Konzessionen, im Kaukasus von amerikanischen die reichen Manganerzlager abgebaut. — Von größter Wichtigkeit ist das Erdölvorkommen im nördlichen Kaukasien und am Kaspisee; hier ist **Baku** Hauptort der Erzeugung und Verarbeitung und dadurch eine Fabrikstadt neuzeitlicher Art. (Röhrenleitungen nach dem Schwarzen Meere.)

An den Bergsegen knüpft die **Großeisenindustrie** an; sie ist daher bedeutsam 1. in Mittelrußland (Moskau und Tula, hier auch Feinmetallindustrie); 2. im Ural, ganz besonders aber 3. im Donez-Becken, wo Jekaterinoslaw, Odessa und Nikolajew nebst einigen anderen Orten auch eine beachtbare Maschinenindustrie entwickelt haben. Im N sammelt sich diese Industrie in Leningrad.

Spinnerei und Weberei werden im ganzen Lande als Hausgewerbe geübt; als Großindustrie sind sie auf wenige Gebiete und Städte beschränkt, unter denen hervortreten: 1. Mittelrußland (Moskau mit weiter Umgebung). 2. Leningrad, 3. die Ukraine (Kiew, Charkow, Odessa). Hausgewerbliche Wollverarbeitung ist am meisten im S verbreitet (Schafzucht), Leinenindustrie im N (Flachsbau).

Das **übrige Gewerbe** wird durch die Vorherrschaft des Hausfleißes gekennzeichnet, der durch die lange Dauer des Winters begünstigt wird. Die vorhandenen Fabrikbetriebe arbeiten vornehmlich für Müllerei, Spiritusbrennerei, Zuckerfabrikation, Herstellung von Leder, Gummischuhen usw.

3. **Handel und Verkehr.** Rußland verfügt über verhältnismäßig wenig Eisenbahnen (nicht viel mehr als Deutschland). Weite Landgebiete sind ohne Schienenwege, namentlich der ärmliche Nordosten und das Steppenland des Südostens. Am besten ist das Verkehrsnetz der dichter besiedelten Ukraine ausgebaut. Im N ist Leningrad der Ausgangspunkt der Hauptstrecken (Skizze 53); im S treten Charkow (310000) und Kiew (433000) beherrschend hervor. Der bedeutsamste Verkehrsort ist Moskau (1550000). Verfolge die Hauptstrecken nach Skizze 54.

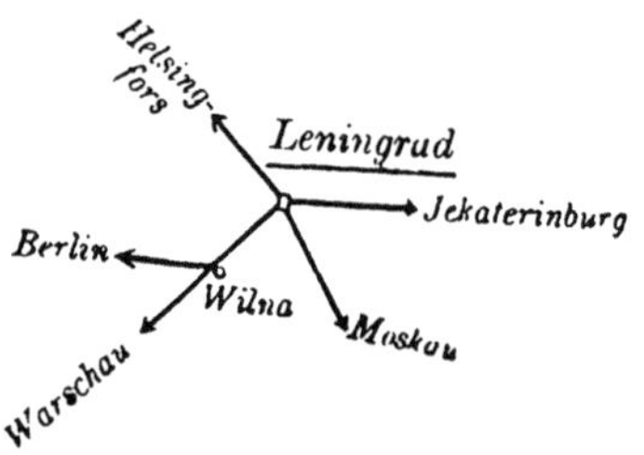

Skizze 53. Leningrad.

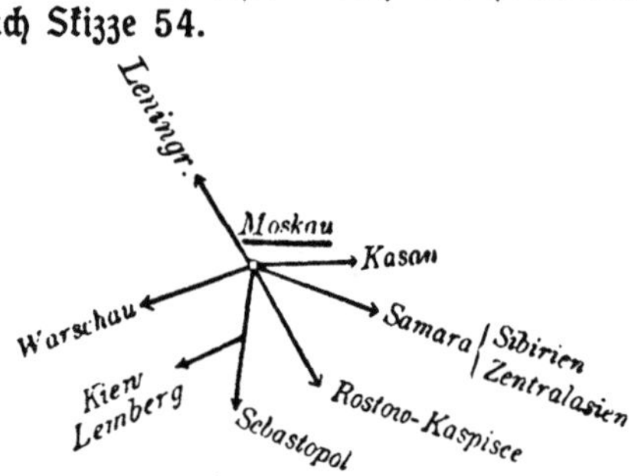

Skizze 54. Moskau.

Von Moskau gehen auch die großen Überlandverbindungen nach Asien aus: 1. die Sibirische Bahn, 2. die zentralasiatische Bahn, 3. die transkaspische Linie (Skizze 55).

Die bedeutendste Binnenwasserstraße ist die **Wolga** mit einer Schiffahrtslänge von 3300 km. Nischni Nowgorod, Samara und Astrachan sind die Haupthäfen. Auch die zahlreichen Binnenseen spielen im russischen Verkehr eine große Rolle (Karte!); das leicht anzulegende Kanalnetz ist dagegen wenig ausgebaut.

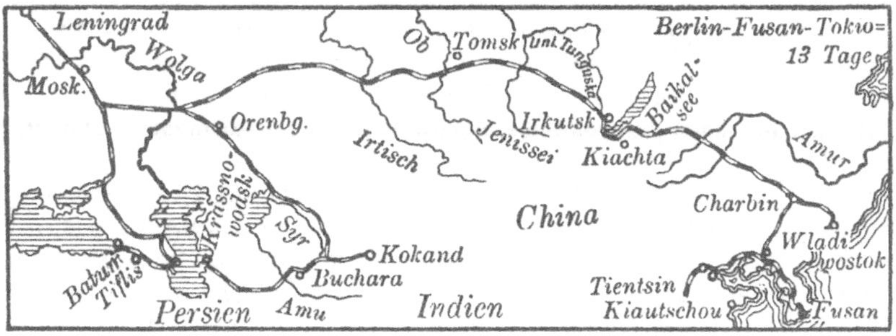

Skizze 55. Rußlands asiatische Eisenbahnen.

Im Seeverkehr ist Rußland nach N hin auf Leningrad beschränkt. Archangelsk kann wegen der Eissperre nie große Bedeutung erlangen. Dagegen verfügt Südrußland über eine größere Zahl guter Häfen, denen nur die Abgelegenheit von den Weltstraßen nachteilig wird: Batum, Poti, Rostow, Noworossisk, Cherson, Nikolajew und Odessa (317000). Der Verkehr auf dem Kaspisee wird von Astrachan und Baku (245000) beherrscht.

Der **Außenhandel** Rußlands ist Staatsmonopol; z. Zt. hat er noch geringen Umfang, beginnt sich aber zu erholen.

Die Zahl der Deutschen in Rußland wird mit rund 1 Mill. angegeben. Die ehemaligen Bezirke Saratow und Samara zu beiden Seiten der Wolga sind zu einer Republik der Wolgadeutschen zusammengefaßt worden (700000 E., davon rund 500000 Deutsche). Hauptstadt Pokrowsk.

Außenbesitz. Der asiatische Besitz Rußlands, Zentralasien und Sibirien, umfaßt reichlich 16 Mill. qkm mit etwa 25 Mill. Bewohnern.

XII. Rumänien.

Früher	140000	qkm mit	7,3	Mill. Einw., d. i.	52	auf 1 qkm.
Jetzt	316000	„ „	17,4	„ „ „ „	55	„ 1 „

Überblick und Lage. Die neuen Grenzen umschließen ein fast gleichmäßig abgerundetes Gebiet zwischen Dnjestr und Donau, zwischen dem Schwarzen Meer und der Westgrenze des Siebenbürger Hochlandes. Das Staatsgebiet gliedert sich in zwei vollkommen verschiedene Teile: 1. das Siebenbürger Hochland, 2. das Tiefland der Donau und des Pruth (Walachei, Dobrudscha, Moldau und Beßarabien). Vom Tiefland aus führen nur wenige Wege über den hohen Wall der Karpathen und der Transsilvanischen Alpen. Aus Siebenbürgen leiten dagegen breite Tore nach Ungarn hinein, mit dem die Geschicke des Berglandes seither verknüpft waren. — Innerhalb der neuen Grenzen wohnen außer Rumänen beachtliche Volksteile der Ungarn und Ruthenen, außerdem Deutsche ($^3/_4$ Mill.). — Rumänien ist das Endland des großen Donauweges; es liegt zwischen Osteuropa und dem Balkan. Es hat dieselbe Breitenlage wie Südfrankreich, aber viel heißere Sommer und strengere Winter als jenes (Einfluß des osteuropäischen Klimas).

Wirtschaft. 1. Siebenbürgen. — Die hohen Randgebirge sind fast ausschließlich ein Gebiet der Waldnutzung. Der Waldboden ist in ganz Siebenbürgen umfangreicher als die Ackerflächen. In dem Berg- und Hügellande innerhalb der Randgebirge sind Ackerbau und Viehzucht gut gepflegt; doch liegt der besondere Vorzug des Landes in dem Reichtum an Bodenschätzen (Gold, Silber, hochwertige Eisenerze, auch Braunkohle und Salz). Siebenbürgen hat die stärksten Erdgasquellen Europas, die für den städtischen Bedarf und die Industrie nutzbar gemacht werden. Damit verbindet sich eine immerhin beachtliche Industrie (Roheisen, Eisenwaren, Papier, Wollwaren), für die Kronstadt und Hermannstadt die Hauptorte sind.

2. Das Tiefland. — Die Ebenen der Donau und des Pruth sind ein großes Gebiet hohen Ackerertrages, begünstigt durch Klima und Boden. Die reichen Ernten an Weizen, Mais, Wein, Obst und Tabak ermöglichen eine für Westeuropa sehr wichtige, starke Ausfuhr. Bergbau und Industrie sind zunächst wenig entwickelt; nur die Erdölquellen am Südrande der Gebirge sind durch fremde Unternehmer ausgenutzt worden; sie liefern steigende Erträge.

Handel und Verkehr. Rumänien wird nach wie vor ein Land sein, das große Mengen landwirtschaftlicher Erzeugnisse an das Ausland abgeben kann und dagegen Industriewaren einführen wird. Deutschland, das in diesem Warenaustausch früher eine hervorragende Stelle einnahm, ist noch immer stark zurückgedrängt. — Die Donau ist, trotzdem sie zum Teil Grenzfluß ist, eine Lebensader des Landes. Ihre Haupthäfen sind Galatz und Braila. Der Landverkehr strebt über die Pässe der Transsilvanischen Alpen der Landeshauptstadt Bukarest (348000) zu, einer Großstadt westeuropäischen Gepräges; von hier aus verzweigen sich die Eisenbahnen nach S (Konstantinopel) und O (Konstanza).

XIII. Ungarn.

Früher	325000 qkm	mit	21 Mill. Einw.,	d. i.	64	auf	1 qkm.
Jetzt	93000 „	„	8,0 „ „	„ „	86	„	1 „

Überblick. Ungarn ist durch die Friedensbedingungen auf etwa den vierten Teil seines ehemaligen Landbesitzes beschränkt worden. Nur im N umfaßt es ein ausgedehnteres Bergland, das sich vom Donauknie nach den Karpathen hinzieht. Das übrige Gebiet bildet den Hauptteil des großen Senkungsgebietes zwischen den Alpen und den Karpathen, das Stromland der Donau und der Theis. Vom Meere ist das Land gänzlich abgeschnitten.

Natur des Landes. Zu unterscheiden sind demnach ein kleines Oberland und das weite Tiefland; hier sind die Pußten weitgedehnte Ebenen, die früher fast ausschließlich als Weideland ausgenutzt wurden. Mit kalten Wintern wechseln dort heiße, regenarme Sommerzeiten. Weizen-, Mais-, Wein- und Obstbau geben hervorragende Erträge. Das flache, fast baumlose Tiefland ist das Gebiet großer Dörfer; nur drei Großstädte: Budapest (929000), die Landeshauptstadt, Szegedin und Debreczin.

Wirtschaft. Landwirtschaft und Viehzucht sind durchaus vorherrschend. Sie liefern Ausfuhrwerte an Weizen, Mais, Zucker, Tabak und Gemüse, bisher und auch wohl künftig vorwiegend nach Mitteleuropa. Der berühmte Ungarwein reift am besten an den vulkanischen Höhen des Oberlandes (Tokay, Erlau, Rust, Budapest, Fünfkirchen). Die ungarische Rindvieh- und Pferdezucht ist berühmt, Schweinezucht weit verbreitet.

Seine Bergbaubezirke in Oberungarn und Siebenbürgen hat das ungarische Volk eingebüßt. Nur das wichtigste Steinkohlengebiet von Fünfkirchen ist ihm belassen; doch reicht die Kohlenförderung für die Entfaltung einer großen Industrie nicht aus. Diese steht noch im Anfange ihrer Entwicklung. Sie verbindet sich hauptsächlich mit der Landwirtschaft: Mühlenindustrie (Budapest), Brauerei, Spiritus- und Stärkegewinnung. Budapest, Szegedin und Arad sind die Hauptorte der gewerblichen Betätigung.

XIV. Die Mittelmeerländer.

a) Die Verkehrsbedeutung des Mittelmeeres. Das europäische Mittelmeer dient nicht nur wie im Altertum der Verbindung der südeuropäischen, nordafrikanischen und vorderasiatischen Gebiete untereinander. Seit Eröffnung des Suezkanals und seit der Erbauung der Bagdadbahn liegt vielmehr seine Hauptbedeutung in der Vermittelung des West-Ostverkehrs. Daran nehmen allerdings nur zwei Mittelmeerländer wesentlichen Anteil: Frankreich und Italien. Der Hauptverkehr kommt durch die Straße von Gibraltar. Diese sowohl, wie auch Malta, am Übergange vom westlichen in das östliche Mittelmeer, Zypern und Ägypten befinden sich im Besitze Englands. Da außerdem die Meerengen (Dardanellen und Bosporus) dem Einflusse der Türkei entzogen sind, ist der Mittelmeerverkehr der Macht der Völkerbundstaaten, namentlich Englands, unterstellt.

Der Suezkanal (vollendet 1869) zwischen dem Mittelländischen und dem Roten Meere (Port Said und Suez) ist den größten Ozeanschiffen zugänglich und wird von ihnen in 10 Stunden durchfahren. Seine Länge beträgt 160 km. Der Kanal kürzt die Fahrt von Nordwesteuropa nach Südasien etwa um die Hälfte ab; er wird insbesondere von britischen Schiffen sehr lebhaft befahren; die niederländische Flagge steht an zweiter Stelle (Ostindien!); dann folgen die deutsche und die französische Flagge.

Die Anatolische und die Bagdadbahn, letztere von Deutschen gebaut und von den Engländern vollendet, stellen die kürzeste Verbindung von Europa nach dem Persischen Golf dar. Da außerdem die Bahn Kairo—Jerusalem im Kriege vollendet wurde, ist eine fortlaufende Bahnverbindung von Konstantinopel bis tief nach Afrika hinein vorhanden.

b) Die Natur der Mittelmeerländer. Das Mittelmeer ist ein Einbruchsgebiet im Bereiche der großen Faltengebirgszüge, die Südeuropa, Nordwestafrika und Vorderasien durchziehen. Daher sind die Küsten reich gegliedert, und das Meer reicht weit in den europäischen Erdteil hinein. Die südeuropäischen Halbinseln sind aber durch geschlossene Gebirge (Karte!) vom Rumpfe des Erdteils getrennt; so bieten sich wenig bequeme Eingangstore nach dem Norden (welche!). Nordafrika wird im S durch einen Wüstengürtel abgeschieden. Hier öffnet nur der Nil die Pforte zum Innersten des Erdteils.

Die Mittelmeerländer haben subtropisches Klima, das sich durch höhere Jahreswärme und geringere Niederschläge, vorwiegend Winterregen, kennzeichnet. Je weiter nach N, desto mehr nimmt die Trockenheit ab und die Winterkälte zu. Die Ebenen sind räumlich begrenzt. Kalk-, Schutt- und Sandböden sind häufig; sie lassen die Niederschläge versickern. Wasserreiche Flüsse sind daher in dem Gebiete selten. Der Steppencharakter tritt vielfach hervor. Wo die Niederschläge ausreichen und künstliche Bewässerung nachhilft, da allerdings zeitigt der Boden unter dem heiteren Himmel reiche und mehrfache Ernten.

Neben Weizen, Mais und Reis gedeihen Gemüse, Obst, Wein, Tabak und Südfrüchte aller Art (Orangen, Mandeln, Feigen, Kastanien, Datteln usw.) in üppiger Fülle. Der charakteristische Baum des Mittelmeergebietes ist der Ölbaum. Flachs und Hanf sind in Italien heimisch. Die Baumwolle wird, wenn auch in geringem Umfange, angebaut. Der Wald bietet in den größten Teilen nicht die Erträge wie in Mitteleuropa; Korkeiche und gerbstoffhaltige Pflanzen liefern Ausfuhrwerte. — In der Tierwelt ist namentlich die Seidenraupe für die südeuropäische Wirschaft bedeutsam.

Auffallend ist der Mangel an Mineralien, insbesondere an Kohlen in den größten Teilen des Mittelmeergebietes.

Nach der Bevölkerung ist der romanische Teil im W von dem griechisch-slawischen Teile im O zu trennen. Ein Gebiet größter Bevölkerungsdichte stellt nur

Italien dar. Es ist daher auch das einzige Land mit hervorragender industrieller Betätigung. — Durch das Mittelmeergebiet zieht die Scheidelinie zwischen dem christlichen und dem islamitischen Kulturkreise.

c) Die südeuropäischen Halbinseln.

1. Die Balkan-Halbinsel.

Aufbau. Der Westen der Halbinsel wird von den langen Faltengebirgszügen der Dinarischen Alpen ausgefüllt, die sich bis in den S des Peloponnes fortsetzen. Ihre Kalkberge und Hochflächen (Karst) sind unfruchtbar; die Bodennutzung bleibt daher auf die Küstenebenen, die Längstäler und die Bodensenken (Poljen) beschränkt. In Griechenland zweigen sich Bergzüge girlandenartig nach O ab und setzen sich in den Inseln des Ägäischen Meeres fort. — Der Hauptteil der Halbinsel, östlich des Schar Dagh (3000 m), ist von alten Gebirgen erfüllt; unter ihnen sind Balkan und Rhodopegebirge die bedeutsamsten. Zwischen diesen Bergländern liegen fruchtbare, weite Senken, durchzogen von Flüssen (Karte!). Der S des östlichen Teiles verfügt über das ausgedehnteste Tiefland der Halbinsel.

Die staatliche Gliederung ergibt sich aus Skizze 56.

Jugoslawien, die Vereinigung von Serbien, Montenegro, Bosnien, Herzegowina, Kroatien, Slawonien, Krain und dem Süden Steiermarks und Kärntens. Da Fiume und Zara unter italienische Oberhoheit kamen, fehlt es dem Lande vorläufig an einem geeigneten Hafen, obwohl ihm ganz Dalmatien gehört. — Im Gebiete der Donau und ihrer Nebenflüsse gedeihen in reichem Maße Weizen, Mais, Tabak, Obst (Pflaumen), Wein und Hanf. $^{9}/_{10}$ der Bewohner leben von der Landwirtschaft, die noch sehr entwicklungsfähig ist. Der Bergbau auf Kohle und Eisenerze in Bosnien, auf Kupfer in Serbien beginnt sich auszudehnen, ebenso die Verwertung des Holzes ($^{1}/_{3}$ Wald). Das heimische Gewerbe (Teppiche, Leder) hat sich noch nicht zur großen Industrie entfaltet. Jugoslawien ist ein Land der Zukunft. — Die Volksbildung steht noch auf niedriger Stufe. Neben den Slawen wohnen im Lande 660 000 Deutsche. Sie machen mit ihrer Zahl in der sog. Wojwodina, den früher ungarischen Gebietsteilen, etwa 33% der Gesamtbevölkerung aus. Hauptstadt: Belgrad (Verkehrsbedeutung), doch wird als Sitz der Landesverwaltung wohl Agram in Frage kommen.

Skizze 56. Balkan-Halbinsel.

Bulgarien. Das Land liegt zwischen der Donau und den Südhängen des Rhodopegebirges, zwischen dem Schwarzen Meere und den Grenzbergen des Morawatales. Es wird durchzogen von der Klima- und Wasserscheide des Balkan, einem geschlossenen Gebirgswall, der in wenigen Pässen (Schipkapaß) überschritten wird. Ein einziges tief eingeschnittenes Flußtal greift durch das Gebirge hindurch; in ihm liegt die Landeshauptstadt Sofia. Zum Ägäischen Meere hat das Land keinen eigenen Zugang; doch soll ihm der Hafen Dedeagatsch geöffnet werden. Ausfuhrhafen am Schwarzen Meere ist Warna. — Auch die Bulgaren sind in erster Linie Bauern und Gärtner. Die Bodennutzung wird durchweg in althergebrachter Weise betrieben; $^1/_3$ des Bodens ist Wald und Weide, $^1/_3$ Acker, $^1/_3$ Brache. Dennoch liefert das Land bedeutende Ernten an Weizen, Mais, Zuckerrüben, Tabak, Wein, Obst und Ölfrüchten. Besonders zu erwähnen ist die Rosenzucht am Balkan. Ein wesentlicher Teil des Ernteertrages wird ausgeführt. Der Bergbau ist ohne Belang, die Industrie im Anfange ihrer Entwicklung (Großmühlen, Zucker-, Spiritusfabriken, Webereien). — Die Bulgaren sind ein strebsames, zähes, tatkräftiges Volk, dessen Bildung auf anerkennenswerter Höhe steht.

Griechenland ist der Beherrscher des Ägäischen Meeres; ihm gehört seine ganze Nord- und Westküste und die Inselwelt. — Das gebirgige Land ist mit seinem Ackerbau in der Hauptsache auf die räumlich beschränkten Ebenen angewiesen. Die Ernten reichen nicht aus. Wald und Weide für Schafe und Ziegen beherrschen die Höhen. Ein großer Teil des Bodens liegt brach. Ausgeführt werden Korinthen, Wein, Tabak, Feigen und Öl. Die Gewerbetätigkeit ist nicht unbedeutend, und der Abbau des Marmors (Paros) wie des Schmirgels (Naxos) beschäftigt manche Hand; dennoch bietet das eigene Land den Griechen nicht genug Gelegenheit zu lohnendem Erwerb. Der Grieche ist der erfolgreiche Kaufmann des nahen Orients. — Landeshauptstadt: Athen mit dem Vorhafen Piräus (zusammen 425000); im N tritt Saloniki bedeutsam hervor.

Die **Eur. Türkei** besteht aus Thrazien östlich der Maritza (24000 qkm mit 1,8 Mill. E.) und ist der kleine europäische Vorplatz der 1923 begründeten asiatischen Republik. Diese bedeckt eine Gesamtfläche von $1^1/_4$ Mill. qkm und zählt 13,4 Mill. E. Die wirtschaftliche Vormacht verbleibt in diesem Reiche dem Westen und Nordwesten; daher wird Konstantinopel (1200000) trotz der Verlegung der Regierung nach Angora die führende Stadt bleiben.

2. Die Apenninen-Halbinsel.

Dem Königreich Italien fielen durch den Friedensvertrag Südtirol, das Küstenland, Istrien und einige dalmatinische Inseln zu; es erreichte damit einen Umfang von 310000 qkm mit 38,8 Mill. E. (125 auf 1 qkm) und die unbedingte Herrschaft über das Adriatische Meer, zumal Triest, Fiume und Zara unter italienische Oberhoheit gekommen sind.

Aufbau des Landes. Die schmale Halbinsel wird vom Bogen der Apenninen durchzogen, die sich in Sizilien fortsetzen. Zwischen ihnen und den Bergen Korsikas (französisch) und Sardiniens ist das Land eingebrochen; die Bewegungen der Erdrinde sind hier noch nicht zur Ruhe gekommen (tätige Vulkane: Vesuv, Aetna, Stromboli). Die Halbinsel wendet ihre wenig zugängliche Rückseite der Adria zu, das Gesicht dem Tyrrhenischen Meere. Auf dieser Seite sind den Bergzügen wohlbeschützte, fruchtbare Ebenen vorgelagert, von denen die südlichste (Campanien) das Paradies Europas genannt zu werden verdient. Das sumpfige Küstenland ist aber, soweit es nicht entwässert wurde, ein Herd der Malaria und daher unbewohnbar. Zur Ausbildung größerer Flüsse bietet die Halbinsel keinen Raum.

Das weite Senkungsfeld zwischen Apenninen und Alpen, das Gebiet des Po und der zahlreichen Alpenflüsse, ist eine fruchtbare Ebene, die auch klimatisch den Übergang von dem sonnigen Italien nach Mitteleuropa darstellt. Beträchtlich ist der Anteil Italiens an den Alpen, deren Täler und Pässe den Verkehr nach Turin, Mailand,

Skizze 57. Apenninen-Halbinsel.

Verona und Venedig lenken. Durch die Neuerwerbungen hat Italien Anteil an den unfruchtbaren Höhen der Karst erhalten.

Wirtschaft. In der Landwirtschaft findet mehr als die Hälfte der italienischen Bevölkerung ihren Erwerb, obwohl einerseits der Großgrundbesitz mit seinem Pachtsystem der Bodennutzung nicht förderlich ist und obwohl andererseits Dünen u. Sümpfe in der Poebene und an den Küsten den nutzbaren Boden einschränken. Ohne Bewässerung kommen die Ebenen Süditaliens aus. Sonst spielt überall die künstliche Bewässerung eine ausschlaggebende Rolle. — Die Brotfrucht des Landes ist der Weizen, dessen Ernten aber den Landesbedarf nicht decken. In der Poebene östlich Mailand überwiegt der Anbau von Mais; hier wird auch Reis in einem Umfange angebaut, daß eine nicht unbeträchtliche Ausfuhr möglich wird. Der Weinbau ist im ganzen Lande heimisch und liefert ebenso wie die Pflege des Ölbaums (Skizze 57) hohe Ausfuhrwerte. Italien ist nach Spanien das olivenreichste Land. Die Ernte Süditaliens und Siziliens an Südfrüchten aller Art gelangt mehr als zur Hälfte in den Außenhandel, für den ebenfalls die Blumen- und Gemüsegärtnerei in steigendem Maße tätig ist.

Demgegenüber tritt die Viehzucht zurück. Die Seidenraupenzucht Oberitaliens (Skizze 57) ist dagegen so stark entwickelt, daß Italien darin nur von China und Japan übertroffen wird.

Bergbau und Industrie beschäftigen reichlich $1/4$ der Gesamtbevölkerung. Steinkohlen fehlen. Braunkohlen werden in geringem Maße gefördert. An Schwefel liefert das Land $4/5$ der Welterzeugung aus dem O und S Siziliens; Hauptausfuhrplatz: Catania. Beachtlich ist der Bergbau auf Blei und Zink in Sardinien. Die Insel Elba verfügt über größere Lager hochwertigen Eisenerzes, die hier, an der gegenüberliegenden Küste und bei Neapel verhüttet und auch ausgeführt werden. Ganz bedeutend ist der Abbau von Marmor in den Westalpen (Carrara).

Die Fabrikindustrie ist jung. Die Dichte der Besiedelung drängte zur Auswanderung oder zur gewerblichen Betätigung; diese wurde durch die natürlichen Hilfsquellen des Landes, durch die Ausnutzung der Wasserkräfte im N und durch die Gunst des Seeverkehrs gefördert. Oberitalien und einige Hafengegenden sind daher die Hauptindustriebezirke. Am stärksten tritt die Seiden- und Baumwollweberei Norditaliens hervor. Como ist der Mittelpunkt der Seidenverarbeitung; Florenz liefert weltbekannte Strohflechtereien. Alte Kunstindustrien haben einen weiten Ruf, so die Herstellung von Musikinstrumenten (Cremona), von Schmuckwaren (Venedig, Florenz, Genua), von feinen Glaswaren (Venedig), von Töpfereien (Faenza), von Uhren (Mailand, Turin, Florenz). Turin wurde der Mittelpunkt einer hervorragenden Automobilindustrie. Der Schiffbau entwickelte sich besonders in Genua, Spezia, Neapel und Venedig.

Alle diese Industrien arbeiten gemeinsam mit anderen für den Weltmarkt, in dem Italiens Stellung immer bedeutender wird. Hierzu trägt die günstige Verkehrslage Italiens wesentlich bei. Das Schwergewicht der Wirtschaft liegt im N des Landes. Hier hat sich Italien durch die Aneignung Triests und Fiumes weitere Stützpunkt für die Ausbreitung seiner wirtschaftlichen und politischen Macht verschafft. — Hauptstadt des Landes ist Rom, die Residenz des Königs und des Papstes, der Mittelpunkt der katholischen Welt (692000). — Der durch die Schönheit des Landes, die Denkmäler alter Kultur und die Stätten der Kunst angezogene lebhafte Fremdenverkehr ist für die Gesamtwirtschaft Italiens von wesentlichem Belange.

Kolonialbesitz in Afrika 2 Mill. qkm mit nur 2 Mill. Einw., darunter Tripolis mit 1 Mill. qkm.

3. Die Pyrenäen-Halbinsel.

Aufbau und Natur des Landes. Die Pyrenäen-Halbinsel ist die größte der südeuropäischen Halbinseln. Vom Rumpfe Europas wird sie durch das steile, schwer zugängliche Gebirge der Pyrenäen getrennt, das von den Eisenbahnen umgangen wird (Karte!).[1]) Das Innere der Halbinsel stellt sich als ein von mehreren Gebirgen durchzogenes Hochland dar, das unter Dürre und Temperaturschwankungen leidet, Steppencharakter trägt und daher landwirtschaftlich nicht überall nutzbar gemacht werden kann. („In Madrid ist es 3 Monate Winter und 9 Monate Hölle.")

Das Hochland ist von Randlandschaften umgeben, die am Atlantischen Ozean bis zum Tajo hinunter mitteleuropäisches Klima mit reichlichen Niederschlägen haben und reich bewaldet sind. In den Randlandschaften des Mittelmeeres ersetzt künstliche Bewässerung die fehlenden Niederschläge. Der Süden hat teilweise fast tropisches Klima. In diesen Gebieten reift die Fülle der Südfrüchte, deren Ernte die italienische noch übertrifft. So liegt das Schwergewicht der Wirtschaft in den Randlandschaften, zumal hier auch der Boden den neuerdings wieder stark genutzten Reichtum an Mineralien birgt.

Von dem Gesamtgebiete entfallen auf

Spanien =	505000 qkm	m. 21,4 Mill. E.	(42 auf 1 qkm),	Hauptstadt	Madrid.
Portugal =	92000 „	„ 6 „ „	(66 „ 1 „),	„	Lissabon.

Gibraltar auf der Südspitze der Halbinsel gehört seit 200 Jahren den Engländern.

Wirtschaft. 1. Spanien. Das Hauptgebiet der Wirtschaft ist die Bodennutzung, die aber vielfach in oberflächlicher Weise betrieben wird und das Land mit Getreide nicht voll versorgt. Dagegen findet eine sehr starke Ausfuhr von Öl, Südfrüchten und Wein statt, namentlich aus den Küstengebieten des Mittelmeeres (Valencia, Málaga). Der Nordosten liefert in großen Mengen Korkeiche. Hier ist auch die Rindviehzucht so

1) Während des Krieges sind zwei Linien fertiggestellt, die das Gebirge überqueren.

stark entwickelt, daß die Selbstversorgung des Landes gesichert ist. Die altberühmte Wollschafzucht des Hochlandes wird auch heute noch in ansehnlichem Umfange betrieben.

Spanien ist eines der ältesten Bergbaugebiete Europas. Die Kupferbergwerke von Rio Tinto (nw. Sevilla) liefern so viel Erz, daß Spanien das fünfte Kupferland der Erde ist. Eisenerze lagern an der Nordküste bei Bilbao, Santander und Oviédo. Der Abbau steigt ständig; 90% werden ausgeführt. Die Lager gehen aber der Erschöpfung entgegen. In der Bleigewinnung (Südspanien) steht das Land nur hinter den Vereinigten Staaten zurück; an Quecksilber gewinnt es bei Almadén im S ¼ der Weltproduktion. Unwesentlich ist das Vorkommen von Stein- und Braunkohlen.

Infolgedessen hat sich eine umfassende Industrie nicht entfalten können. Sie ist verbreitet in Katalonien und an der Nordküste, vereinzelt in Madrid (751 000), Córdoba, Sevilla und Málaga. Als alle überragender Hauptort beherbergt Barcelona (710000) Webereien, Maschinenfabriken, Werften, Brauereien, Schokoladen-, Öl- und Seifenfabriken, somit fast alle Industriezweige, in denen Spanien Bedeutung erlangt hat.

Außenbesitz. Die Kanarischen Inseln (7300 qkm mit 500000 E.) werden in der Verwaltung zum Stammlande gerechnet. Darüber hinaus hat Spanien von seinem einst gewaltigen Kolonialreiche nur etwa 340000 qkm behalten. Hiervon kommen 20000 qkm auf Marokko mit 600000 E. Der übrige Kolonialbesitz (Karte!) zählt nur 190000 E.

2. **Portugal.** Die landwirtschaftlichen Verhältnisse liegen in Portugal ähnlich wie in Spanien. Der Wein liefert den Hauptausfuhrwert. Der Bergbau fehlt fast ganz. Porto (Hafen: Leixóes) und Lissabon sind die Stätten einer im Aufschwung begriffenen Industrie (Webereien).

Kolonialbesitz in Afrika 2,4 Mill. qkm mit 7,7 Mill. E., in Asien 23000 qkm mit 1 Mill. E.

Der Landverkehr der Halbinsel verfügt über zwei Hauptlinien: Paris—Lissabon und Paris—Madrid—Cadiz, an deren Endpunkte der Seeverkehr anknüpft. Haupthäfen sind: Barcelona, Vigo, Valencia, Cadiz und Malaga, Porto und Lissabon.

XV. Wirtschaftsgebiete und Bedeutung Afrikas.

Wirtschaftsgeographisch sind in Afrika folgende fünf Großlandschaften zu unterscheiden:

1. **Der Nordwesten** (Marokko, Algerien, Tunis). Er ist vorwiegend mit Hochland ausgefüllt, hat ausreichende Bewässerung, selbst im Innern, und gestattet daher in vielen Gebieten Bodenbewirtschaftung ohne künstliche Bewässerung. Das Land vermag einen großen Teil seiner wertvollen Ernten an Europa abzugeben und würde als Siedelungsgebiet große Bedeutung erlangen, wenn sein Beherrscher, Frankreich, eine größere Zahl von Kolonisten aussenden könnte. Auch der Reichtum des Landes an Mineralien ist für die europäische Industrie wichtig. Die Kaufkraft der hier wohnenden Halbkulturvölker ist verhältnismäßig bedeutend, die Einfuhr daher größer als diejenige Ägyptens.

2. **Der Nordosten:** Ägypten und das italienische Tripolis. Dieser Teil Afrikas ist, abgesehen von dem Hochland von Barka, flach und trocken. Eine stärkere Besiedelung durch Europäer ist nicht zu erwarten.

Ägypten (fast 1000000 qkm, 12,7 Mill. E.) ist seit 1922 selbständiges Königreich unter maßgebendem britischem Einfluß. Das Flußtal des Nils wird beiderseits durch Wüstengebiete eingeengt (Karte!). Im August—September veranlassen die Niederschläge in Abessinien und im Gebiete des Gazellenstroms eine regelmäßige

Überschwemmung des Tales. Die mitgeführten Schlammassen schenken den Äckern eine natürliche Fruchtbarkeit. Westlich des Unterlaufes erweitert sich das fruchtbare Land in der Senke des Fayum. Da zudem der streckenweise schiffbare Fluß die natürliche Verkehrsader des Landes ist, kann Ägypten mit Recht ein Geschenk des Nils genannt werden. Das dem Anbau und der Siedelung dienende Gebiet hat die Größe Belgiens (31700 qkm); doch erwartet man eine sehr starke Erweiterung des nutzbaren Landes, nachdem das großartige Stauwerk von Assuan wesentlich erhöht worden ist. Die Mündung des Nils ist ein sumpfiges Niederungsgebiet mit verschlossenen Wasserläufen. Der Haupthafen Alexandrien liegt daher westlich der Mündung.

Das Land liefert hochwertige Baumwolle (etwa 6% der Welternte), Baumwollsamen, Zucker, Weizen, Mais und Reis und somit sehr wertvolle Ausfuhrgüter. England ist an der Einfuhr des Landes mit mehr als 1/4, an der Ausfuhr mit 1/2 beteiligt (Baumwolle!). Die Denkmäler und Ruinen der altägyptischen Kultur sowie das heilkräftige Klima ziehen Scharen von Fremden herbei, deren Sammelpunkt die Hauptstadt Kairo (791000) ist. — Die Weltverkehrsbedeutung Ägyptens liegt in der Beherrschung des kürzesten Seewegs nach Asien (Suezkanal s. S. 85).

Der Nilweg und die von Kairo ausgehende Eisenbahn führen ins Herz des Erdteils. Das fast 2,6 Mill. qkm umfassende Gebiet südlich von Ägypten, der Nilsudan, steht unter britisch-ägyptischer Herrschaft. Hauptausfuhrgut ist Gummi; doch breitet sich neuerdings der Baumwollanbau in den bewässerten Landstrichen erfolgreich aus. Die Eisenbahn reicht bis Chartum; ihre Fortsetzung nach dem Süden (Kap—Kairo-Bahn) steht bevor.

3. **Das tropische Westafrika oder Flachafrika.** Es ist das größte Wirtschaftsgebiet Afrikas und beherbergt etwa die Hälfte seiner Gesamtbewohner. Diese stehen unter der Herrschaft Englands, Frankreichs, Belgiens und Portugals. Westafrika ist also reines Kolonialgebiet (Karte!). Das Hochland ist hier räumlich beschränkt, selbst im Innern des Golfs von Guinea (Kamerungebirge). Flachafrika hat daher eine ziemlich gleichmäßige tropische Temperatur (kein Siedelungsgebiet für Europäer!), reiche Niederschläge und infolgedessen zahlreiche Flüsse, die streckenweise dem Verkehr dienstbar gemacht werden können (Niger, Benue, Kameruner Flüsse, Kongo und Nebenflüsse). Durch eine Fülle von Nutzpflanzen wird Flachafrika für die europäischen Beherrscher hochbedeutend. Die Haupterzeugnisse sind: Ölfrüchte, Kautschuk, Baumwolle, Kaffee usw. Ihre Gewinnung ist starker Entwicklung fähig. Die große Zahl der Bevölkerung macht Flachafrika auch zu einem wichtigen Absatzgebiete.

4. **Der hohe Osten des tropischen Afrika** oder **Hochafrika** (Abessinien, Britisch- und Portugiesisch-Ostafrika, Britisch-Zentralafrika). Hierzu gehören, in einer Durchschnittshöhe von 1200 m gelegen, Gebiete, die insgesamt viermal so groß sind wie Deutschland. Im ganzen erhalten diese Länder regelmäßige, aber mäßige Niederschläge; den Flüssen mit Ausnahme des Sambesi kommt keine Verkehrsbedeutung zu; wohl aber können die zahlreichen Wasserfälle als Kraftquellen wichtig werden. Das Klima des am höchsten gelegenen Landes läßt Besiedelung durch Europäer zu. Die Erzeugnisse sind ähnlich denen Flachafrikas; doch tritt hier die Bedeutung des Vieh- und Wildstandes mehr hervor. Im ganzen ist die Erzeugungs- und auch die Kaufkraft Hochafrikas vorläufig geringer als die Flachafrikas.

5. **Das außertropische Afrika.** Im S und SO steigt das Land in mehreren Stufen aus einer fruchtbaren Küstenebene zu einem Gebirge von beträchtlicher Höhe empor; diese Randstufen (Karroo) sind Steppenländer, die den Schafherden, in höheren Lagen auch den Rinderherden weite Weiden bieten. Nach N und W senkt sich das Gebirge zu den großen Hochebenen Innerafrikas ab, die wegen der geringen

Niederschläge den Ackerbau nur in engeren Grenzen zulassen. Der größte Teil ist Steppe. Diese geht in das unbewohnbare Gebiet der Kalihariwüste über, die im W wiederum von den Steppen Südwestafrikas umgrenzt wird. Den Randstufen dieses Gebietes ist nach dem Atlantischen Ozean hin die Sandwüste der Namib vorgelagert. Nach N dehnt sich der südafrikanische Besitz bis in die tropischen Gebiete des Tanganjika- und Njassa-Sees aus. — Die Flüsse des Landes (Oranje, Sambesi) haben wegen ihrer zahlreichen Stromschnellen und Wasserfälle oder wegen ihres unregelmäßigen Wasserstandes wenig oder gar keine wirtschaftliche Bedeutung. — Das Klima läßt überall, auch an der wärmeren Ostseite, Besiedelung durch Europäer zu. Die Eingeborenen (Betschuanen, Kaffern, Hottentotten und Buschmänner) sind vorwiegend Jäger und Hirten. Sie wurden durch die eingewanderten Buren und die ihnen nachfolgenden Briten zurückgedrängt und in deren Wirtschaft nutzbar gemacht.

Die Aufteilung Afrikas.

Selbständige Staaten:	qkm	Einw.
Ägypten	990000	12718000
Abbessinien	800000	10000000
Liberia	95000	2000000
Protektorat (französisch):		
Marokko	416000	5600000
Kolonialbesitz:		
britisch	9910000	50400000
französisch	9219000	29672000
italienisch	2020000	1853000
belgisch	2406000	10153000
portugiesisch	2400000	7737000
spanisch	343000	1289000
	28599000	131422000

Britisch Südafrika. — Die Südafrikanische Union.

Nach der Eroberung Deutsch-Südwestafrikas ist ganz Südafrika mit Ausnahme der portugiesischen Kolonie Mosambik britisch. Die ehemaligen Burenländer Kapland, Natal, Transvaal und Oranje sind zur Südafrikanischen Union mit Selbstverwaltung zusammengeschlossen (1¼ Mill. qkm mit 7 Mill. E., davon 1½ Mill. Weiße). Hauptstadt: Pretoria. Der übrige Besitz Großbritanniens umfaßt hier fast 3 Mill. qkm mit 4 Mill. Bewohnern.

Wirtschaft. Die Landwirtschaft tritt in ganz Südafrika zurück; nur die fruchtbare Ostküste führt Mais und Zucker aus. Geschätzt sind die Weine des Landes, und steigende Beachtung wendet man der Gewinnung von Früchten zu. Das Schwergewicht der Wirtschaft liegt in der Viehzucht, namentlich in der Zucht von Schafen, Ziegen und Straußen, die noch großer Ausdehnung fähig ist; schon jetzt gehört Südafrika zu den bedeutendsten Fleisch- und Wollieferanten der Erde; auch Häute, Milch und Straußenfedern werden ausgeführt. Zurückgehalten wird die Entwickelung vorläufig noch durch die Ausbeutung der Bodenschätze, die viele Arbeitskräfte in Anspruch nimmt. Südafrika ist das erste Goldland der Erde; es liefert die Hälfte alles Goldes, und zwar hauptsächlich aus den Minen Transvaals (Johannesburg) und Rhodesias (Bulawayo). Die Diamantenfelder von Kimberley und Lüderitzbucht ergaben seither ⅘ aller jemals auf der Welt gewonnenen Diamanten. Beachtlich ist der Kupferbergbau im NW des Kaplandes und in Südwestafrika. Seit 1924 tritt Transvaal neben Rußland auch als Platinlieferant der Welt auf. Die Steinkohlenfelder des Ostrandes (Durban) und Transvaals ergaben eine Förderung, die dem sechsten Teile der französischen entspricht; sie ist für die Schiffahrt von großer Bedeutung. Dem Werte nach stellen die Bergbauerzeugnisse Südafrikas etwa ¾ seiner Ausfuhr.

Verkehr. Zwei Hauptlinien durchziehen das Land: 1. Kapstadt—Kimberley—Bulawayo—Katanga im Kongo (Südteil der Kap—Kairo-Bahn); 2. Port Elizabeth—Johannesburg(—Durban)—Pretoria—Lourenco Marques. Im Weltverkehr erhält das Kapland seine Bedeutung als Zwischenstation zwischen Westeuropa und Asien—Australien. Haupthäfen sind: Kapstadt, Port Elizabeth und Durban.

XVI. Die Vereinigten Staaten von Amerika.[1])

Größe des Hauptgebietes ohne Alaska = 7800000 qkm, etwa $^3/_4$ Europa. Bevölkerung 106 Mill. (14 auf 1 qkm), d. i. soviel wie in Deutschland und England.

Lage. Die U. S. A. liegen zwischen zwei Ozeanen (welchen?); über sie führt der kürzeste (für Güter nicht der billigste) Weg von Europa nach Ostasien. Die gewaltige Einbuchtung des Golfs von Mexiko im S und der Schiffahrtsweg des Lorenzstromes im N haben viel zur Entwicklung dieses weiträumigen Gebietes beigetragen.

Natur des Landes. Die Küstenebene am Atlantischen Ozean nimmt von N nach S an Breite zu und geht in die Ebene des Mississippi über. Im S streckt sich den mittelamerikanischen Inseln die Halbinsel Florida weit entgegen, ein Niederungsgebiet voller Seen und Sümpfe. Die atlantische Küste ist von weit eingreifenden Meeresarmen und Mündungstrichtern unterbrochen. (Beachte die Lage der bedeutendsten Häfen!)

Die Küstenebene endet an der sogenannten Fallinie, der Grenze einer schiefen Ebene (Piedmont-Region), die allmählich zum Fuße der Appalachen hinaufführt, einem Gebirge etwa von der Höhe deutscher Bergländer, waldbedeckt, ausgezeichnet durch einen gewaltigen Reichtum an Steinkohle und Erz. Im S wird es als Alleghany-Gebirge, im N als Neuengland-Gebirge bezeichnet. Letzteres, wie auch das Gebiet der Großen Seen (Karte!) verdankt seinen größeren Formenreichtum den Einwirkungen der Eiszeit.

Nach W geht das Gebirge in das große Becken des Mississippi über, ein sanftwelliges Gebiet mit einzelnen, waldbedeckten Bergzügen, zum größten Teile ausgefüllt mit dem Schwemmland des Flusses und fruchtbaren Prärien, die vom Rio Grande im S bis weit nach Kanada hineinreichen. Sie steigen im W zu regenarmen, baumlosen Hochflächen an, die im S dürftig sind, im N aber bei künstlicher Bewässerung auch dem Ackerbau nutzbar gemacht worden.

Der ganze Westen der Union wird von Hochgebirgen eingenommen, dem Felsengebirge einerseits, der Sierra Nevada und dem Kaskadengebirge andererseits; sie umschließen das „Große Becken". Gewaltige Waldungen, ein seltsamer Formenreichtum und wundersame Naturerscheinungen (Yellowstonepark), Bergriesen, die bis zu 4400 m aufstreben, und einsame Seen geben dem Gebirge das eigenartigste Gepräge. Der Reichtum an Erzen lockt zu seiner Erschließung; aber die Ungunst des Bodens und die Unwegsamkeit verhindern eine dichte Besiedelung.

Am Stillen Ozean sind dem Hochgebirge Küstenketten vorgelagert, die weites, fruchtbares Tiefland einschließen, so das Tal von Kalifornien, das sich bei S. Franzisko zum Meer hin öffnet, und die waldrauschenden Gebiete des herrlichen Puget-Sunds im N.

Bewässerung. 1. Das Stromgebiet des Mississippi ist so groß wie Westeuropa. Die Länge des Stromes mißt 6700 km (Rhein = 1320 km). Seine Quelle liegt 450 m hoch; er ist also ein Tieflandsstrom (wie die Wolga) mit mäßigem Gefälle und daher fast auf dem ganzen Laufe der Schiffahrt dienstbar. Nur einmal wird diese durch

1) Im folgenden Abschnitt vielfach abgekürzt mit U. S. A., d. i. United States of America.

Wasserfälle unterbrochen; dort liegt St Paul-Minneapolis, die Stadt der Mahl- und Sägemühlen. Die Nebenflüsse Missouri („Schlammfluß"), Illinois und Ohio sind ebenfalls schiffbar. Dem Hauptstrom werden durch die zahlreichen Nebenflüsse gewaltige Wasser- und Schlammassen zugeführt. Der Verschlammung des Flußbettes beugt man durch künstliche Einengung desselben vor, die aber in den nicht eingedeichten Teilen weite Überschwemmungen zur Folge hat. Am Westarme des weit vorgeschobenen Deltas liegt Neuorleans, der Haupthafen des Südens.

2. Die großen Seen und der Lorenzstrom gehören nur teilweise zu den U. S. A. (Karte!), sind aber für die Entwickelung des Nordens von unschätzbarer Bedeutung geworden. Denn sie sind durch Kanäle zu einem ununterbrochenen Schiffahrtsgebiet vom Ozean bis tief ins Landinnere ausgestaltet, stehen durch Kanäle mit Ohio und Illinois in Verbindung und bieten durch die gewaltigen Niagarafälle zwischen Erie- und Ontariosee der Industrie eine Betriebskraft von 7 Mill. P.S., von denen bereits 5 Mill. durch gewerbliche Werke der Union und Kanadas ausgenutzt werden.

3. Die atlantischen Küstenflüsse (welche?) sind durchweg bis zur Fallinie mittleren Schiffen zugänglich; hier aber bieten sie wiederum nutzbare Wasserkräfte und gaben damit Anlaß zur Entstehung großer Siedelungen (Karte!). Am wichtigsten ist der Hudson, der zu einem Großschiffahrtsweg nach dem Eriesee ausgebaut wird.

Klima. Entsprechend der Größe des Landes ist das Klima außerordentlich verschieden. Der N hat gemäßigte Sommer; diese sind in der Mitte und im S heiß, die Winter dagegen im N und in der Mitte strenge, im S milde. Der ganze Osten leidet unter häufigen Temperaturstürzen und Hitzewellen, mit denen am Golf und im Mississippibecken nicht selten verheerende Wirbelstürme verbunden sind. — Die sonst ausreichenden Niederschläge nehmen im W derart ab, daß hier der Boden nur mit künstlicher Bewässerung ergiebig gemacht werden kann.

Bevölkerung. Die U. S. A. waren früher von Indianern bewohnt, die bis auf einen kleinen Rest (270000) ausgestorben sind. $^7/_8$ der jetzigen Bevölkerung sind Weiße. Die Einwanderung ist seit 100 Jahren ständig gewachsen und betrug vor dem Kriege jährlich mehr als 1 Mill. Den Hauptteil der Einwanderer haben Deutschland und Deutsch-Österreich gestellt (20%); dann folgen Irland und England. In letzter Zeit trat der Zustrom slawischer Völker am stärksten hervor. $^4/_5$ aller Einwanderer landen in Neuyork. Im W (S. Franzisko) beleben Chinesen und Japaner die Städte und Bergbaubezirke. Im Plantagengebiet des Südens treten die Neger, einstmals Sklaven, am bemerkenswertesten auf, sie machen $^1/_9$ der Gesamtbevölkerung aus.

Die Volksdichte ist am größten in den nördlichen und mittleren atlantischen Staaten (48, bzw. 82 auf 1 qkm); drei Staaten haben hier sogar eine dichtere Besiedelung als Deutschland. Nach W und S nimmt die Volksdichte immer mehr ab (Nevada: 0,3 auf 1 qkm). Das Land besitzt 68 Großstädte (Karte!), unter ihnen vier Millionenstädte: Neuyork (5,6 Mill.), Chikago, Detroit und Philadelphia.

Wirtschaft. 1. Landwirtschaft und Viehzucht. In der Landwirtschaft sind das Ackerbaugebiet des Nordens und der Mitte und das Plantagengebiet des Südens zu unterscheiden. Den ergiebigsten Ackerboden bieten die weiten Prärien, einzelne Teile des Waldgebietes an den Seen sowie die mittel- und nordatlantischen Staaten dar. In dem Dreieck Montana—Oklahoma—Pennsylvanien liegen die Staaten, in denen reichlich $^4/_5$ der Ernten an Körnerfrüchten gewonnen werden. Die Hauptfrucht ist der Mais; nach ihm kommt der Weizen; in fast gleichen Mengen wird Hafer geerntet; hingegen tritt der Roggenanbau zurück. — Die amerikanische Landwirtschaft ist vorbildlich geworden durch die Verwendung von Maschinen aller Art. Der Fruchtbarkeit des Bodens ist es in erster Linie zuzuschreiben, daß die Union die größten Mais-, Hafer- und Weizenernten aufweist (amerikanische Maisernte: $^2/_3$ der Welternte, Hafer: $^1/_3$ der Welternte) und damit eines der wichtigsten Ausfuhrländer wird. Neuyork und Chikago sind die bedeutendsten Getreidemärkte.

Im Übergangsgebiete vom N nach dem S tritt ein bedeutender Tabakbau hervor; kein Land der Erde erzeugt annähernd gleiche Mengen. Zwei Drittel der Ernten liefern Kentucky, Nordkarolina und Virginia. Richmond ist der größte Handelsplatz.

Das Haupterzeugnis des Plantagengebietes ist die Baumwolle, die bis hinauf nach St. Louis und Nordkarolina die günstigsten Wachstumsbedingungen findet (guter Boden, Wärme, regelmäßige Niederschläge, hohe Luftfeuchtigkeit). Der Hauptstaat ist Texas (36% der amerikanischen Ernte); ihm schließen sich der Bedeutung nach die Golfstaaten an (Karte!). Dieser „Cottonbelt" liefert 56% der Welternte; $^1/_2$ davon wird im Lande verarbeitet; $^1/_2$ übernimmt Europa. Der größte Teil der Ausfuhr geht über Neuorleans, Mobile und Galveston; der Schwerpunkt des Handels liegt aber in Neuyork.

In den Niederungsgebieten am Golf und in Florida nehmen Reis und Zuckerrohr jährlich mehr Boden in Anspruch; auch die Zuckerrübengewinnung Kaliforniens nimmt an Bedeutung zu; dennoch bleibt Zucker eines der wichtigsten Einfuhrgüter der Union. — Südfrüchte, Blumen, Obst und Wein liefern Florida, die anderen Südstaaten und Kalifornien nach dem N der U. S. A. und nach Europa.

Die Viehzucht verfügt über sehr große Bestände an Pferden, Rindern und Schweinen, vor allem in den Getreidegebieten. Infolgedessen kann die Union eine große Menge Viehzuchterzeugnisse an das Ausland abgeben (Fleisch, Schmalz, Talg, Fleischwaren, Häute usw.). In fast allen Großstädten des N ist eine Schlächtereiindustrie größten Stiles ansässig, vor allem in Chikago (jährlich 3—4 Mill. Rinder, 7—8 Mill. Schweine, 3—4 Mill. Schafe), in Omaha und Kansas City. — Die Schafzucht auf der Halbinsel Michigan und auf den Hochflächen des W ist zwar bedeutsam, deckt aber nicht den Wollbedarf des Landes (Handelsplatz: Boston).

Die Fischerei in beiden Ozeanen, in den großen Seen und den Flüssen ist so ergiebig, daß der Fang etwa 5 bis 6 mal so groß ist wie der deutsche.

Die Appalachen, das Hochland des W, ganz besonders aber das Seengebiet sind die Waldbezirke des Landes. Der Wald wird in rücksichtsloser Weise ausgebeutet und ist vielfach vernichtet. Ihre Bedeutung als Holzlieferanten Westeuropas gaben die U. S. A. mehr und mehr an Osteuropa ab, und neben der Ausfuhr tritt eine fast ebenso große Einfuhr aus Kanada auf.

2. Bergbau. Die U. S. A. besitzen einen unermeßlichen Reichtum an Bodenschätzen. 95% der gesamten Steinkohlenförderung liefern folgende vier Gebiete (Skizze 58): 1. die Appalachen (75%), 2. das Mittelland zwischen Mississippi und Ohio, 3. das Gebiet des Huronensees, 4. das untere Missouri- und Arkansasgebiet sowie Nordtexas. Im W lagern vorzugsweise Braunkohlen. Die Union gewinnt jährlich etwa 45% der Weltförderung. Die Ausfuhr ist gering. — Eisenerz ist weit verbreitet. $^3/_4$ aller dieser Erze kommen aus dem Gebiete des Oberen Sees; hier lagern ebensoviel Erze wie in ganz Europa; das zweite Hauptgebiet sind wieder die Appalachen. Pittsburg wurde der Mittelpunkt der Hochofenindustrie, die überhaupt zur Hälfte auf den Staat Pennsylvanien entfällt. Die Roheisengewinnung der U. S. A. ist doppelt so groß wie diejenige Englands und Deutschlands zusammengenommen.

Kupfer kommt in den Staaten Montana und Arizona sowie am Oberen See

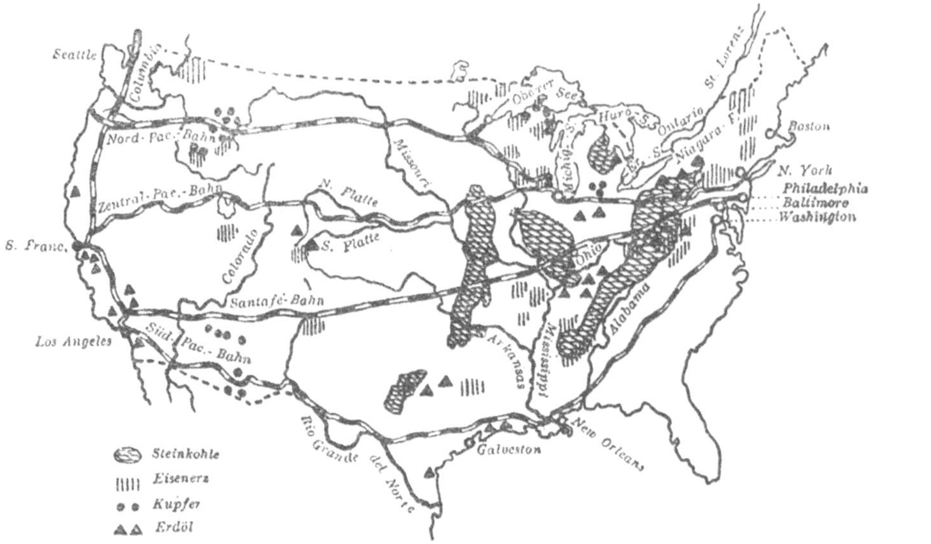

Skizze 58. Vereinigte Staaten von Amerika.

in so großen Mengen vor, daß die Union 55 % der Weltproduktion hervorbringt.[1]) Goldgebiete sind das Felsengebirge und Alaska; sie liefern 15 % alles Goldes, das überhaupt gewonnen wird. Außerdem fördert Amerika neben Blei- und Zinkerzen über $^{3}/_{10}$ alles Silbers. In der Erdölgewinnung nehmen die U. S. A. dieselbe Stellung ein, die ihnen in der Baumwollproduktion zukommt; denn aus den nordamerikanischen Quellen stammen etwa $^{3}/_{4}$ der Weltförderung. Der O (Skizze 58) liefert Leuchtöl; der Schwerpunkt liegt in dem Gebiete zu beiden Seiten der Appalachen. Kalifornien fördert große Mengen Heizöl, das in dem kohlenarmen Gebiete besonders wertvoll ist.

3. Industrie. Auf der Grundlage der Bodenschätze und der Bodenkraft hat sich die Industrie machtvoll entwickelt. Der praktische Sinn und die Geschäftstüchtigkeit des Amerikaners haben manches Vorbildliche geschaffen. Die Rücksichtslosigkeit der Unternehmer und der Zusammenschluß gleichartiger Betriebe zu sog. Trusts sichern die Herrschaft.

Die Hauptindustrien und ihr Anteil an den produzierten Werten sind: 1. die Eisen-, Metall- und Maschinenindustrie (25 %), 2. die Nahrungsmittelindustrie (20 %), 3. die Textilindustrie (16 %), 4. die chemische Industrie (10 %), 5. die Holzindustrie (6 %), 6. die Papierindustrie (7 %). Andere bedeutende Gewerbezweige: Leder- und Schuhwaren-Herstellung, Tabakindustrie, Tonwarenfabrikation.

Der Schwerpunkt der Industrie liegt im NO, in den Neuengland- und nordatlantischen Staaten (Gründe: 1. dichteste Besiedelung, 2. günstige Lage zu den Seen und dem Ozean, 3. Nachbarschaft der Kohlen- und Eisenbezirke); $^{2}/_{5}$ aller Industriewerte werden in den Staaten Neuyork, Neuyersey, Massachusetts und Pennsylvanien erzeugt. Hauptorte: Neuyork und Umgebung, Pittsburg-Alleghany, Providence und Boston, Baltimore, Philadelphia und Richmond. An 2. Stelle steht das

1) Ganz Europa etwa 6 %; daher starke Abhängigkeit von der Union. Handel über London.

Gebiet der großen Seen; es ist begünstigt durch den Reichtum an Erzen, Waldungen und Viehherden, die Nähe der Prärien, durch Wasserstraßen und Wasserkräfte. Chikago, Gary[1]), Milwaukee, Cleveland, Detroit und Buffalo sind die Hauptplätze. Von hier aus dringt die Industrie in das Mississippital vor (St. Paul, St. Louis, Kansas City). Im S treten Neuorleans und Atlanta mit gewerblicher Betätigung hervor, im Weide- und Bergbaugebiete des Westens nur Denver und Salt Lake City. Am Großen Ozean überragt S. Franzisko alle anderen Plätze. Im äußersten N werden Portland, Olympia und Seattle begünstigt durch die Wasserkraft ihrer Flüsse, die Nähe der Erzgruben, die ungeheuren Waldbestände und die Fruchtbarkeit ihrer Umgebung.

4. Handel und Verkehr. Der Hauptteil des Seeverkehrs entfällt naturgemäß auf die atlantische Küste und das Seengebiet, und zwar etwa $^9/_{10}$ des gesamten Schiffsverkehrs. Der Haupthafen ist Neuyork; hier landet allein $^1/_3$ aller Güter. — Im Binnenverkehr fällt ein wesentlicher Teil der Frachten den Wasserstraßen zu (siehe S. 93!), indessen setzte erst in der Neuzeit deren planmäßiger Ausbau ein. Von hervorragender Bedeutung wurde der Bau großer Überlandbahnen (Skizze 58), die durch Nordsüdbahnen miteinander verbunden sind; ein Eisenbahnnetz in europäischem Sinne hat jedoch nur der NO. Durch den 1914 eröffneten Panamakanal erfährt der Verkehr der amerikanischen Westküste mit dem Golf und der Ostküste eine starke Belebung. Durch ihn wurde der Seeweg Neuyork—San Franzisko um 13000 km, Neuyork—Yokohama um 6000 km verkürzt.

Die U. S. A. stehen unter den Welthandelsmächten an zweiter Stelle; ihre Ausfuhr übertrifft die Einfuhr. Die Ausfuhr setzt sich zusammen zu 20 % aus Nahrungsmitteln, zu 36 % aus Fabrikaten und zu 44 % aus Rohstoffen und Halbfabrikaten. An dem Gesamtaußenhandel der U. S. A. sind Europa mit 42, Nordamerika mit 26, Südamerika mit 10, Asien mit 20 % beteiligt; auf Deutschland allein entfallen 7 %. Unter den Ausfuhrländern der U. S. A. steht es an dritter Stelle. Die Einfuhr kommt hauptsächlich aus den Tropen (Kolonialprodukte, Gummi, Seide, Faserstoffe, Zucker) und aus den europäischen Industriegebieten (Fabrikate, Chemikalien). Durch den Ausgang des Weltkrieges ist die Gesamtbedeutung der amerikanischen Wirtschaft und Weltverkehrsstellung ganz außerordentlich gestärkt worden. Der Anteil der U. S. A. an der Welthandelsflotte beträgt mehr als $^1/_5$; damit ist die Union die zweite Seemacht geworden. (Merke die Haupthäfen!)

Außenbesitz.

In Nordamerika (Alaska) . . .	1530000 qkm	=	55000 E.
„ Mittelamerika (Porto Rico, Jungfrauen-Inseln)	9200 „	=	1326000 „
„ Asien (Philippinen)	296400 „	=	10314000 „
„ Ozeanien (Guam, Tutuila, Hawai-Inseln)	17700 „	=	280000 „
	1853300 qkm	=	11975000 E.

Alaska wurde bereits 1867 von Rußland angekauft, der übrige Besitz um die Jahrhundertwende erworben. Das menschenarme Alaska liefert vor allem Gold, Silber und die Ergebnisse des Fischfangs. Die Haupterzeugnisse der tropischen Kolonien sind Zucker, Tabak, Kaffee, Reis, Früchte und Gespinstfasern (Manilahanf). Die besondere Bedeutung der mittelamerikanischen Inseln liegt in der Sicherung des Verkehrs durch den Panamakanal.

1) Gary ist ausschließlich Fabrikstadt des Stahltrusts; es hatte 1906: 350, 1913: 50000 Einw.

XVII. Britisch Nordamerika.

Überblick: Ganz Nordamerika nördlich der U. S. A. ist mit Ausnahme von Alaska britisch. Das große Gebiet (vergleiche es mit Europa!) umfaßt:

das Dominion Kanada	9660000 qkm;	8788000 E.
Neufundland	111000 „	254000 „
das zu Neufundland gehörige Labrador	311000 „	4000 „
	10082000 qkm;	9046000 E.

Hauptstadt: Ottawa.

Natur des Landes. Das Festlandsgebiet besteht im weiten Umkreis der Hudsonbai aus einer unebenen Gneis- und Granitplatte, die im W und S von einer Reihe großer Seen begrenzt wird. Das ganze Gebiet steht den Einwirkungen des polaren Klimas offen; die Getreidegrenze senkt sich hier bis in die Breite Mitteldeutschlands herab. Der hohe Norden und die hohe Nordküste des unwirtlichen Labrador (kalte Strömungen!) sind erfüllt von Tundren, die von einem breiten Nadelwaldgürtel umsäumt werden. Nur in einem verhältnismäßig schmalen Streifen nördlich der großen Seen, am Lorenzstrom und im Küstengebiet erweisen sich Boden und Klima der menschlichen Wirtschaft günstig. Strom und Seen stellen nach Fertigstellung großer Kunstbauten einen ununterbrochenen Verkehrsweg dar, so daß kleinere Seeschiffe bis nach Chikago gelangen können. Hier liegt daher das erste große Siedlungsgebiet des Landes.

Westlich der Seenreihe (vom Winnipeg- zum Bärensee) reicht die von fruchtbarem Prärieboden bedeckte Tiefebene der U. S. A. weit nach N hinauf. Das kontinentale Klima bietet mit seinen warmen Sommern die Möglichkeit des Getreidebaus, dessen Nordgrenze hier bis 60° hinaufgeht. Die Trockenheit reicht für den Waldwuchs nicht aus; so bietet sich hier ein weitgedehntes echtes Farmgebiet dar, das — namentlich westlich des Winnipegsees — zum zweiten bedeutsamen Siedelungszentrum Kanadas wurde. In zwei Stufen steigt das Tiefland zu den waldbedeckten Höhen des Felsengebirges hinauf, das das Land nach dem Stillen Ozean hin abriegelt. Das einzige wichtige Verkehrstor öffnet sich hier im äußersten Süden nach der Insel Vancouver zu.

Im N sind die Flüsse und Seen den größeren Teil des Jahres mit Eis bedeckt; selbst Montreal ist im Winter für die Schiffahrt gesperrt (Haupthafen für den Winterverkehr = Halifax). Der Landverkehr ist daher abseits vom Lorenzstrom und den großen Seen auf die Eisenbahnen angewiesen, deren beide Hauptlinien von der atlantischen Küste durch die südlichen Siedelungsgebiete einerseits nach Vancouver, andererseits durch die Getreidezone hinauf bis in das Goldgebiet am Yukon streben.

Wirtschaft des Landes. Kanada ist ein Ackerbauland von hervorragender Bedeutung für die Versorgung der Welt (große Ernten, geringer Eigenbedarf!). Der nutzbare Ackerboden wird auf einen Umfang von der dreifachen Größe Deutschlands geschätzt; davon ist aber erst ein geringer Teil unter den Pflug genommen. Der SO (Ontario, Quebeck und das Küstenland) bevorzugen wegen des fruchtbaren Klimas und der entwickelten Viehzucht den Anbau von Hafer. Hier ist auch eine für bedeutenden Export tätige Molkerei- und Schlachthausindustrie ansässig. Das trockene Mittelland — die Prov. Manitoba, Alberta und Saskatschewan — zeitigt dagegen den Hauptteil der großen kanadischen Ernten an Weizen und Gerste. Hierfür ist Winnipeg der weltbedeutende Stapel- und Handelsplatz.

Neben Acker und Weide bietet der kanadische Wald, der mindestens $^1/_3$ des Bodens bedeckt, große Werte dar. Die weitesten Bezirke zusammenhängender Forsten besitzt Brit. Kolumbien; er verfrachtet große Mengen wertvollen Nutzholzes, während der SO, besonders die Prov. Quebeck, aus seinen großen Holzstoffabriken 80% der Erzeugung in die U. S. A. ausführt.

Die Bedeutung der kanadischen Seefischerei liegt vornehmlich in dem Fischreichtum der Neufundland-Bank (Zusammentreffen kalter und warmer Meeresströmungen). Ihr dient der vierte Teil der Inselbevölkerung. Auch für Neuschottland ist die Fischerei von besonderer Wichtigkeit. Große Werte von Kabeljau, Heringen, Hummern, Austern und Robben werden jährlich ausgeführt. — Die immer noch reichen Erträge der Pelztierjagd, neuerdings auch der Pelztierzucht kommen hauptsächlich in Montreal in den internationalen Handel.

In reichem Maße ist Kanada durch Bergschätze begünstigt; wenn auch der Bergbau noch zurücktritt, so eröffnen sich der Wirtschaft doch unübersehbare Möglichkeiten. Die hochwertigen Erze (Gold, Silber, Kupfer) werden auch im W und hohen N (Yukon-Gebiet) gefördert. Die Hauptbedeutung des Bergbaus liegt aber in den Prov. Ontario, Quebeck und Neubraunschweig (Eisen, Kupfer, Nickel, Asbest). Dieser Bezirk liefert auch die größten Mengen an Kohlen, Erdgas und Erdöl.

Die Industrie hat einen nennenswerten Umfang nur im Seengebiet und im SO. Dort greifen die vereinsstaatlichen Unternehmungen auf kanadischen Boden über; Wasserkräfte, Bergsegen und die Gunst des Verkehrs fördern die Entstehung und die Entwicklung großindustrieller Werke. An den Seen ist Toronto (522000), am Lorenzstrom Montreal (619000) die Industriehauptstadt.

Der Außenhandel ist aktiv. Die Ausfuhr besteht zu 4/5 aus den Erträgen der Farmwirtschaft und der Waldnutzung, nur zu 1/8 aus Bergbauerzeugnissen. Weizen allein stellt 1/3 der Ausfuhrwerte, während Pelze nur noch mit knapp 2% auftreten. Neufundlands Ausfuhrgüter werden dagegen vorwiegend aus der Fischerei gewonnen. — Die Einfuhr besteht zum weitaus größten Teile aus Industrieerzeugnissen.

In den Außenbeziehungen treten die U. S. A. so maßgebend hervor, daß man Kanada als eine wirtschaftliche Provinz der Union ansprechen kann. An zweiter Stelle steht England. Sämtliche andere Länder der Erde müssen sich mit 1/4 des kanadischen Handelsumsatzes begnügen. Deutschland ist in diesem Verkehr stark zurückgedrängt.

XVIII. Südamerika.

18 1/2 Mill. qkm mit 64 1/2 Mill. E., d. i. 3—4 auf 1 qkm.

Lage, Größe und Bevölkerung. Der wenig gegliederte Erdteil (Karte!) ist etwa 35mal so groß wie Deutschland und hat nicht mehr Einwohner als dieses. — Der Äquator schneidet Südamerika im N; der weitaus größte Teil des Landes liegt also innerhalb der Tropen; nur das südliche Drittel gehört der gemäßigten Zone an; es kommt daher für die Besiedelung durch Europäer in Betracht, während diese sich in den Tropen nur in einigen Bergländern seßhaft machen können. Die Bevölkerung setzt sich aus Europäern, namentlich Südeuropäern, Negern, den Nachkommen früherer Sklaven, und Mischlingen zusammen; die Zahl der eingeborenen Indianer geht ständig zurück.

Aufbau und Natur des Erdteils. An der Ostküste steigen zwei getrennte, alte Bergländer auf, das von Guayana (doppelt so groß wie Deutschland) und das von Brasilien (2/3 Rußland). Ihre Durchschnittshöhe entspricht derjenigen der deut schen Mittelgebirge, doch ragen sie in einzelnen Bergen bis zu 2700 m auf. Sie sind hoch genug, um die Gefahren des tropischen Klimas zu mildern und den Europäern den dauernden Aufenthalt zu ermöglichen. — An der ganzen Westküste erheben sich die gewaltigen Ketten der **Anden** (Kordilleren); sie werden durch eine große Zahl von tätigen Vulkanen durchbrochen, die bis zu 7000 m hoch sind. Die Anden machen den Erdteil von der Westküste aus schwer zugänglich und zwingen die Gewässer zum Abflusse nach O.

Die Südspitze des Erdteils bis zum Rio Colorado hinauf wird durch das hügelige **Hochland** von Patagonien ausgefüllt, das sich vom Fuße der Anden allmählich bis zu einer Höhe von 200 m nach O zu senkt. — Zwischen den Berg- und Hochländern liegen weite **Senken**, die Flußgebiete des Orinoko, Amazonas und Parana-La Plata.

Klima. In den Anden beeinflussen die Höhen das tropische Klima; bis zu einer Höhe von 800—1000 m herrscht die Vegetation der tropischen Niederungen; darauf folgt bis zu einer Höhe von 2000 m ein gemäßigtes Klima. Der dann folgende Waldgürtel reicht bis zu 3000 m. In höheren Lagen ist der Boden mit Steppen bedeckt, die schließlich in den höchstgelegenen Gebieten dem ewigen Eise weichen. In der Mitte der Westküste zwischen dem 18. und 30. Breitengrade breitet sich ein fast niederschlagloses Gebiet aus, die Wüste Atacama. — Das ganze weite Gebiet des tropischen Ostens erhält reichliche Niederschläge bis auf das Tal des Orinoko, das daher zum Steppengebiet wird (Llanos). Im Amazonasgebiet veranlassen die Niederschläge eine jährlich wiederkehrende Überflutung des Flußlandes. Unter der Wirkung der tropischen Sonne entfaltet sich hier eine Pflanzenwelt von einer Fülle und Mannigfaltigkeit, wie sie auf der Erde sonst nicht wieder angetroffen wird: das Gebiet der Urwälder (Selvas). Im Innern des Berglandes von Brasilien sind die Niederschläge geringer, da die hohen Randstufen des Ostens den Regen aufhalten. Das kühlere und trockenere Gebiet des Parana-La Plata ist im N Waldland (Gran Chaco), im S Steppe, die sich bis nach Patagonien hinein ausdehnt (Pampas.)

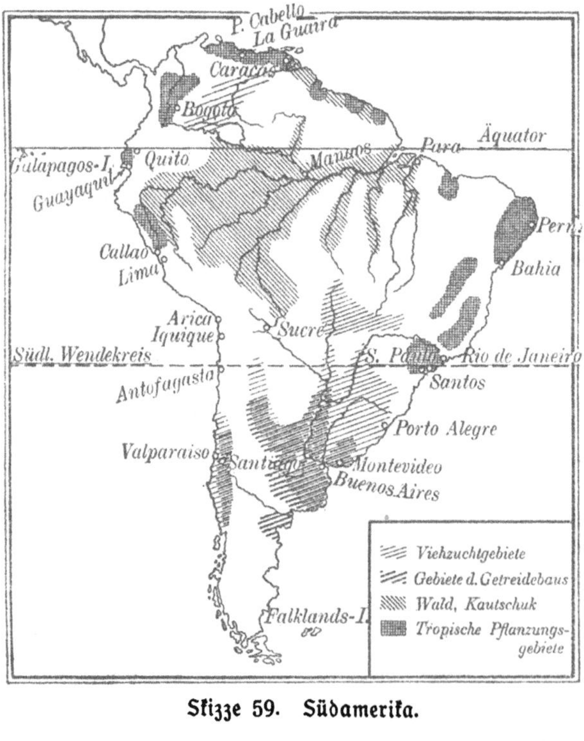

Skizze 59. Südamerika.

Dem Boden u. Klima entsprechend liefert Südamerika Erzeugnisse tropischer Wälder (Hölzer, Kautschuk, Guttapercha usw.), tropischer Pflanzungen (Kaffee, Kakao, Tee, Tabak, Zuckerrohr, Baumwolle usw.) und die Ergebnisse einer großartigen Weide- und Getreidewirtschaft. Der Bergbau fördert Gold, Silber, Kupfer, Zinn und Edelsteine.

Staatliche Gliederung. In Südamerika bestehen zehn Republiken (Karte!). Kolonialgebiet sind nur Guayana, die Insel Trinidad und die Falklandsinseln, insgesamt ein Gebiet von der Größe Deutschlands.

Die Wirtschaft der einzelnen Staatsgebiete.

1. Chile (757000 qkm mit 4 Millionen E.). Der N des langgestreckten Gebietes mit der Wüste Atacama und der äußerste S, das Feuerland, sind wenig bewohnt. Die Hauptbedeutung der Wirtschaft liegt in Mittelchile. Von Arica bis Puerto Montt wird das Land von einem Längstale durchzogen (Eisenbahn); in seiner Südhälfte blühen Ackerbau und Viehzucht. (Die weitere Umgebung von Puerto Montt zählt etwa 20000 deutsche Siedler.) Weizen, Wolle und Fleisch sind bedeutsame Ausfuhrgüter Chiles. Indessen liefern die Bergbauerzeugnisse noch wesentlich höhere Werte; die riesigen Salpetervorräte der Wüste Atacama allein stellen dem Werte nach $^3/_4$ der Ausfuhr (Häfen: Arica, Antofagasta, Iquique). Dazu kommen Kupfer, Silber und etwas Gold, ferner Guano. — Die Industrie beginnt sich zu entwickeln; ihr Hauptort ist Valparaiso, der Hafen der Hauptstadt Santiago (507000). Von hier aus überquert die einzige Überlandbahn des Erdteils (Santiago—Buenos Aires) die Anden.

2. Die La Plata-Staaten. Argentinien (2,9 Mill. qkm mit 9,5 Mill. E.), zwischen den Anden, dem Atlantischen Ozean und dem Bergland von Brasilien gelegen, ist das Gebiet des Hochlandes von Patagonien, der Pampas und des Gran Chaco. Zu diesem Wirtschaftsgebiet gehören außerdem Uruguay (187000 qkm mit 1,5 Mill. E.) und Paraguay (455000 qkm mit 1 Mill. E.).

Die La Plata-Staaten gehören zu den ersten Viehzuchtgebieten der Erde. Die Schafherden und die Rinderherden zählen hier je über 50 Mill. Stück Vieh. Sie sind die zweitgrößten Wollieferanten der Erde und das bedeutendste Ausfuhrgebiet für Rind- und Hammelfleisch, das gesalzen, getrocknet und gefroren in den Verkehr kommt; außerdem werden Fleischextrakt (Liebig-Kompagnie in Fray Bentos), Felle und Häute, Hörner und Haare in großen Mengen ausgeführt. Indessen ist dieser Wirtschaftszweig in der Neuzeit durch den Ackerbau überflügelt worden, obwohl dieser erst etwa den siebenten Teil des nutzbaren Bodens in Anspruch nimmt. Neben Weizen als Hauptfrucht treten Mais, Hafer und Leinsaat in der Ausfuhr mit großen Werten auf.

In den subtropischen Bezirken des Nordens ist der Anbau von Zuckerrohr, an den Anden der Weinbau bedeutend. Die Waldgebiete des Gran Chaco liefern das für die Gerberei wichtige Quebrachoholz. Große Zukunftsaussichten eröffnen die Erdölfelder Argentiniens. Die Industrie beginnt sich im Anschluß an die Produktion des Landes zu entwickeln. Die Fabrikeinrichtungen und hochwertige Industrie-Erzeugnisse werden aus Europa und den U. S. A. bezogen, desgleichen der bedeutende Bedarf an Verkehrsmaterial. — Der Verkehr wird durch die Schiffbarkeit der Flüsse sehr erleichtert. An größeren Eisenbahnen besitzt Argentinien die Überlandbahn nach Santiago und eine noch nicht vollendete Bahn über Cordoba nach Bolivien. Die Hauptstadt Buenos Aires ist mit 1,7 Mill. E. die größte Stadt Südamerikas und dessen größter Handelshafen. Wichtige Seehäfen sind weiter La Plata und Rosario, sowie die Hauptstadt Uruguays Montevideo.

3. Brasilien ($8^1/_2$ Mill. qkm mit $30^1/_2$ Mill. E.) ist das weiträumigste Gebiet Südamerikas (fast = Europa), an das alle Staaten des Erdteils mit Ausnahme Chiles angrenzen. Wirtschaftlich ist es das Land der größten Zukunft, da von der gewaltigen Fülle seiner Naturgaben und seiner Bodenschätze nur ein kleiner Teil ausgenutzt wird. Das Land gliedert sich in die ungeheuren Urwaldniederungen des Amazonas und das Bergland. Der weitaus größte Teil ist tropisch, der Süden subtropisch und gemäßigt, daher günstiges Siedelungsland; hier wohnen über 500000 Deutsche (Karte!).

Das Amazonasgebiet liefert außer wertvollen Hölzern vor allem Kautschuk und Guttapercha, das über Manaos, bis wohin die größten Seeschiffe gelangen können, und Para in den Welthandel kommt; indessen tritt Brasiliens Bedeutung als Kautschuklieferant in den Hintergrund, seitdem die Erzeugung der südostasiatischen Kautschukpflanzungen ins gewaltige gesteigert worden ist.

Den Hauptreichtum der tropischen Pflanzungsgebiete des Berglandes ergibt der Kaffee; 70% der Welternte kommen aus Brasilien. Santos allein bestreitet 75% der Ausfuhr; der zweite Hafen ist Rio de Janeiro. In den gleichen Gebieten gedeiht eine geschätzte Baumwolle (2½% der Welternte), guter Tabak (Haupthafen: Bahia) und Zuckerrohr, sowie Kakao; Brasilien hat sich zum zweiten Kakaolande entwickelt. — Der Getreideanbau im Innern macht Fortschritte (Weizen, Mais, Reis), ist aber für die Ausfuhr nicht von Belang. Dagegen wird auf den Hochflächen im W und S eine sehr umfangreiche Rindviehzucht betrieben, die namentlich Häute in den Handel bringt.

Sehr reich ist Brasilien an Gold und Edelsteinen aller Art (Diamanten). Der Förderung anderer Erze und der Steinkohle wird noch wenig Aufmerksamkeit zugewandt. Die Industrie hat sich namentlich seit dem Weltkriege stark gehoben. Die Baumwollweberei deckt im wesentlichen den Landesbedarf; die Seidenweberei wird gefördert; darüber hinaus sind an den Ausfuhrplätzen Tabakmanufakturen, Zuckerfabriken und Gefrierfleischanstalten, an den Einfuhrplätzen, namentlich in Rio, Großmühlen entstanden. Die Erzeugnisse der Eisen- und Metallindustrie, sowie hochwertige Gewerbeerzeugnisse werden nach wie vor aus dem Auslande bezogen. So entwickelt sich in den brasilianischen Häfen ein lebhafter Austausch europäischer und nordamerikanischer Industriewaren gegen die mannigfachen Naturerzeugnisse des Landes. Die bedeutendsten Seehäfen sind: die Hauptstadt Rio de Janeiro (1158000 E.), Bahia, Santos, Pernambuco und im S Porto Alegre.

4. **Die Nordstaaten,** das Kolonialgebiet Guayana (Karte!) und Venezuela (1 Mill. qkm mit 2,4 Mill. E.). — Das ungesunde Klima verhindert eine stärkere Besiedelung; in Guayana leben nur einige tausend, in Venezuela etwa 80000 Weiße. Haupterzeugnisse sind Hölzer und Kautschuk aus den Waldbezirken, Zucker, Kakao, Kaffee und Gewürze (Vanille, Pfeffer) aus den Pflanzungen, die sich allerdings wegen Mangels an Arbeitskräften schwer entwickeln können. Der Bergbau liefert Gold. Hauptstadt Venezuelas ist Caracas.

5. **Die nördlichen Andenstaaten:** Kolumbien (1,3 Mill. qkm mit 6 Mill. E.), Ekuador (307000 qkm mit 2 Mill. E.), Peru (1,4 Mill. qkm mit 6 Mill. E.), und der Binnenstaat Bolivien (1,3 Mill. qkm mit 2,9 Mill. E.). Diese tropischen Gebiete erhalten durch die Höhenzonen der Anden eine mannigfache Abwechselung in ihrer natürlichen Ausstattung und in ihrer Wirtschaft. In den heißen Niederungen der Küste werden hauptsächlich Kautschuk, Kakao, Kaffee, Reis und Zuckerrohr gewonnen; als Kakaoland steht das kleine Ekuador nur Brasilien nach. In den höher gelegenen Gebieten wird eine ansehnliche Viehzucht betrieben. Der Bergbau geht auf Gold, namentlich in Kolumbien, Kupfer und Erdöl. Zinn liefert in reichem Maße Bolivien, Silber vor allem Peru. Überall ist die wirtschaftliche Ausnutzung des Landes großer Ausdehnung fähig. — Hauptstädte: Bogota in Columbien, Quito und der Hafen Guayaquil in Ekuador, Lima mit Callao in Peru, Sucre in Bolivien.

Deutschlands Ausfuhr nach Südamerika geht zu 60 % in den La Plata, zu 12 % nach Brasilien. Von der aus Südamerika stammenden Einfuhr Deutschlands lieferten die La Plata-Staaten 65 %, Brasilien 17 %.

XIX. Der australische Staatenbund und Neuseeland.

Austr. Staatenbund	7,7 Mill. qkm	mit	$5\frac{1}{2}$ Mill. Einwohner,	d. i.	0,7	auf	1 qkm.
Neuseeland	270000 „	„	1,2 „ „	„ „	5	„	1 „

Natur des Landes. Das Festland ist wenig gegliedert (Karte!). Es zerfällt in vier Teile: 1. Das australische Faltengebirge im SO (bis 2240 m). Dieses hält den regenbringenden Südostpassat vom Innern ab. Seine Südosthänge sind mit Waldungen, frischen Weiden und gutem Acker bedeckt („glückliches Australien"). 2. Das Tiefland westlich des Gebirges besitzt das einzige Flußsystem des Erdteils, den Murray mit dem Darling; die Flüsse sind Verkehrswege, haben aber unregelmäßigen Wasserstand und keine schiffbare Mündung (Karte!). Das Tiefland leidet bereits unter dem Mangel an Niederschlägen; es ist steppenartig; der Ackerbau bedarf künstlicher Bewässerung. Der nördliche Teil am Carpentariagolf ist tropisch, hat regelmäßige Monsunregen und daher Grasflächen und Tropenwaldungen. 3. Das abflußlose Gebiet der Seen besteht aus öden, bedeutungslosen Landstrecken. Der Eyresee ist das „tote Herz Australiens". Nach O wird das Gebiet durch Bergzüge begrenzt, die einen erstaunlichen Reichtum an Kupfer und Silber aufweisen. 4. Das westaustralische Tafelland hat nur im N regelmäßige Niederschläge und eine frische Bodenbedeckung. Das übrige ist mit Ausnahme einiger Küstenstriche ödes Durstland, bedeckt mit spärlichem Scrub (Busch). Die Niederschläge fallen in Australien oft Jahre hindurch so spärlich, daß Millionen von Tieren der Dürre erliegen. — Die Insel Tasmanien ist angefüllt von der Fortsetzung des Faltengebirges. Neuseeland ähnelt in Gestalt und Größe der Apenninenhalbinsel; seine Gebirge (bis 3800 m) erinnern an die Alpen. Die Abhänge tragen baumlose Steppen und werden von sumpfigen Tälern begleitet. — Das Klima ist im ganzen Gebiete den Europäern zuträglich.

Wirtschaft. 1. Landwirtschaft und Viehzucht. Australien und Neuseeland sind hervorragende Viehzuchtgebiete. Die Rinderherden im SO des Erdteils (13 Mill. Stück Vieh) und in Neuseeland ($3\frac{1}{2}$ Mill.) liefern Gefrierfleisch, Butter, Käse und Häute. Die Schafherden beider Gebiete (jetzt 110 Mill.) sind die größten der Erde, Wolle, Fleisch und Felle daher die Hauptausfuhrgüter. Die größten Herden hat Neusüdwales; dann folgen der Bedeutung nach Neuseeland, Queensland, Viktoria und der N. Melbourne und Sydney beherrschen den Welthandel. — Auch Pferde werden gezüchtet und nach Asien ausgeführt. Die Viehzuchterzeugnisse stellen in Australien 50—60, in Neuseeland 80—90 % der Ausfuhrgüter.

Obwohl der Ackerbau durch Boden und Klima immer auf eine verhältnismäßig kleine Fläche beschränkt bleiben wird, hat er doch in den letzten Jahrzehnten eine wesentliche Bedeutung gewonnen durch den Anbau von Weizen in Viktoria, Neusüdwales, Süd- und Westaustralien. Infolge der geringen Besiedlungsdichte vermag das Gebiet jährlich etwa 2 Mill. Tonnen Weizen und Weizenmehl in den Welthandel abzugeben. (An Brotgetreide erntete Europa ohne Rußland i. J. 1924 etwa 135, Australien 870 kg auf den Kopf der Bevölkerung.) Das tropische Queensland erzeugt Rohrzucker, Reis und Tabak. Zunehmende Bedeutung gewinnt der durch Deutsche eingeführte Obst- und Weinbau an den Westhängen des Faltengebirges.

2. **Bergbau und Industrie.** Der **Bergbau** richtet sich auf **Gold, Silber, Blei** und **Kupfer.** Die reichen Schätze an Eisen, Mangan, Zink, Zinn usw. werden vorläufig weniger beachtet. Die Goldgewinnung geht sehr stark zurück (1912 = 16%, 1923 knapp 5% der Weltgewinnung). Die Hauptförderung erfolgt in den wüsten Gebieten des W (Coolgardie); dann folgen Queensland, Viktoria, Neusüdwales und Neuseeland. Die Grenzberge zwischen dem Tieflande und dem Seengebiet haben die reichste Silbermine der Welt. Kupfer- und Zinngruben sind in Südaustralien und Tasmanien am zahlreichsten. Gute Steinkohle liefert der nördliche Teil des Faltengebirges (Newcastle—Brisbane). Die Gesamtförderung entspricht etwa derjenigen Belgiens.

Die wenig entwickelte **Industrie** befaßt sich mit der Verarbeitung der Viehzuchterzeugnisse und wendet sich in neuerer Zeit der Herstellung von Maschinen, Geweben und Papier zu. Queensland besitzt namhafte Zuckersiedereien.

3. **Handel und Verkehr.** Dem **Binnenverkehr** dienen hafenverbindende Bahnen, die sich allmählich zu einem Schienennetze ausbilden. Von Palmerston und Port Augusta aus wachsen sich die Enden der Nordsüdbahn längs des Überlandtelegraphen entgegen. Im Kriege wurde die Ost-Westbahn Fremantle-Melbourne ($3\frac{1}{2}$ Tage Fahrt) vollendet; sie erschließt auch wichtige Bergbaubezirke. Der **Seeverkehr** liegt in den Händen englischer und amerikanischer Unternehmer; auch Deutschland war an ihm hervorragend beteiligt. Die bedeutendsten Seehandelsplätze sind: Sydney (926000) und Melbourne (795000), dann Brisbane, Newcastle, Adelaide, Fremantle und Auckland. Als politische Hauptstadt wurde 1913 Canberra gegründet.

In dem lebhaften **Außenhandel** Australiens war **Deutschland** nächst England der wichtigste Staat. Von der Ausfuhr übernahm es fast $\frac{1}{5}$ (Wolle, Erze, Weizen, Viehzuchterzeugnisse); dagegen hatte es nur 5—6% der australischen Einfuhr in Händen (Eisenwaren, Klaviere, Textilerzeugnisse usw.). 1925 war Deutschland zwar wieder mit 14% an der australischen Ausfuhr beteiligt, lieferte aber nur $1\frac{1}{2}$% der Einfuhr.

XX. Ostasien.

1. Japan.

Das Inselreich Japan ist trotz seines geringen Umfanges die einzige Großmacht Asiens. Die Inseln haben einen Flächenraum von 386000 qkm und 60 Mill. Bewohner (157 auf 1 qkm). Der Außenbesitz umfaßt die Südhälfte der Insel Sachalin, die Insel Formosa und das frühere Kaiserreich Korea. Durch den Friedensvertrag gewann Japan den deutschen Besitz in der Südsee nördlich des Äquators (Marianen, Karolinen und Marshall-Inseln). Gesamtaußenbesitz 295000 qkm mit 22 Mill. Einw.

Natur des Landes. Die japanischen Inseln (Karte!) sind von Gebirgen erfüllt, die in dem 3700 m hohen Fuschijama gipfeln, einem erloschenen, schneebedeckten Vulkan, dem Wahrzeichen Japans. Noch heute ist Japan, insbesondere der Süden, ein Hauptherd der Erdbeben. Die Gebirge lassen zu wenig Raum für einen ausreichenden Anbau von Nahrungsmitteln. Der Japaner ist daher zur Betätigung im Gewerbe und außer Landes gezwungen; das Land konnte somit seine frühere Abgeschlossenheit nicht aufrecht erhalten. Überraschend schnell hat es sich zu wirtschaftlicher und staatlicher Macht aufgeschwungen.

Das **Klima** ist gesund, nur im S subtropisch, sonst gemäßigt; aber selbst auf Jesso baut man noch Reis an; unwirtlicher ist Sachalin, obwohl der japanische Anteil nur bis zu dem Breitengrade hinaufreicht, der auch die Mainlinie schneidet. — Die vulkanische Inselreihe der Riukiu-Inseln leitet von Südjapan nach der Insel **Formosa** hinüber. Diese wird in der Längsrichtung von einem hohen Gebirge durchzogen (4000 m); sie ist mit einem üppigen Pflanzenkleide ausgestattet; aber das Klima ist mörderisch.

Die genannten Inselreihen machen sowohl das Ostchinesische, wie das Japanische Meer zu einem unbedingten Herrschaftsbereiche Japans, das alle Ausgänge in der Hand hat. Beide werden getrennt durch die Halbinsel Korea, die den festländischen Verkehr nach Südjapan hinüberleitet. Dieses Gebiet wird von einem mittelhohen Gebirge durchzogen, das sich an den Ostrand drängt und im W für breite, fruchtbare Ebenen Raum läßt.

Wirtschaft. Die Wirtschaft Japans kennzeichnet sich durch einen ungeheuren Aufschwung der Industrie europäischen Gepräges, der durch den Krieg so stark gefördert wurde, daß Japan in Südasien und selbst in Vorderasien den europäischen Wettbewerb besiegen konnte. Allerdings wird es diesen Vorsprung in Zukunft wohl nicht wahren können. Dagegen strebt das Land mit Erfolg nach der wirtschaftlichen Vormacht auf dem benachbarten Festlande.

Japan ist waldreich und ausgezeichnet durch wertvolle Baumarten (Lackbaum, Kampferbaum, Talgbaum, Papiermaulbeerbaum). Die Hauptmenge des Kampfers stammt aus Formosa. Der Boden der Inseln und Koreas zeitigt bei fleißiger Pflege gute Ernten; hervorragend ist der Gartenbau entwickelt. Reis, Weizen, Gerste und Roggen sind die Nährfrüchte des Landes. Die Reisernten sind dreimal so groß wie diejenigen der anderen Körnerfrüchte. Die Teefelder liefern Überschüsse für die Ausfuhr. Der Süden bringt Baumwolle hervor, deckt aber nur einen geringen Teil des Landesbedarfs. Auch Zucker wird gewonnen (Formosa). Trotz dieser Ernten bleibt Japan auf eine starke Einfuhr von Nahrungsmitteln angewiesen. Hervorragend entwickelt ist der Seefischfang; denn Seefische spielen in der Ernährung des Volkes hier eine weit größere Rolle als anderswo.

Von hoher weltwirtschaftlicher Bedeutung ist die japanische Seidenraupenzucht; denn über die dortigen Häfen gehen fast 40% der gesamten Welthandelsmenge.

Der Bergbau Japans ist mehr und mehr nach europäischem Muster eingerichtet worden. Die Kohle Südjapans versorgt die einheimische Industrie und den Seeverkehr Ostasiens. Die Förderung steht derjenigen Frankreichs nicht weit nach. Eisenerze gewinnt Japan neuerdings aus den reichen Lagern Koreas. Es ist außerdem das dritte Kupferland der Erde (Ausfuhr über Osaka und Jokohama). Zur Goldgewinnung tragen Japan und Korea 2% bei. Wichtig ist ferner das Vorkommen von Silber, Blei und Erdöl.

Unter allen Zweigen der Industrie steht die Weberei weit voran. Die japanischen Baumwollwaren wetteifern auf dem asiatischen Markte mit den englischen, deutschen, nordamerikanischen und indischen Erzeugnissen. Japanische Seidenwaren finden Absatz selbst in Europa. Dazu kommen als weitere Industriewaren: Geflechte, die eigenartigen Japanwaren, Porzellan, Glas, Papier und Chemikalien. Leistungsfähig sind ferner die japanischen Werften, und die Eisenindustrie ist in starker Entwicklung. Hauptindustrieorte sind die Hauptstadt Tokio (2 Mill.) und ihr Hafen Jokohama, Kioto, Osaka (2,1 Mill.), sämtlich auf der Insel Hondo, sowie der Kohlenbezirk auf der Insel Kiuschiu (Hafen: Nagasaki).

Japans Eisenbahnnetz ist noch im Ausbau begriffen. Im Seeverkehr hat sich das Land eine der ersten Stellen errungen. Nach der Ausschaltung Deutschlands steht es mit seiner Flotte an dritter Stelle; es beherrscht den Seeverkehr des Stillen Ozeans und unterhält eigene Dampferlinien bis nach Europa.

2. China.

Überblick:

Das eigentliche China (18 Provinzen)	3974000 qkm,	302 Mill. E.
Prov. Sin-tsiang im Westen	1425000 „	2 „ „
die Mandschurei	942000 „	13 „ „
Altchina	6341000 qkm,	317 Mill. E.
Außenländer:		
die Mongolei	3542000 „	2 „ „
Tibet	1200000 „	2 „ „
	11083000 qkm,	321 Mill. E.

China (seit 1912 Republik) ist so groß wie Europa und hat etwa ²/₃ soviel Einwohner. Die Außenländer hängen aber nur noch lose mit Altchina zusammen. — Die nachfolgende Darstellung bezieht sich auf das eigentliche China und die Mandschurei.

Natur des Landes. Gebirgszüge und der Unterlauf des Jangtse trennen China in zwei wesentlich voneinander verschiedene Gebiete. Südchina ist ganz von Gebirgen erfüllt, deren Gewässer sich hauptsächlich im Jangtse sammeln. Die Flüsse haben ihr Bette leicht in das weiche Gestein eingraben können und sind daher fast überall schiffbar. In den Flußtälern treten vielfach Steinkohlenschichten zutage, die aber noch wenig genutzt werden. Die Beckenlandschaft des Jangtse und die Talböden sind fruchtbar, das Land gut angebaut. — Nordchina ist, abgesehen von einigen alten Gebirgshorsten, ein weites Tiefland, durchflossen vom Hoang-ho; der Boden ist hier größtenteils mit einer Decke feinsten, vom Winde aus Innerasien herbeigeführten, fruchtbaren Lößes bedeckt. Das Land bietet daher die besten Bedingungen für landwirtschaftliche Nutzung und ist dicht besiedelt. — Die Mandschurei liegt zwischen dem Gelben Meer (Karte!) und dem Amur, zwischen Korea und der Wüste Gobi; ihre Ebenen sind sehr fruchtbar.

Südchina steht unter dem Einflusse der Monsune. Regelmäßige Niederschläge und größere Wärme begünstigen das Land vor Nordchina und der Mandschurei, deren Klima festländisch ist (größere Winterkälte), aber in allen Landesteilen die Bodennutzung zuläßt; nur der Westen der Mandschurei geht in Steppe über.

Die fleißige und ehrliche chinesische Bevölkerung lebt noch heute unter der Einwirkung der alten Kultur und der früheren Abgeschlossenheit. Seit 1912 ist China Republik und wird seitdem von dem Widerstreit der politischen Meinungen gestört. Das gewaltige Land steht vor der Frage „Zerfall oder Einheit“. Das Volk scheint sich aber jetzt tatkräftiger für die Hebung seiner Weltstellung einsetzen zu wollen.

Wirtschaft. Die Wirtschaft findet ihren Rückhalt in der Bebauung des Bodens; infolge der dichten Besiedelung (oft 500 auf 1 qkm) herrscht der Kleinbesitz vor. Nordchina und die Ebenen der Mandschurei bieten die besten Anbaubedingungen für Weizen, Hirse, Hülsenfrüchte und Baumwolle, Südchina für Reis, Tee, Seide, Zucker und Tabak. Hierneben zeitigt der Boden Ölfrüchte, Gemüse und Drogen. Die Erzeugung von Nahrungsmitteln reicht aber nicht aus (Reiseinfuhr aus Südasien). Die chinesische Seidengewinnung steht der japanischen gleich (Ausfuhr über Kanton und Schanghai). Bedeutend ist die Geflügelzucht des Landes, die immer größere Mengen von Eiern auf den europäischen Markt liefert.

Seine unermeßlichen Bergschätze nutzt China bis jetzt nur in ganz unvollkommener Weise aus. China ist wahrscheinlich das reichste Kohlenland der Erde; nachweisbar gefördert werden aber nicht wesentlich mehr als im Saargebiet. Eisenerze lagern im Überfluß in Nordchina (Prov. Schansi) und der Mandschurei, Kupfer und Zinn in Südchina (Prov. Jün-nan; Ausfuhr nach Hongkong); Erdöl wird im oberen Jangtse-Tale gewonnen. — Die Industrie hat in den von den Europäern beeinflußten Großstädten neuzeitliche Formen angenommen, namentlich die Baumwollspinnerei und -weberei, deren Mittelpunkte Hankau, Schanghai und Tientsin sind; diese Fabriken arbeiten auch für die Ausfuhr. Die Reis- und Getreidemüllerei stellt sich auf europäischen Betrieb um. Bei Hankau arbeitet ein großes Eisenwerk. Das alte Gewerbe zeichnet sich aus durch Sorgsamkeit und Kunstfertigkeit der Arbeit, so in der Seidenweberei Kantons, in der Baumwollweberei Nankings, in dem Porzellangewerbe Hankaus, in der Steinschnitzerei, der Herstellung von Lackwaren, Metallsachen und Papier. Hauptort dieser gewerblichen Betätigung ist Kanton.

Für den Verkehr ist ein ausgebautes Eisenbahnnetz noch nicht vorhanden; er stützt sich zum Teil auf die Flußwege und zahlreichen Kanäle, unter denen der Kaiserkanal den Norden mit dem Süden verbindet. Mit der Außenwelt ist China durch den Seeverkehr und die Bahnstrecke Peking—Charbin—Sibirische Bahn verbunden. — Die Hauptplätze des Landes sind: Peking (805 000) im N, Tientsin, der nördliche Endpunkt des Kaiserkanals, Hankau (1 300 000), die bedeutendste Stadt Chinas, am Jangtse, Nanking an dessen Mündung, der Welthafen Schanghai (1 000 000), im S Kanton (900 000); ihm vorgelagert ist der britische Stapelplatz Hongkong.

XXI. Südasien.

Überblick. Südasien umfaßt Vorderindien, Hinterindien und die Inselwelt von den Andamanen bis nach Neuguinea. (Merke nach der Karte die Inselgruppen und die Hauptinseln!) Das ganze Gebiet kommt in der Größe (9 Mill. qkm) und in der Bevölkerungszahl (406 Mill.) Europa fast gleich. Innerhalb seiner Grenzen liegt nur ein einziger selbständiger Staat, Siam; alles andere ist Kolonialgebiet, in das sich England, Holland, Frankreich und die U. S. A. teilen. (Merke nach der Karte die Verteilung des Gebietes!)

Natur des Landes. Südasien liegt in den Tropen; nur der Westen reicht mit Hochindien über den Wendekreis hinaus. Es liegt fast ganz im Bereiche der Monsune; seine Bodenkultur ist von diesen Winden abhängig. Von dem Eintreten und dem Maße der Monsunregen wird namentlich in Vorderindien das Leben der Bevölkerung bestimmt; wo sie fehlen, wird das Land unter der Einwirkung der heißen Sonne zur Wüste. Tropensonne, Niederschläge und ein günstiger Boden bringen in Südasien eine oft staunenerregende Pflanzenwelt hervor, eine Fülle, die wegen der Genügsamkeit der Bevölkerung der ganzen Welt in reichem Maße zugute kommt.

Vorderindien ist das Gebiet der Hindus, die zu den Indoeuropäern zählen, Hinterindien und die Inselwelt dasjenige der Malaien. Beide sind die Erben einer alten Kultur, deren einstige Höhe und Werke unser Staunen erregen. Natur und Kultur öffnen hier dem Europäer eine Wunderwelt.

Vorderindien wird durch das Hochgebirge des Himalaja vom Rumpfe des Erdteils getrennt und abgeschlossen. Nur nach W öffneten sich die Tore für die Völkerwanderungen, die Eroberer und den Verkehr. Das Schollenland des südlichen Dreiecks, das Dekan, war einst von Asien getrennt und mit Afrika verbunden. Die nördliche Senke ist jetzt von dem Schwemmland des Ganges, des Brahmaputra und des Indus ausgefüllt; hier liegen die fruchtbaren Ebenen Hindostan und Assam, am Indus das Pandschab. Dekan ist ein welliges Hochland von 600—900 m Höhe mit hohen Rändern, die dem Vordringen des Regens hinderlich sind. An den Bergen Ceylons (— 2500 m) gehen reiche Regenmengen nieder. Die Insel ist eine Perle des britischen Besitzes.

Hinterindien wird ausgefüllt von Hochflächen und den Ausläufern der innerasiatischen Hochgebirge, zwischen denen sich fruchtbare Flußtäler weiten. Die Gebirgszüge setzen sich auf den malaiischen Inseln fort, die durch Senkungen der Erdrinde vom Festlande getrennt wurden und auch heute noch unter dem Einflusse der zahlreichen Vulkane stehen. — Das heiße, in den Niederungen feuchtheiße Klima gestattet den Europäern den dauernden Aufenthalt in dem ganzen Gebiete nur in den höheren Lagen.

Wirtschaft. Bergbau und Pflanzungswirtschaft geben Südasien seine weltwirtschaftliche Bedeutung; damit wird das Land zugleich ein hervorragendes, kaufkräftiges Gebiet für die europäische Industrie; indessen macht der Übergang Indiens zu eigener Industrie große Fortschritte.

Der vorderindische Ackerbau liefert aus den trockenen Gebieten am Indus einen wesentlichen Teil der Weltweizenernte (Ausfuhrhafen: Karatschi). Viel bedeutender ist aber der Anbau von Reis, der Hauptnährfrucht des Landes. Südasien liefert fast die Hälfte der Welternte. Das Hauptgebiet ist Hinterindien; Ausfuhrhäfen: Patna, Rangun, Moulmen, Akyab, Saigon und Bangkok. Für den Anbau von Baumwolle kommt Vorderindien in Betracht, das mit 21 % der Welternte nur hinter den U.S.A. zurücksteht (Häfen: Bombay und Madras). Jute wird auf der ganzen Erde fast ausschließlich in dem Mündungsgebiete des Ganges-Brahmaputra gewonnen und über Kalkutta in die ganze Welt versandt. Die Pflanzungen der Inseln (Java) liefern einen besonders geschätzten Kaffee; sein Anbau ist in Vorderindien und Ceylon mehr und mehr zugunsten der Teekulturen zurückgegangen; diese decken die Hälfte des Weltbedarfs. $^1/_4$ alles Tabaks stammt aus Südasien; Vorderindien (Gangestal) und Java erzeugen allein $^1/_4$ alles Zuckers, der auf der Erde jährlich produziert wird. Seit 1910 beginnt der Siegeszug der südostasiatischen Kautschuk-Pflanzungen (Halbinsel Malakka und Niederländisch-Indien), die heute 93 % dieses für die Verkehrsindustrie so wichtigen Rohstoffs liefern; der Hauptmarkt hierfür ist Singapur. — Ölfrüchte, Gewürze aller Art (Molukken), Früchte und Drogen vervollständigen die Reihe der Gaben Südasiens.

Die Viehzucht ist zwar in Vorderindien bedeutend, liefert aber in der Hauptsache nur bedeutende Mengen von Häuten und etwas Wolle.

Unter den Bodenschätzen sind für den Verkehr und die Industrialisierung des Landes von besonderer Bedeutung die Kohlenlager Vorderindiens in einem weiten Bezirke westlich Kalkuttas und die Erdölquellen Hinterindiens und der Inseln. Die Kohlenförderung ist so groß wie diejenige Japans, und unter den Erdölbezirken steht Südasien an vierter Stelle. Vorderindien birgt Eisen- und Manganerze, Gold und mancherlei Edelsteine. Auf Malakka und den Inseln hat man seither vorzugsweise den Bergbau auf Zinn betrieben, der hier in großem Maßstabe eingerichtet ist und $^2/_3$ des Weltbedarfs deckt. Hauptplatz: Singapur.

In der Großindustrie Asiens treten hervor: die Baumwollindustrie in Bombay und Madras, die Juteverarbeitung in Kalkutta, die Reismühlen in den Ausfuhrplätzen, die Werftindustrie Singapurs.

Im Landverkehr fehlen vorläufig noch die Verbindungen mit Vorderasien und dem Innern des Erdteils. Vorderindien besitzt ein gut ausgebautes, wenn auch weitmaschiges Eisenbahnnetz. Im Seeverkehr erhält Südasien als Zwischenland zwischen Australien und Europa eine besondere Bedeutung, aus der Singapur an der Straße von Malakka und Colombo auf Ceylon besonderen Vorteil ziehen. Die Brennpunkte für den Verkehr und die Wirtschaft Südasiens sind demnach: Bombay

(1176000), Kalkutta (908000), Madras (527000), Colombo, Bangkok (931000) und Singapur.

Deutschlands Beziehungen zu Indien sind außerordentlich rege. Trotz der durch den Weltkrieg herbeigeführten Aussperrung Deutschlands vom indischen Markt lieferte dieses 1923 schon wieder 5% der indischen Einfuhr (1913 = 7%) und bezog 7% (1913 = 11%) der indischen Ausfuhr.

D. Güter, Märkte und Wege des Welthandels.

I. Landwirtschaftlich erzeugte Nahrungs- und Genußmittel.

1. Brotgetreide und Mehl.

Weizen und Roggen sind die bevorzugten Ackerfrüchte Europas und der von Europäern besiedelten Landgebiete in fremden Erdteilen.

Weizen verlangt mehr Wärme als Roggen, besseren Boden und gedeiht besser in trockenen als in feuchten Gegenden. Sein Anbau wird auch in den tropischen Höhenregionen Amerikas gepflegt, wenn auch mit geringem Ertrage. Am weitesten ist der vorderindische Weizenanbau in die Tropen vorgedrungen (bis zum Nil-Giri-Gebirge). Sein Hauptanbau liegt aber in den weiten Ackerflächen der gemäßigten Zonen. In ihnen treten folgende Hauptgebiete hervor:

1. die fruchtbaren Landstriche Mittel-, West- und Südwest-Europas (1909/13 = 24, 1924 = 22% der Welternte); der Ertrag reicht aber zur Deckung des Brotbedarfs dieser dichtbesiedelten Gebiete nicht aus;

2. Südosteuropa: dieses erzeugt in seinen durch Fruchtbarkeit und klimatische Gunst ausgezeichneten Ebenen Weizen von hervorragender Güte (1909/13 = 24%, 1924 = 15% der Welternte; der Rückgang kommt auf Südrußland);

3. Nordamerika (die Vereinigten Staaten und Kanada) erntete 1924 fast ein Drittel der Weltmengen gegen 24% in den Jahren 1909/13. Hier bieten die großen Ebenen zwischen den Gebirgen von Arkansas im S hinauf bis Saskatschewan in Kanada die Möglichkeit eines ertragreichen Anbaus, der sich noch ständig ausdehnt und gewaltige Mengen an Getreide und Mehl (große Mühlenindustrie) für die Weltversorgung zur Verfügung stellt;

4. der Süden Südamerikas (Argentinien, Uruguay, Chile) hat zwar bei weitem nicht so große Ernten wie die vorgenannten Länder (1909/13 = 5%, 1924 = 7% der Welternte); aber der Anbau dehnt sich, namentlich in einem Umkreis von 600 km um die La-Plata-Mündung, immer weiter aus, und vor allem können diese Landstriche wegen ihrer geringen Bevölkerungsdichte mehr als die Hälfte ihrer Erträge an den Welthandel abgeben;

5. Nordwestindien (Pandschab und das obere Ganges-Gebiet) erntet zwar etwa 10% der Welterzeugung, macht davon aber nur etwa den 10. Teil für die Ausfuhr (über Karatschi) frei;

6. Australiens Ernten vergrößern sich von Jahr zu Jahr (1909/13 = 3%, 1924 = 5% der Weltmengen); Hauptbeteiligter ist der SO des Festlandes, der seine Anbauflächen mit Hilfe der künstlichen Bewässerung immer weiter ins

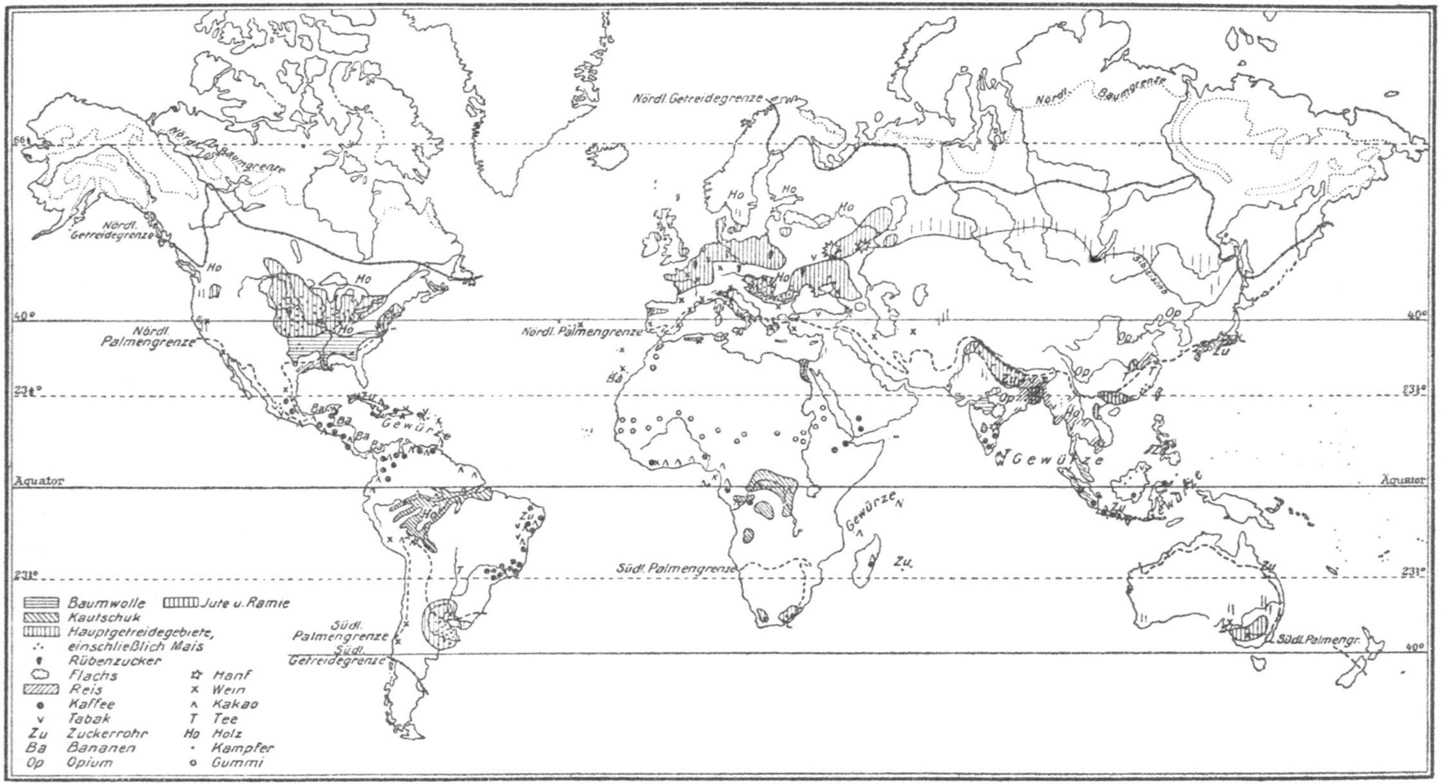

Skizze 60. Verbreitung wichtiger Nutzpflanzen.

Murray-Darling-Becken vorschiebt. Etwa $^1/_3$ der Ernteerträge steht für die Ausfuhr zur Verfügung.

Die genannten Gebiete liefern etwa 90 % der Welterzeugung. Für den Verbrauch ist es von wesentlichem Belang, daß die Erntezeiten der Hauptgebiete verschieden sind; Europa und Nordamerika ernten im Juli und August, Argentinien im November und Dezember, Australien im Dezember und Januar, Indien im Februar und März, Chile vom Januar bis zum März.

Roggen ist widerstandsfähiger gegen rauhe Witterung und bedürfnisloser; sein Anbau kann daher auf ärmern Böden und in höhern Breiten (bis 70°) ausgedehnt werden. Für die Brotversorgung spielt er bei weitem nicht die Rolle wie der Weizen. Sein Geltungsgebiet ist vor allem Mitteleuropa (Deutschland und Tschechoslowakei) und Osteuropa (Rußland und Polen), die fast 80 % alles Roggens liefern. Außerhalb Europas kommen als Erntegebiet nur noch die Vereinigten Staaten in Betracht (5 % der Welternte), die aber den größten Teil ihrer Erzeugung ebenfalls an Europa abgeben.

Der Welthandel in Brotgetreide erhält seine Richtung und seine Bedeutung vor allem dadurch, daß das dichtbevölkerte Europa $^1/_7$ seines großen Bedarfes aus fremden Erdteilen beziehen muß, daß dagegen Nord- und Südamerika noch mehr abgeben können, als Europa aufzunehmen vermag. 1924 bezog Europa an Brotgetreide und Mehl rund 16,4 Millionen Tonnen, Gesamtamerika aber führte 17,7 aus. Infolgedessen bewegt sich der Handel hauptsächlich zwischen den Atlantischen Küstenländern. Jenseits sind Chikago, Neuyork, Winnipeg und Buenos Aires die maßgebenden Handelsplätze. Weizen und Weizenmehl bezieht Europa außerdem aus Indien (Karatschi) und Australien (Melbourne, Sydney, Adelaide).

Innerhalb Europas ergeben sich naturgemäß zwei Hauptrichtungen des Handels: Weizen wird aus den Überschußgebieten im SO nach NW und Mitteleuropa verfrachtet; Roggen liefert der Osten vornehmlich an Mitteleuropa.

So laufen die Frachten aus den Schwarzmeer- und Donauhäfen mit den atlantischen Linien an den Küsten Nordwesteuropas zusammen; hier behauptet London die gleiche Handelsbedeutung, die Chikago in Amerika zukommt. Paris ist der zentrale Getreidehandelsplatz Frankreichs, Berlin derjenige Deutschlands und zugleich die tonangebende Roggenbörse der Welt. Als Haupteinfuhrhäfen des Festlandes kommen Le Havre, Antwerpen, Rotterdam und Hamburg in Betracht. Auf dem Landwege nach dem SO sammelt sich der Handel in Budapest und Wien. Der große nordrussische Handelsplatz Leningrad (Petersburg) liegt vorläufig brach.

2. Futtergetreide.

Als Futtergetreide pflegt man nach ihrem hauptsächlichen Verwendungszwecke Gerste und Hafer zu bezeichnen, doch werden sie auch zu gewerblichen Zwecken (Bierbrauerei) und als Nahrungsmittel verwertet.

Die Gerste liebt sonnige Witterung; ihr Anbau wird daher in den Subtropen (Spanien, Nordafrika, Japan, Indien) gepflegt; sie ist aber sehr anpassungsfähig und kommt selbst in der kurzen Wachstumzeit von zwei Monaten zur Reife; infolgedessen ist sie über ganz Europa verbreitet und wird hier bis zum 70° n. Br. hinauf angebaut. In Amerika zeitigen die Vereinigten Staaten und Kanada beträchtliche Mengen dieses Getreides.

Hafer bevorzugt das mittelfeuchte, kühle Klima. Obwohl weit verbreitet, findet er doch das Schwergewicht seines Anbaus 1. in Deutschland und Nordwesteuropa, 2. in den kühlgemäßigten Waldgebieten Rußlands und Polens, 3. im weiten Umkreis der großen nordamerikanischen Seen. In diesen drei Gebieten erntet man mindestens $^3/_4$ der Weltmengen. In Nordamerika wendet man dem Hafer immer größer werdende Ackerflächen zu.

Beide Getreidearten stehen in ihrer Bedeutung weit hinter den Brotfrüchten zurück; beide sind vorzugsweise europäische Erzeugnisse; denn sowohl an Gerste wie an Hafer erntet Europa die reichliche Hälfte. Infolgedessen bewegt der Handel zwischen den Erdteilen wesentlich geringere Mengen dieses Getreides.

3. Mais.

Mais findet seine besten Wachstumsbedingungen in lockeren fruchtbaren Böden, die unter dem Einfluß eines warmen und feuchten Sommers stehen. Die ergiebigsten Anbaugebiete sind die äquatorfernen Länder dieser Zone. In ihnen wird der Mais nicht nur, wie überall, als Futtermittel, sondern auch als Brotfrucht verwendet; daneben nutzt man ihn gewerblich (Stärke, Alkohol, Bier).

Innerhalb Europas kommen für den Anbau alle Donaustaaten, die Mittelmeerländer und Südrußland in Betracht. Hier reifte 1924 ein Sechstel der Welternte (in der Vorkriegszeit 11 %). Was nördlich dieser Zone angebaut wird, wird nicht mehr als Körnerfrucht, sondern als Grünfutter gezogen.

Die Hauptmasse dieses Getreides gewinnt Amerika; dieses erzeugte 1909/13 rund 82 % der Weltmenge, in dem schlechten Erntejahr 1924 dagegen nur 75 %. Wiederum stehen hier die U. S. A. allen Gebieten der Erde voran; denn sie gewinnen in den weitgedehnten Ebenen des Mississippi-Missouri-Beckens $^2/_3$ der Welternte, geben davon an andere Länder aber nur verhältnismäßig geringe Mengen ab. Der La Plata spielt daher für die Versorgung Europas eine größere Rolle als Nordamerika, obwohl in Argentinien nur 5 %, in Brasilien 4 % der Welternte anfallen. Daneben kommen als Ausfuhrländer noch Britisch- und Niederländisch-Indien in Betracht; steigende Bedeutung für die Versorgung Europas gewinnen Ägypten und Britisch-Südafrika.

4. Reis.

Reis und Weizen ernähren die meisten Menschen, und zwar wird noch mehr Reis als Weizen geerntet (1924: Reis 125, Weizen 105 Millionen Tonnen); aber Reis ist ein typisch asiatisches Erzeugnis und Bedarfsgut; denn auf Asien kommen 96,6 % der Ernte und 95,6 % des Verbrauches.

Der Reis gedeiht am besten in warmen Gegenden mit ausgiebigen Niederschlägen. Die Hauptart (Sumpfreis, im Gegensatz zum weniger bedeutenden Bergreis) wird im Acker gezogen, der bis kurz vor der Ernte unter Wasser gehalten wird. So geben die Monsungebiete Süd- und Ostasiens und hier wiederum die Niederungsgebiete der großen Ströme die günstigsten Bedingungen für den Reisbau ab. Die Reispflanze ist außerordentlich ergiebig, ihre Pflege fordert aber verhältnismäßig viel Arbeit. Sie wird daher in den dichtbevölkerten Gebieten mit besonderer Vorliebe gezogen. Britisch-Indien und China erzeugen allein $^3/_4$ dieser

Frucht. Neben ihnen treten mit großen Ernten Japan, Korea, Niederländisch-Indien, Indochina und Siam hervor.

Von Asien aus ist der Reisbau auf die anderen Erdteile übergegangen; nur dem Festland Australien ist er ferngeblieben. Aber die Erträge Amerikas und Afrikas sind geringer als diejenigen der Philippinen, und Europa erzeugt nur halb soviel (1924: 900 000 t); hier kommen als Produktionsländer nur Italien (Poebene) und Spanien in Betracht; sie geben einen Teil ihrer Erzeugnisse an die anderen europäischen Länder und an Südamerika ab. In den U. S. A., dem Hauptreisland der neuen Welt, wird der Anbau in den westlichen Golfstaaten (Louisiana, Texas, Arkansas) gepflegt. Daneben hat Brasilien seine Reiskulturen seit 1914 auf die gleiche Bedeutung gebracht. Auf afrikanischem Boden liegt der Schwerpunkt des Anbaus in Madagaskar; Ägypten erntet immerhin noch etwa 300 000 t.

Die einzigen großen Reisausfuhrgebiete sind die weniger dicht besiedelten Länder Hinterindiens: Burma (Rangun), Siam (Bangkok) und Indochina (Saigun). Hier versorgen sich die asiatischen Länder, vor allem die beiden großen Fehlgebiete Vorderindien und China; hier decken Europa, Amerika und Afrika ihren Bedarf. Java liefert beachtenswerte Mengen seiner besonders hochwertigen Ernte über Holland in den europäischen Handel, ebenso Bengalen über seinen Haupthandelsplatz Patna. Beide Länder ersetzen die Ausfuhr durch Einkäufe in Hinterindien. Neben den genannten Ausfuhrplätzen hat sich Singapur zu einem bedeutsamen Reishandelsplatz aufgeschwungen.

Deutschland ist der größte Reisimporteur Europas (Bremen); der roh eingeführte Reis wird von den Reiswerken z. T. wieder ausgeführt.

5. Zucker.

Zucker wird aus Zuckerrüben oder Zuckerrohr gewonnen. Früher stand der Rübenzucker voran; aber schon unmittelbar vor dem Weltkriege hatte der Rohrzucker den Rübenzucker überholt, und zur Zeit wird etwa doppelt soviel Rohrzucker wie Rübenzucker gewonnen. Dabei sind die Gesamtmengen ungefähr gleich geblieben, wie sich aus folgender Übersicht ergibt:

	1909/13	1923/24
Rübenzuckergewinnung	8 908 000 t	5 872 000 t
Rohrzuckergewinnung	10 020 000 „	13 878 000 „
Welt	18 928 000 t	19 750 000 t

Wahrscheinlich wird sich nach Wiedereintritt Rußlands in die Weltwirtschaft die Rübenzuckererzeugung wieder heben; doch wird den Rohrzuckerländern der Vorrang gesichert bleiben.

Rübenzucker kann als europäisches Erzeugnis bezeichnet werden; denn außerhalb dieses Erdteils werden der Zuckerrübe nur noch in den U. S. A. (namentlich in den gebirgigen Weststaaten und in Michigan) größere Ackerflächen gewidmet. Europa aber erzeugt 85 % (vor dem Kriege über 90 %) allen Rübenzuckers. Hier wiederum sind es die fruchtbaren Böden Deutschlands und der Tschechoslowakei, auf die nicht viel weniger als die Hälfte der europäischen Ernte entfällt; da ein großer Teil derselben für die Ausfuhr bestimmt ist, konnte sich Magdeburg zu dem maßgebenden Zuckerhandelsplatz der Erde entwickeln.

Von diesem Kerngebiet aus gesehen, ziehen sich die Rübenböden nach Nordwesteuropa (Nordfrankreich, Belgien, Niederlande), nach Nordeuropa (Dänemark, Südschweden), über Polen nach der Ukraine und über die Donaustaaten bis ans Schwarze Meer. Am Mittelmeer haben Italien und Spanien eine nicht unbeträchtliche Zuckerindustrie.

Innerhalb Europas betätigt sich der Zuckerhandel hauptsächlich zwischen folgenden Ländern:

1924 (Angaben in Tausend t)

Ausfuhrländer		Einfuhrländer	
1. Tschechoslowakei	667	1. England	1798
2. Deutschland	334	2. Frankreich	310
3. Polen	246	3. Schweiz	124
4. Belgien	102	4. Österreich	103
5. Niederlande	32	5. Italien	21
	1381		2356

Das Hauptbedarfsgebiet ist also England. Selbst wenn sich die deutsche Zuckerindustrie wieder hebt und Rußland wieder als Zuckerausfuhrland auftritt, wird Europa (d. h. besonders England) große Mengen Zuckers aus den überseeischen Gebieten beziehen müssen.

Die Gewinnung des Rohrzuckers, die an die Wärmegegenden zwischen den Wendekreisen gebunden ist, erhebt sich in zwei Gebieten zu überragender weltwirtschaftlicher Bedeutung:

1. in Süd- und Südostasien (Britisch-Indien, Java, Philippinen, Formosa),
2. in Mittelamerika und den nördlichen Ländern Südamerikas (Kuba, Westindien, Peru, Brasilien, Nordargentinien).

Im asiatischen Bereiche sind Britisch-Indien trotz seiner großen Eigenproduktion ($3^1/_2$ Millionen t) und China zur Einfuhr großer Mengen gezwungen. Java kann aber nicht nur diese liefern, sondern auch noch gleich große Mengen an Europa und Nordamerika abgeben. Die Philippinen geben ihren Überschuß an die U. S. A. ab. Diese sind die größten Zuckerkäufer der Erde (Gesamteinfuhr 1924 = $3^1/_2$ Millionen t) und ziehen naturgemäß die großen Überschüsse der nahegelegenen Länder an sich.

Afrika erzeugt etwa den zehnten Teil der europäischen Mengen, vornehmlich in der Südafrikanischen Union und auf den Maskarenen.

6. Kaffee, Tee, Kakao.

Diese drei Genußmittel, die in großen Mengen und Werten über die ganze Erde gehandelt werden, haben ihre Heimat zwischen den Wendekreisen; ihr Anbau überschreitet diese Grenzen nur dort, wo besonders günstige Klimaverhältnisse dies zulassen (Teekulturen im Monsungebiet Ostasiens). Der Kaffee, der hinsichtlich der Niederschläge am genügsamsten ist und auch bei geringerer Wärme gedeiht, bevorzugt die mittlere Höhenlage, der Tee das hügelige Gelände, der Kakao dagegen die feuchtwarme Niederung.

Weil Ernte- und Verbrauchsgebiete auseinanderliegen, weil die Ernten abseits der europäischen und nordamerikanischen Wirtschaftsreiche gewonnen werden und weil sich der Anbau auch innerhalb der Tropen auf einige Sondergebiete zusammenzieht, spielen die drei Genußgüter hinsichtlich ihrer Mengen und ihrer Werte im internationalen Handel eine größere Rolle, als ihr Anbau vermuten läßt.

Für den **Kaffee** kommen drei Herkunftsgebiete in Frage:

1. Südamerika (Brasilien, Kolumbien, Venezuela)	= 80%
2. Mittelamerika	= 14%
3. Java	= 4%

Brasiliens Ernten beherrschen mit ²/₃ aller in den Handel gelangenden Mengen den Weltmarkt. Sie werden in den äquatorfernen Staaten des Südens gewonnen (Sao Paulo, Rio de Janeiro, Minas Geraes), wo die gerodeten Böden des alten Urwaldgebietes sehr ergiebig sind und die beständige Witterung dem Wachstum des Kaffees besonders günstig ist. Mehrere gute Erntejahre bringen mitunter derartig große Mengen, daß der Weltmarkt überfüllt wird und staatliche Maßnahmen zur Erzielung eines lohnenden Preises erforderlich werden (Kaffeevalorisation). Der Brasilkaffee ist ein guter Gebrauchskaffee. Die Verschiffung erfolgt über Santos, Rio und Campos.

Der verwöhntere Geschmack bevorzugt den mit besonderer Sorgfalt bereiteten Kaffee Mittelamerikas (westindische Bereitung). Die Hauptpflanzungen liegen auf dem Festlande in Mexiko, Guatemala, San Salvador, Nicaragua und Kostarika, innerhalb der westindischen Inselwelt auf Haiti und Portoriko. Fast ebensogroße Mengen wie alle diese Gebiete zusammen liefern indessen die beiden südamerikanischen Länder Kolumbien (über Barranquilla und Kartagena) und Venezuela (über Maracaibo und La Guayra).

Außerhalb dieser Pflanzungsgebiete kommt als Großproduzent nur noch Niederländisch-Ostindien und hier besonders Java in Betracht, das ebenfalls Kaffee von hervorragender Güte erntet (Ausfuhr über Batavia, Surabaja, Samarang). — Ostafrika, namentlich das ehemalige Deutsch-Ostafrika, hat seine Ernten in den letzten Jahren stark gesteigert, liefert aber nur 1% der Welthandelsmengen.

Von diesen übernehmen Europa und die U. S. A. über 96%. So ergibt sich ein ziemlich einfaches Bild für die Richtungen des Kaffeehandels. Die Verarmung Europas und der wirtschaftliche Aufschwung Nordamerikas haben aber auch hier Veränderungen gezeitigt. Von den Welthandelsmengen übernahmen

	1909/13	1923
Europa	57%	43%
Amerika	40%	53%

In Europa sind Frankreich, Belgien, die Niederlande, Deutschland und Nordeuropa die Hauptverbraucher. Die maßgebenden Einfuhrplätze sind daher: **Hamburg**, Amsterdam und Rotterdam (Java!), Antwerpen und Le Havre. Die Engländer scheiden als große Kaffeeverbraucher aus; doch ist London Großmarkt, namentlich für mittelamerikanischen Kaffee.

Tee, das bevorzugte Getränk der Angelsachsen, ist ein asiatisches Erzeugnis. Eine genaue Nachweisung der Erntemengen ist nicht möglich; doch kann man mit ungefähr 350000 Tonnen rechnen, die jährlich in den Welthandel gelangen; davon stammen aus

Ostasien (China, Java, Formosa)	21%
Niederländisch Indien	12%
Britisch Indien (Assam und Ceylon) . . .	67%

Von diesen Mengen geht mehr als die Hälfte nach Großbritannien; Nordamerika (U. S. A. und Kanada) nimmt knapp 1/5 auf, Australien 6—7 % und Holland etwa 5 %. Der Rest von etwa 10 % verteilt sich auf viele Länder. Vor dem Kriege war Rußland einer der großen Teekäufer. Die Großmärkte des Teehandels sind London (für Tee aller Art, besonders indischen Tee) und Amsterdam (für Java- und Chinatee); Amerika, Australien und Südafrika kaufen aber in zunehmendem Maße in den Erntegebieten selbst.

Kakao ist erst in der neuesten Zeit ein Welthandelsgut von großer Bedeutung geworden; immer stärker tritt es am Weltmarkt hervor. In den letzten 10 Jahren hat sich die Produktion verdoppelt. Schon jetzt hat der Kakaohandel ein größeres Ausmaß erlangt als der Teehandel. — Als Pflanzungsgebiet kommen die feuchtheißen Niederungen nahe dem Äquator in Betracht, und zwar liefern von der Welternte die Tropengebiete

Amerikas	41 %
Afrikas	57 %
Asien und Ozeaniens je	1 %

In Amerika ist der Kakaoanbau in allen atlantischen Küstengebieten der Tropen entwickelt, am pazifischen Ozean in den Niederungen Ecuadors. Führend ist Brasilien (15 % der Welternte); etwa je die Hälfte davon bringen Trinidad und Ecuador hervor; Venezuela und San Domingo stehen dem nicht weit nach, während Kolumbien trotz günstigster Anbaubedingungen noch nicht als Ausfuhrland auftritt. Haupthäfen sind: Bahia, La Guayra, Guayaquil.

In Afrika liefert die Goldküste (Hafen: Accra) allein 44 % der Welternte, die fast ganz für die Ausfuhr frei ist; daneben sind bemerkenswert die Ernten von Nigeria und San Thomé.

Als Käufer nehmen Europa 54, Nordamerika 44 % der Welternte auf (vor dem Kriege 72, bzw. 27 %). Die Hauptverbraucher sind die U. S. A., Deutschland, England, Frankreich und die Niederlande. In Deutschland ist eine hochbedeutende Schokoladenindustrie entwickelt worden (Zusammenhang mit der Zuckergewinnung!)

II. Viehzuchterzeugnisse.

Trotz hochentwickelter Viehhaltung sind doch die dicht besiedelten Industrieländer Europas, vor allem Großbritannien, Deutschland, Belgien, die Schweiz und auch Frankreich, nicht in der Lage, ihren Bedarf der Fleischnahrung selbst zu erzeugen. Sie beziehen die Fehlmengen aus den europäischen Überschußgebieten (Osteuropa, Dänemark, Schweden, Niederlande usw.) und aus den großen Weidegebieten der überseeischen Länder (U. S. A., Kanada, Argentinien, Uruguay, Brasilien, Südafrika, Australien und Neuseeland). So entwickelt sich ein großer internationaler Handel mit tierischen Nahrungsmitteln, der ständig zunimmt.

Frischfleisch kann nur auf kurze Entfernung verfrachtet werden. Für längere Wege muß es durch Dörren, Salzen, Kühlen und Konservieren haltbar gemacht werden. Soweit der Weg durch die Tropen führt, muß man das Fleisch gefrieren lassen.

Die U. S. A. liefern aus den Riesenschlächtereien in Chikago, Kansas, Omaha usw. Schmalz, Wurstwaren, Fleischkonserven und geräucherte Ware (Speck, Schinken) in großen Massen an England und Deutschland. Die Schlachttiere hierfür liefern die Schweinezüchtereien der Oststaaten und die großen Weiden der Weststaaten. Kanadas gleichgeartete Produktion nimmt ständig an Bedeutung zu. Argentinien, Uruguay und der brasilianische Staat Rio Grande do Sul sind die Hauptlieferanten Europas für Gefrierfleisch. Bekannt sind die Fleischextraktfabriken von Fray Bentos am La Plata. Das australische Festland liefert aus dem südöstlichen Teile Rind- und Hammelfleisch, Neuseeland die Erzeugnisse seiner hervorragenden Rindviehzucht. — Für die Verteilung des Gefrierfleisches im europäischen Bedarfsgebiete sind besondere Gefrierlager (Hamburg, Bremerhaven, Leipzig usw.) und Kühltransporteinrichtungen erforderlich.

Neben Fleisch und Fett führen die obengenannten Staaten große Mengen Butter (aus Dänemark, Australien, Neuseeland, Sibirien), Käse (aus Kanada, den Niederlanden, der Schweiz), Eier (aus Rußland, den Balkanstaaten, Nordafrika, Kanada, Ostasien) und Geflügel ein. Auch der internationale Handel mit kondensierter Milch (aus U. S. A., Kanada, Dänemark, den Niederlanden, der Schweiz) hat einen beachtlichen Umfang gewonnen.

III. Industriegüter.

a) Kraftstoffe.

1. Kohlen.

Steinkohlen und Braunkohlen sind die Hauptkraftstoffe für die gewerbliche Tätigkeit der Menschen. Wenn sich ihr Vorkommen auch auf weite Gebiete der Erdoberfläche ausdehnt, so sind doch die gemäßigten Zonen, ganz besonders die nördlich gemäßigte am reichsten mit Kohlen ausgestattet, und hier übertrifft wiederum der Reichtum des amerikanischen Erdteils denjenigen aller anderen Erdteile bei weitem (siehe Skizze 61).

In der Ausbeute steht allerdings der alte Erdteil immer noch voran; denn auf ihn entfielen 1925 von der Weltförderung an Steinkohlen 45,4%, auf Amerika 45,5%; von der ganzen Braunkohlenförderung stellte Deutschland allein zwar 77%, die Tschechoslowakei 10% zur Verfügung; aber es ist doch zu beachten, daß die U. S. A. aus dem Reichtum ihrer Kohlenfelder über $^3/_5$ der Weltausbeute allein gewinnen (vgl. Skizze 78!).

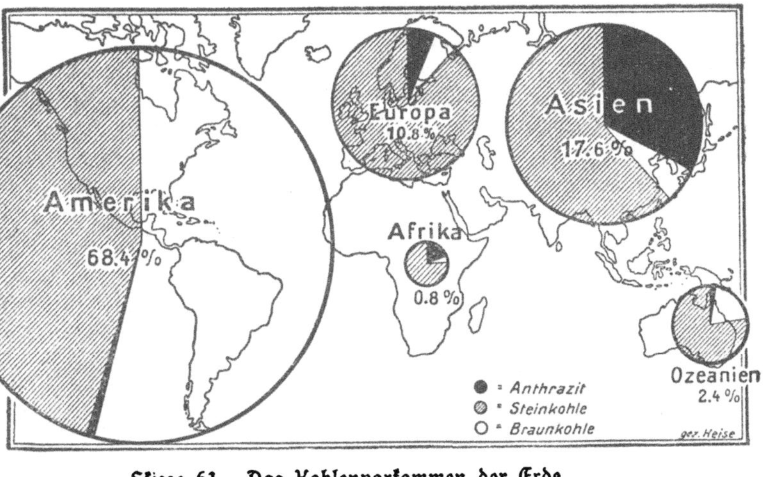

Skizze 61. Das Kohlenvorkommen der Erde.

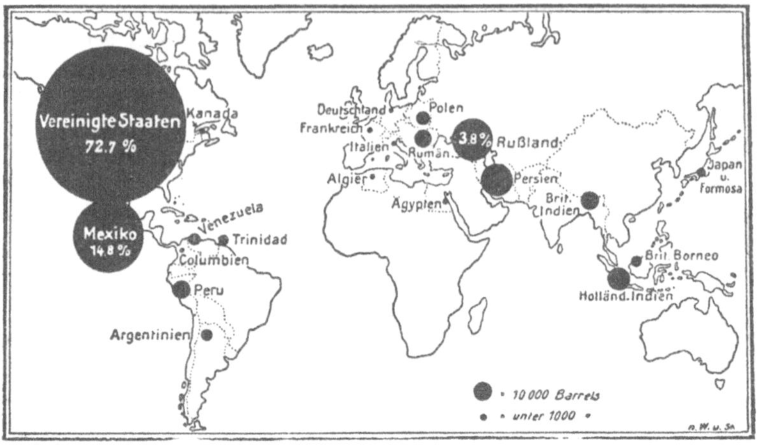

Skizze 62. Erdölgewinnung im Jahre 1923.
(Vgl. die Karte „Erdöl" in Teubners Weltwirtschaftskarten von Prof. v. d. Aa u. Dr. Fabian.)

Die ungleiche Verteilung der Vorräte macht innerhalb Europas die Belieferung der kohlenarmen Länder Nord- und Südeuropas, sowie der industriellen Staaten Westeuropas (Belgien, Frankreich, Schweiz, Niederlande) durch fremde Bergwerke nötig. Da außerdem die Kohle wie jede geringwertige Ware billige Wege sucht, wird die Ausfuhr aus grenznahen Fördergebieten in die Nachbargebiete in der Regel lebhaft sein (vgl. Ruhrgebiet, Oberschlesien).

Diese Umstände und der natürliche Reichtum an Kohlen machen England zum Kohlenversorger Europas. Er beliefert alle Küsten des Erdteils, selbst diejenigen Deutschlands. — Dieses ist unter den Einwirkungen der Friedensbestimmungen wegen der Abtrennung Ost-Oberschlesiens und des Saargebietes aus einem Kohlenausfuhrlande zu einem Einfuhrlande geworden, während Polen den neu gewonnenen Reichtum an Kohlenschätzen wieder ausführen muß.

Hierzu kommt, daß der Hauptteil der Welthandelsflotte noch immer mit Dampfmaschinen getrieben wird. England beliefert die Kohlenstationen der Erde mit Bunkerkohle; allerdings ist sein Absatz durch die Erschließung der südafrikanischen (Natal), indischen und ostasiatischen (Japan) Kohlenfelder eingeengt worden; dennoch ist die Kardiff-Kohle die Bunkerkohle der Weltschiffahrt. — Jenseits der Ozeane kommen nur die U. S. A. als Kohlenausfuhrland in Betracht.

Die **Braunkohle** spielt als internationales Handelsgut eine geringe Rolle, da sie keine hohen Frachten tragen kann. Nur die nordböhmische Braunkohle wird in größeren Mengen nach Deutschland abgesetzt. Eine besondere Bedeutung gewinnt das Braunkohlenvorkommen dadurch, daß es nunmehr möglich geworden ist, die Kohle zu verflüssigen und auf diesem Wege aus ihr die wertvollen Leicht- und Schweröle zu gewinnen, die bisher nur das Erdöl lieferte.

In allen Ländern mit entwickelter Wirtschaft hat seit einem Jahrzehnt die Elektrizität einen Siegeslauf angetreten, wie er vordem kaum geahnt wurde. Verkehr und Industrie werden in ständig zunehmendem Maße auf die Benutzung elektrischer Kraft umgestellt. In Deutschland hat sich deren Verwendung von 1913 bis 1925 verdreifacht. Als Kraftquellen kommen **Wasser** und **Kohle** in Betracht. In Deutschland liegen die drei größten Elektrizitätszentralen mit über ein Drittel der gesamten Stromlieferung im rheinischen, mitteldeutschen und sächsischen Braunkohlenbezirk.

Skizze 63. (Aus „Wirtschaft und Statistik", hrsg. v. Stat. Reichsamt. Verl. R. Hobbing, Berlin; vgl. die Karte „Wasserkräfte, Elektrizität" in Teubners Weltwirtschaftskarten von Prof. von der Aa und Dr. Fabian.)

Siehe Skizze 63! Die Entwickelung wird zu einem Austausch elektrischer Kraft zwischen benachbarten Ländern führen.

2. Erdöl.

Die Erdölgewinnung großen Stils setzte erst in der Mitte des 19. Jahrhunderts ein, als Amerika seine pennsylvanischen Lager erschloß; seitdem ist die Gewinnung von Jahr zu Jahr gesteigert worden; allein in der Zeit von 1913 bis 1924 wurde sie verdreifacht (Weltausbeute 1924 = 141 Millionen t); überall auf der Erde bemerken wir eine rege Suche nach neuen Erdölfeldern, und wenn man gelegentlich von einem „Jahrhundert des Erdöls" spricht, so liegt darin ein Stück Wahrheit. Denn Erdöl liefert den Triebstoff für den Landverkehr (Autos, Eisenbahnen), für Kriegs- und Handelsflotten und für den Luftverkehr. Der Besitz ausreichender Erdölfelder ist daher für die Weltmachtstellung der Staaten ein entscheidender Faktor. Die Ausbeutung der Ölfelder hat Finanzunternehmungen von weltumfassendem Einfluß entstehen lassen (den amerikanischen Standard-Oil-Trust und den britisch-niederländischen Trust). So wird die Entwicklung der Erdölgewinnung durch Staats- und Finanzmächte geleitet.

An der Weltförderung waren 1925 beteiligt:

Amerika mit 86 %, Europa mit 7 %, Asien mit 7 %.

Die U. S. A. gewinnen 70 % aller auf der Erde geförderten Menge allein, und zwar 1. in den Appalachen, von wo aus Röhrenleitungen das Öl an die nordamerikanischen Seen und die atlantische Küste führen, 2. in einem Gebiet, das sich von

Galveston am Golf bis nach Kansas hineinzieht, und 3. in Kalifornien im Hinterlande von Los Angeles. Von hier aus versorgen die Amerikaner ihre eigenen und die südamerikanischen Häfen und beliefern Europa mit Leuchtöl und Heizöl. Daneben beherrscht die Union 40 % der mexikanischen Förderung, die im Hinterlande des Hafens Tampico so reiche Erträge bringt, daß diese 11 % der Weltausbeute ausmachen. Um endlich den Verkehr im Panamakanal sicherzustellen, beginnen die Amerikaner die anscheinend sehr reichen Ölfelder Kolumbiens zu erschließen; auch die Förderung Venezuelas (2%) steht unter ihrem Einfluß; dagegen hat Argentinien die Felder Patagoniens mit eigener Kraft nutzbar gemacht.

Demgegenüber haben England und die Niederlande die Vorherrschaft in der asiatischen Produktion. England hat sich die Beherrschung der Felder in Mesopotamien (Mossul) und Südpersien gesichert; von hier aus versorgt es die Ölbunkerstationen am Indischen Ozean und wird es künftig die Mittelmeerschiffahrt versorgen. Der Vorrat wird ergänzt durch die kleineren Quellen in Hinterindien und Nordborneo, so daß der Triebstoff für die Fahrt nach dem Osten überall zur Verfügung gestellt werden kann. — Die Niederlande haben in ihrem asiatischen Kolonialbesitz Unternehmungen ins Leben gerufen, die ihnen einen Anteil von 2—3 % an der Weltausbeute sicherstellen.

Auf dem europäischen Festlande können nur die großen Lager um den Kaspisee (Baku, Grosnij, Maikop, Emba), und die kleineren Felder in Rumänien (Prahova) und Galizien (Boryslaw) Anspruch auf weltwirtschaftliche Bedeutung erheben, vor allem das erstgenannte Gebiet, das 1913 noch 16 %, 1925 aber nur 5 % der Weltmengen zur Verfügung stellte.

Der Wert der Weltförderung wird auf 16—20 Milliarden Mark jährlich geschätzt. Dabei ist außerdem zu beachten, daß das Rohöl den Rohstoff für eine sehr bedeutende chemische Industrie abgibt.

b) Gewerbliche Rohstoffe und Erzeugnisse.

1. Eisen und Eisenindustrie.

Für den Standort der großen Eisenhüttenindustrie war bisher in erster Linie nicht das Vorhandensein von Erzlagern, sondern dasjenige verkokungsfähiger Kohle maßgebend. Die geringwertige Kohle wird möglichst am Gewinnungsorte verwertet; das hochwertige Eisenerz strebt den Kohlenlagern zu. So sind die wichtigen

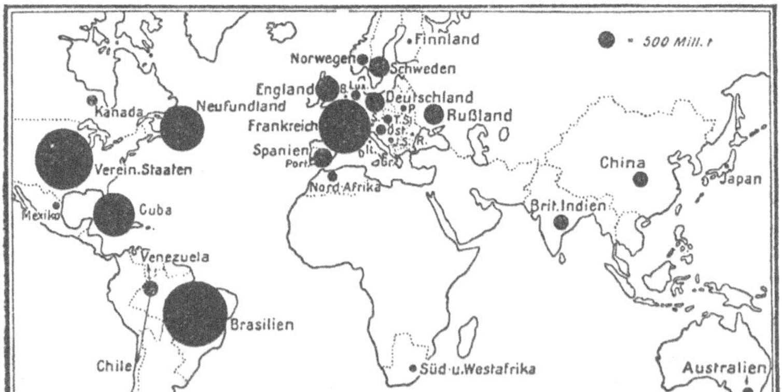

Skizze 64. Die Eisenerzlager der Erde.

Kohlenländer auch die führenden Länder in der Roheisengewinnung. Voraussetzung ist aber, daß die Erzlager durch kurze Landwege oder billige Wasserwege mit den Kohlenlagern verbunden sind. — In neuester Zeit ist es aber gelungen, das Eisen mit Hilfe elektrischer Kraft aus den Erzen zu gewinnen. Damit können sich Erzländer, die über genügende Wasserkräfte verfügen, von den Kohlengebieten freimachen und eine eigene Eisengroßindustrie entwickeln, ohne Kohlen zu besitzen (Schweden). Die Folge würde sein, daß im internationalen Handel an Stelle des Erzes immer mehr das Roheisen tritt.

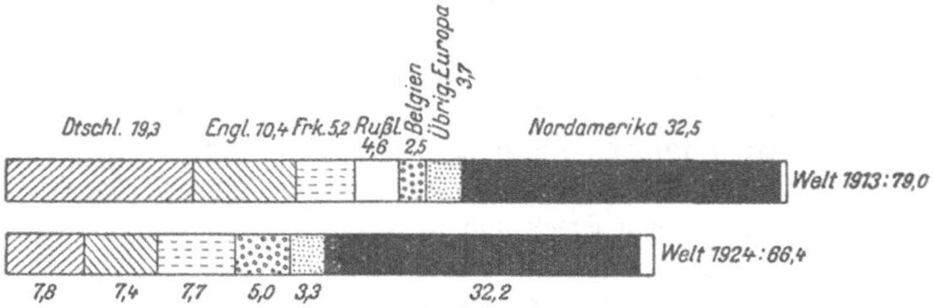

Skizze 65. Die Roheisenerzeugung der Welt.

Vorläufig spielen Erzfrachten und Erzhandel im Verkehr unter den Ländern noch eine sehr bedeutende Rolle. Skizze 64 veranschaulicht die Ausstattung der Erdteile mit Eisenerzen. Sie zeigt deutlich die günstigere Lage Amerikas gegenüber Europa und die Leere der anderen Festländer. Von den nachgewiesenen Erzvorräten kommen etwa 30 % auf Europa, 60 % auf Amerika.

In Europa werden die Ausfuhrmengen von den drei großen Erzländern zur Verfügung gestellt, von Frankreich (Minettegebiet, Nordfrankreich), Schweden (Gellivara und Falun) und Spanien (Bilbao, Almeria im S, Turuel im O); aufgenommen werden diese Mengen von dem erzarmen Industrielande Belgien, von England und Deutschland; daneben kommen als größere Käufer die Tschechoslowakei und Polen (Oberschlesien) in Betracht; indessen versorgen sich die Hauptländer Europas auch in überseeischen Gebieten, in Nordafrika, Brasilien, Neufundland usw. — Die U. S. A. verfügen über gewaltige Erzlager am Oberen See, südlich des Eriesees und in den Appalachen, ergänzen aber den Bedarf ihrer riesigen Hochofenindustrie durch Erzbezug aus Kanada, Neufundland, Schweden usw.

Die Roheisenerzeugung der Welt hat durch den Krieg eine gewaltige Erschütterung erfahren. Näheres weist Skizze 65 nach.

Auch das Roheisen ist internationales Handelsgut von beachtlichem Umfange. Der größte Exporteur ist Frankreich geworden. Das englische Roheisen findet wegen seiner hohen Qualität überall Abnehmer; außerdem sind die Tschechoslowakei und Schweden nennenswerte Lieferanten. Als Käufer treten vor allem Deutschland (infolge der Kriegsverluste!), Belgien, Italien und die U. S. A. auf.

Weit bedeutender ist indessen der Außenhandel mit halbfertigen und fertigen Eisenwaren und mit Maschinen; zu ersteren gehören Stab- und Formeisen, Röhren, Walzen, Blech, Draht, Eisenbahnmaterial, Kessel, Maschinenteile, Kleineisenwaren usw. Es handelt sich dabei einerseits um den mannigfaltigen Austausch von Spezial- und Qualitätswaren zwischen den großen Industrieländern, andererseits um die Belieferung der jungen Wirtschaftsstaaten in Übersee und der Landwirtschaftsstaaten unsers Erdteils aus den hochentwickelten Industriezentren Europas und Nordamerikas.

England, Deutschland und die U. S. A., Belgien und die Schweiz, dann auch Frankreich und die Tschechoslowakei sind die Bewerber um die Aufträge auf Verkehrs- und Fabrikanlagen im Auslande, um dessen Belieferung mit Maschinen und

Eisenwaren aller Art. Für diesen Handel können sich keine geschlossenen Märkte entwickeln; für ihn müssen Ausfuhrorganisationen eigener Art geschaffen werden.

2. Metalle und Metallindustrie.

Kupfer, Blei, Zinn, Zink und Aluminium werden zur Herstellung von Maschinen, Anlagen, Baueinrichtungen, Geräten und Gegenständen aller Art verwendet; Kupfer und neuerdings auch Aluminium sind die unentbehrlichen Grundstoffe für elektrische Maschinen, Einrichtungen und Leitungen. Da die hierauf gerichtete gewerbliche Tätigkeit eine hochentwickelte Technik und tüchtige Schulung des Arbeiters erfordert, finden wir ihren Standort vor allem in den führenden Industriestaaten. Diese ziehen die Erze aus den Bergwerksgebieten heran, um sie zusammen mit eigenen Erzen und Altmetall zu verhütten, oder sie führen auch das Metall selbst ein.

Rund die Hälfte alles Metalls verbraucht Europa. Skizze 66 zeigt aber, daß es, abgesehen vom Aluminium, nur in geringem Maße an der Bergwerksproduktion beteiligt ist. Nordamerika dagegen, das 40—50 % der Metalle verarbeitet, kann große Überschüsse an Kupfer, Blei und Zink abgeben. Außerdem stellen die Kupferbergwerke Kanadas, Mexikos, Perus, Chiles, Australiens und des Kongolandes, die Bleigruben Kanadas, Mexikos, Australiens, Britisch-Indiens und Tunesiens, die Zinkgruben Australiens, Kanadas und Nordafrikas ihre Ausbeute zur Verfügung.

So geben die Metalle und ihre Erze bedeutsame Frachten für die Weltschiffahrt ab. Die bemerkenswertesten Tatsachen sind dabei die Abhängigkeit Europas vom nordamerikanischen Kupfer und die Abhängigkeit der Welt von der Zinnproduktion in den Malaienstaaten und Niederländisch-Indien. In diesem Handel sind Neuyork, London, Hamburg und Berlin die beherrschenden Märkte.

Innerhalb Europas kommen als Ausfuhrländer in Betracht für Kupfer: Spanien, für Blei: Spanien und Belgien, für Zink: Spanien, Belgien und Polen (Oberschlesien).

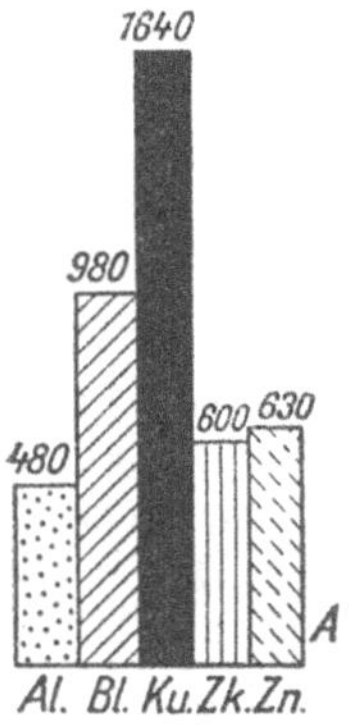

Wert der Gewinnung (Zahlen = Mill. M.)

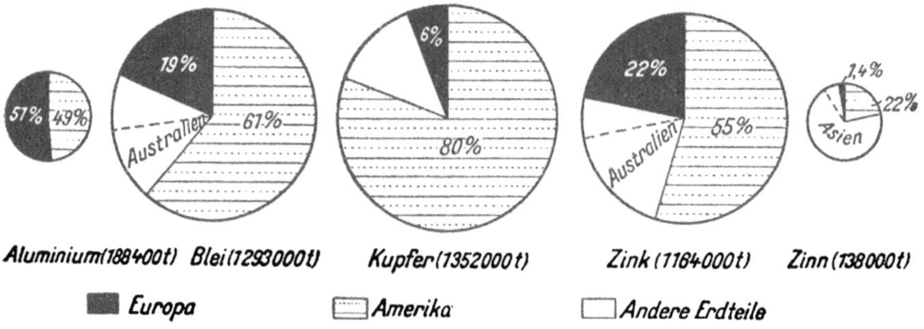

Skizze 66. Die Bergwerksgewinnung an Metallen.

3. Faserstoffe und ihre Industrien

Die Gewinnung und Verarbeitung von Gespinstfasern stellt einen außerordentlich großen Teil aller wirtschaftlichen Tätigkeit dar. Wenn auch Spinnen und Weben als uralte Hausarbeit überall verbreitet ist, so ist doch die neuzeitliche Textilindustrie in Europa entstanden. Auch heute noch verarbeitet Europa 45 % aller Baumwolle, über 70 % aller Wolle, über 90 % der Flachsernte, den meisten Hanf und ein Drittel der indischen Jutefaser. Skizze 67 zeigt nun, daß die Gespinstfasern, abgesehen von Flachs und Hanf, vorwiegend oder ausschließlich Erzeugnisse fremder Erdteile sind und daß somit eine starke Zufuhr aus den überseeischen Erntegebieten nach den europäischen Häfen stattfinden muß.

Dazu kommt, daß der Anbau von Baumwolle auf drei Hauptgebiete beschränkt ist, der Anbau von Jute fast nur in Indien stattfindet. Von diesen Rohstoffgebieten muß die Belieferung aller Bedarfsländer der Erde erfolgen. Endlich ist zu beachten, daß manche bedeutenden Ernteländer fast ausschließlich für die Ausfuhr und nicht für das heimische Gewerbe arbeiten. Diese räumliche Trennung von Anbau- und Ver-

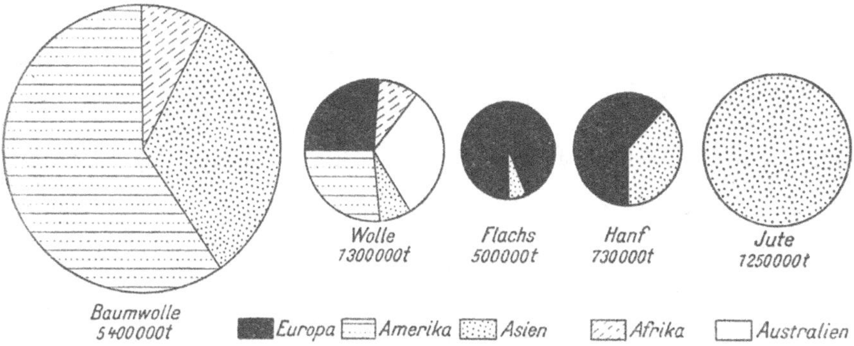

Skizze 67. Erzeugung von Gespinstfasern 1924.

(Vgl. die Karten „Baumwolle, Jute, Flachs" und „Wolle, Seide, Kunstseide" in Teubners Weltwirtschaftskarten von Prof. von der Aa und Dr. Fabian.)

arbeitungsstätten hat zur Folge, daß die Gespinstfasern nach Masse und Wert zu den allerwichtigsten Welthandelsgütern zählen.

1. Baumwolle. Das amerikanische Sprichwort „Cotton is king" kennzeichnet treffend die hervorragende Stellung der Baumwolle, nicht nur innerhalb der vereinsstaatlichen Wirtschaft, sondern auch im Welthandel. In den Ebenen der U. S. A. wurden 1924 allein 56 % der Welternte hereingebracht, wovon etwas mehr als die Hälfte für die Ausfuhr zur Verfügung stehen (1909/13 noch $^{2}/_{3}$!). Auf Grund dieser Vormachtstellung können die Amerikaner die Bedingungen und Preise des Baumwollhandels bestimmen. Die in dauernder Fahrt befindlichen Baumwolldampfer richten ihren Kurs aus Galveston, Neuorleans, Pensacola, Wilmington, Savannah, Charleston und Neuyork auf Europa; hier sind Liverpool und Bremen die Plätze des lebhaftesten Baumwollhandels, daneben Le Havre und Rotterdam; Belgien führt über Antwerpen, Italien über Genua ein. Jenseit des Ozeans laufen alle an diesen Plätzen getätigten Großhandelsgeschäfte in der Börse von Neuyork zusammen. So bedeutsam die Ausfuhr von Rohbaumwolle für die U. S. A. auch ist, so geht doch dort das Bestreben mit ständigem Erfolge dahin, statt der Rohwolle Garn und Gewebe in den Handel zu bringen.

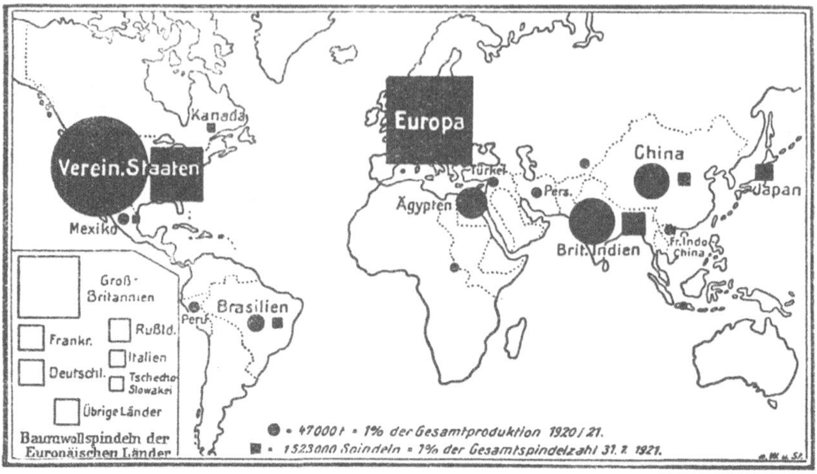

Skizze 68. Baumwollernte und -spindeln 1920/21.

Ägypten baut dagegen seine besonders hochwertige Baumwolle fast ausschließlich für die Ausfuhr. Wenn seine Ernte auch nur 6 % der Weltmenge ausmacht, so ist sie doch bei der Herstellung feiner Webwaren durch keine andere zu ersetzen; sie findet daher überall, auch in den U. S. A., Absatz. Ausfuhr- und Handelsplatz: Alexandria.

Vorderindiens Baumwolle wird wegen ihrer kürzeren Fasern und geringeren Reinheit vornehmlich für gröbere und geringere Gewebe verwendet. Fast die Hälfte der großen Ernte (20 % der Welt) wird in den Webereiwerken des Landes selbst verarbeitet; für den Rest sind nicht nur die europäischen Festlandsstaaten, sondern im besonderen Japan und China Abnehmer. Die großen Verschiffungshäfen sind Bombay und Madras.

Die drei genannten Baumwollgebiete lieferten zusammen 82 % der Welternte, aber 93 % der Welthandelsmengen. China baut zwar im N und in der Mitte des Landes den zwölften Teil der Gesamtproduktion an, muß aber zur Deckung des Bedarfes große Mengen Baumwollwaren einführen, wogegen Rohbaumwolle ausgeführt wird. Auf Russisch-Mittelasien kommen etwa 2 % (1909/13 = 5 %), von denen nichts ausgeführt wird. Auch Brasilien (2,4 % der Welternte) baut die Baumwollwebereien des Landes aus; nur der siebente Teil der Produktion wird ausgeführt; doch bietet das Land die günstigsten Bedingungen für eine sehr wesentliche Erweiterung seiner Pflanzungen. Wird die Arbeiterfrage gelöst, so kann Brasilien das Weltbaumwollland der Zukunft werden. — Peru und Ostafrika (das ehemalige Deutsch- und Britisch-Ostafrika) bringen ihre Ernten (beide je 1 %) dagegen fast völlig auf fremde Märkte. — Wo sonst überall Baumwolle wächst, kommt sie für die Weltversorgung nur unwesentlich in Betracht.

2. Wolle. Europa kann zwar noch etwa $^1/_4$ aller erzeugten Wolle aus eigenen Herden gewinnen; aber diese Produktion bleibt in den Erzeugungsländern und wird nicht internationale Handelsware; nur Spanien und die Balkanländer können kleinere Posten abgeben. Da aber Europa annähernd $^3/_4$ der Weltproduktion verarbeitet, muß es sich in überseeischen Gebieten versorgen. Seine Wolllieferanten sind die großen Weidegebiete der Südhalbkugel: 1. Australien-Neuseeland (31 %), 2. Argentinien-Uruguay-Chile (15 %), 3. Südafrika (7 % der

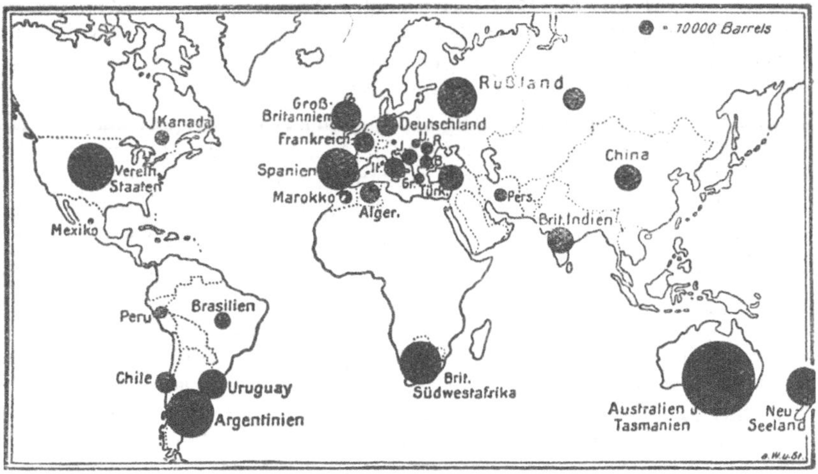

Skizze 69. Die Wollerzeugung der Erde 1922.

Weltproduktion). Die dort gewonnene Wolle geht entweder ganz oder fast ganz außer Landes; hier decken auch die U. S. A. und Japan ihren Fehlbedarf. — Die argentinische Wolle wird im freien Handel auf dem Kamp oder in Buenos Aires gekauft und vom La Plata aus verschifft. Australien hat seine Märkte in der Art von Auktionen eingerichtet, auf denen sich die Käufer der ganzen Welt treffen; solche Versteigerungen finden dauernd statt in Sydney, Melbourne, Adelaide, Perth, Brisbane usw. — Die südafrikanischen Märkte in Durban und Port Elizabeth sind von geringerer Bedeutung. Auf europäischem Boden sind London und daneben Liverpool die Großmärkte für Australwolle und Kapwolle. Die sechs Londoner Auktionen dauern je etwa 30 Tage und führen Käufer aus allen großen Industrieländern zusammen. Für La-Plata-Wolle hatte früher Antwerpen als Markt einen hervorragenden Platz; seit Kriegsende hat sich der Handel aber mehr nach Amsterdam gezogen. In Deutschland sind Berlin, Leipzig und Hamburg Wollhandelsplätze erster Ordnung mit weltumfassenden Verbindungen. In Frankreich behauptet Lille seinen Platz als Vorort der dort ansässigen bedeutenden Industrie. — Als Wollausfuhrländer geringerer Bedeutung sind noch zu erwähnen: Nordafrika, Britisch-Indien und China.

3. Flachs. Die Leinfaser ist in der Neuzeit immer stärker durch die Baumwolle zurückgedrängt; dennoch macht ihre Verwendung doch noch etwa den zehnten Teil der Baumwolle aus. Die großen Flachsbaugebiete liegen in Osteuropa (Rußland, Estland, Lettland, Litauen, Polen). 1909/13 lieferten sie rund $^{9}/_{10}$ aller in den Welthandel gelangenden Flachsmengen über die Ostseehäfen und Breslau. Vorläufig sind hier Ernte und Handel stark gestört; doch wird ihre Bedeutung wiederkehren. Geringere Mengen, allerdings besonders hochwertiger Fasern liefern auch Nordfrankreich, Belgien und Holland. Was in den übrigen europäischen Gebieten gezogen wird, dient dem inländischen Bedarf. — Die Hauptkäufer sind die fünf großen europäischen Leinenindustriestaaten England, Belgien, Deutschland, Frankreich und die Tschechoslowakei; neben ihnen nimmt auch Japan beträchtliche Mengen aus Sibirien auf.

4. Hanf. Die gröbere Hanffaser bietet den Rohstoff für die Seilerei; nur etwa $^{1}/_{6}$ des Faserertrages findet zur Herstellung besonders haltbarer Gewebe

Verwendung. Die Hauptanbaugebiete der genügsamen Pflanze sind Rußland ($^2/_3$ der europäischen Ernte), Italien ($^1/_6$), Jugoslawien, Ungarn, Polen und die Tschechoslowakei, die sämtlich ausführen. Aber auch China und Britisch-Indien geben beachtliche Mengen in den Handel. Hauptverbraucher sind West- und Mitteleuropa, sowie die U. S. A. In neuerer Zeit ist der Manilahanf (aus einer Bananenart) auf den Philippinen in großem Maßstabe gezogen. Er ist neben dem Rohrzucker das Haupterzeugnis dieser nordamerikanischen Besitzung und wird wegen seiner besonderen Festigkeit überall verwendet (Schiffstaue, Bindfaden, aber auch feine Garne).

5. Jute ist die Faser, die der Menge nach an zweiter Stelle steht. Sie eignet sich für die Herstellung grober Gewebe (Sackleinewand, Segeltuch) und wird auch mit Flachs und Hanf zusammen verwebt. Die Hauptverbraucher sind England und Deutschland, die bedeutendsten Handelsplätze für die europäische Einfuhr daher London und Hamburg. An zweiter Stelle stehen unter den Verbraucherländern Frankreich, Italien, die Tschechoslowakei und Nordamerika. Die genannten Länder Europas übernehmen allein 70 %, die Union 10 % sämtlicher Welthandelsmengen zur Verarbeitung. Als Erzeuger kommt ausschließlich Britisch-Indien in Betracht. Die kleinen Erntemengen Formosas, Japans und Chinas spielen in der Weltwirtschaft keine Rolle. Indien zieht die Jute in den feuchtheißen Niederungen des Gangesdeltas; ein kleiner Teil gedeiht auch in Nepal. Kalkutta ist nicht nur der herrschende Welthandelsplatz für Jute, sondern auch der bedeutendste Fabrikort der Erde für Juteweberei. Indien führt heute nur noch die Hälfte der Rohfaser aus; die andere Hälfte wird im Lande verarbeitet und von Kalkutta aus in der Form von Packleinwand und Säcken in die großen Rohstoffgebiete Australiens und Südamerikas verschickt.

6. Seide. Auch die feinste Spinnfaser ist als asiatisches Erzeugnis zu bezeichnen; denn die volkreichen Gebiete Ostasiens (China, Japan, außerdem Indochina und Korea) gewannen 1909/13 etwa 93 % aller Kokons. Nach dem Kriege ist ihr Anteil an der Weltgewinnung noch gewachsen. China allein erntete von dieser 900000 t, Japan 260000 t im Jahre 1924. Dazu kommt noch die Produktion Vorderasiens in der Türkei, in Syrien, Libanon, Zypern und Russisch-Asien, die aber mit nicht mehr als 30000 t angenommen werden kann. Demgegenüber ist der Anteil Europas bescheiden zu nennen. Die Seidenraupenzucht sitzt hier in Oberitalien, Südfrankreich und der Südschweiz, ferner in Spanien und auf dem Balkan (Bulgarien, Rumänien, Jugoslawien); aber das europäische Mittelmeergebiet erreicht nicht einmal 5 % der Welternte, und hiervon kommen allein $^4/_5$ auf Italien. — Da die Seidenfaser in allen Ländern mit hochentwickelter Textilindustrie verarbeitet wird, besonders in Frankreich, der Schweiz, Deutschland, England und den U. S. A., fällt dem Handel die Aufgabe zu, sie mit Rohseide und Seidengarn zu versorgen; für diese Bezüge kommen hauptsächlich in Betracht: Japan, das Hauptausfuhrland (über Jokohama), China (über Kanton und Schanghai) und Italien (Hauptmärkte Como und Mailand). — In neuerer Zeit tritt die aus Zellulose hergestellte Kunstseide als Mitbewerber der natürlichen Seide um den Weltmarkt immer stärker hervor.

7. Halb- und Fertigwaren der Textilindustrie mit ihren überaus mannigfaltigen Arten werden in großen Mengen von West- und Mitteleuropa aus über die ganze Erde gehandelt. Jenseit des Ozeans wird die Union mit ihrer Baumwollwarenausfuhr ein immer stärkerer Konkurrent Europas, besonders auf dem mittel- und südamerikanischen Markte, während die erfolgreiche japanische Industrie ihr Absatzgebiet in Süd- und Ostasien sucht. In zunehmendem Maße gehen

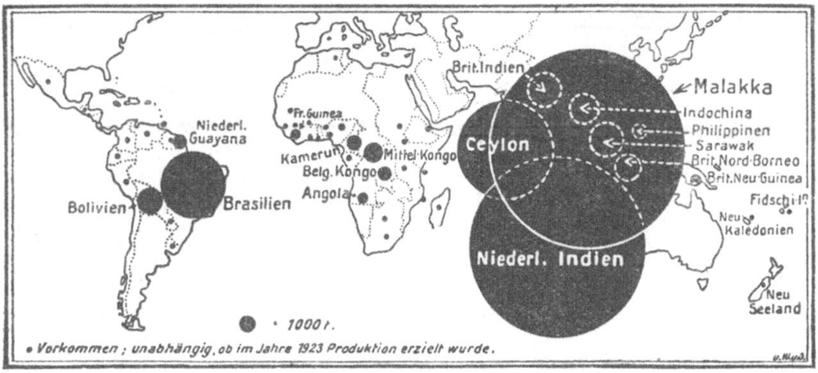

Skizze 70. Die Kautschukproduktion 1923.

(Vgl. Karte „Kautschukgewinnung u. Automobilindustrie" in Teubners Weltwirtschaftskarten von Prof. von der Aa und Dr. Fabian.)

aber die volkreichen Überseegebiete mit eigener Produktion dazu über, sich von der Vorherrschaft der genannten Länder auf dem Textilmarkte loszulösen und selbst Webwaren in großem Maßstabe herzustellen (Indien, China, Brasilien). Der Kampf um den Absatz auf dem Weltmarkte verschärft sich zusehends. Europa wird seinen Vorsprung durch ständige Fortentwicklung der Technik und Verfeinerung seiner Erzeugnisse wahren müssen.

4. Kautschuk.

Kautschuk und Guttapercha wird aus dem Milchsafte verschiedener tropischer Bäume und Pflanzen gewonnen, denen der Saft durch Einkerben der Rinde entzogen wird. Seine vielseitige Verwendbarkeit und die Entwicklung der elektrischen, chemischen, Autoindustrie usw., die viel Kautschuk verwenden, haben eine gewaltige Steigerung der Kautschukproduktion zur Folge gehabt. 1862 brachte eine Menge von 4000 t, 1925 dagegen 524000 t auf den Weltmarkt. Da die Verarbeitungsstätten außerhalb der Tropen liegen, gelangt die ganze Produktion in den Außenhandel. Die starke Steigerung ist dadurch möglich geworden, daß es gelungen ist, die Kautschukbäume in Pflanzungen zu ziehen. Somit hat man zu unterscheiden zwischen Wildkautschuk und Pflanzungskautschuk.

Der Wildkautschuk wird zu 80 % aus den Urwaldbäumen des Überschwemmungsgebietes am Amazonas gewonnen; diese ergeben die beste Handelssorte; sie wird über den Hafen Para in den Handel gebracht (Paragummi). Wildkautschuk liefern außerdem Westafrika (Kongo, Sierra Leone) und Ostafrika (Madagaskar) und einige andere Gebiete untergeordneter Bedeutung. Während die Gewinnung dieses Kautschuks 1913 noch 56 % der Weltmenge brachte, waren es 1925 nur noch 7 %.

Pflanzungskautschuk. Inzwischen sind die großen Pflanzungen Süd- und Südostasiens ertragreich geworden. Das hatte eine Vervierfachung der Weltproduktion (seit 1913) und die Verlegung des Schwerpunktes nach dem Osten zur Folge. Hier verteilt sich die Ernte wie folgt:

Britisch Indien und Ceylon	11 %	der gesamten Kautschukgewinnung.
Hinterindien	41 %	
Südostasiatische Inseln . . .	41 %	

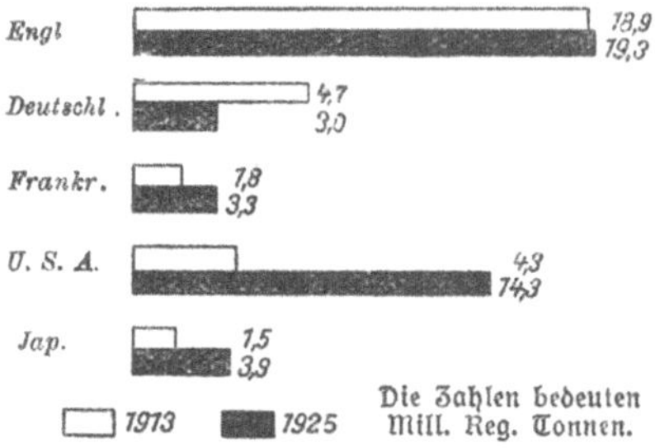

Skizze 71.
Die Weltdampferflotte 1913 und 1925.

Rund 1 % kommen aus verschiedenen anderen Gebieten, unter denen die Pflanzungen Ostafrikas gute Aussichten auf steigende Bedeutung boten; der Krieg hat diese allerdings zunächst vernichtet.

Das Automobilland Amerika ist der größte Käufer am Kautschukmarkte (die Automobilindustrie beansprucht ³/₄ alles Kautschuks!). 75 % des Weltertrages landet in den nordamerikanischen Häfen. In Europa sind entsprechend der Lage der Pflanzungen in britischen und niederländischen Kolonien London und Amsterdam die Großmärkte des Kautschukhandels.

IV. Weltverkehrswege.

Die gewaltigen Mengen der unter den Ländern regelmäßig auszutauschenden Welthandelsgüter, der Nachrichten- und Reiseverkehr machen sehr umfangreiche Beförderungseinrichtungen erforderlich. Die Landwege verlaufen in so mannigfaltiger Weise, daß hier auf die einzelstaatliche Betrachtung verwiesen werden muß. Von besonderer Bedeutung sind die Großwege des Weltverkehrs auf den Ozeanen.

Die **Welthandelsflotte.** Für die große Fahrt treten die an die Gunst der Winde gebundenen Segelschiffe völlig zurück. Immerhin werden sie noch für gewisse, nicht hochwertige Güter, die eine lange Reisedauer aushalten, noch verwendet (die Reisfahrer nach Indien, die Salpeterfahrer nach Chile usw.). Die Seeverkehrsbedeutung eines Landes wird aber gekennzeichnet durch die Größe seines Schiffsbestandes an Dampfern und großen Motorschiffen.

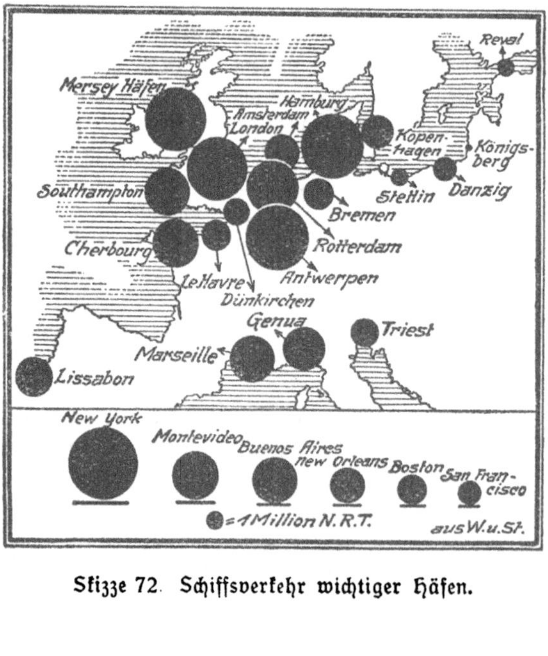

Skizze 72. Schiffsverkehr wichtiger Häfen.

Skizze 71 zeigt den Anteil der Hauptländer und die Veränderungen, die der Weltkrieg hier herbeigeführt hat. 1913 waren in Europa noch 83 % der Weltdampferflotte beheimatet, 1925 nur noch 63 %. Dagegen haben die U. S. A. ihren Anteil mehr als verdoppelt, Japan seinen Anteil annähernd verdoppelt. In Europa sind Großbritannien, Deutschland, Frankreich, die Niederlande und Italien die führenden Weltverkehrsmächte (1913 = 69, 1925 = 50 % der Weltflotte), allen anderen voran England, das fast ¹/₃ aller Schiffe sein eigen nennt.

Schon aus diesen Zahlen ergeben sich die drei großen Kraftzentren des Weltverkehrs: Nordwesteuropa, Nordamerika, Japan.

Die Welthandelswege. Die große Wasserwüste des Stillen Ozeans liegt im Rücken Europas und Amerikas. Diese beiden wenden aber ihr Antlitz dem Atlantischen Ozean zu, dem belebtesten Weltmeere der Gegenwart. An seinen Gestaden liegen die Riesenhäfen des Weltverkehrs (siehe Skizze 72). Der Auslandsverkehr der größten Welthäfen i. J. 1925 ergibt sich aus nachfolgender Zusammenstellung (Zahlen = Mill. Nettoregistertonnen)

1. Neuyork . . 19,7	6. Shanghai . . . 15,1
2. London . . . 17,2	7. Liverpol 13,3
3. Antwerpen 17,0	8. Buenos Aires 12,3
4. Rotterdam 16,1	9. Cherbourg . . 10,9
5. Hamburg . 15,3	

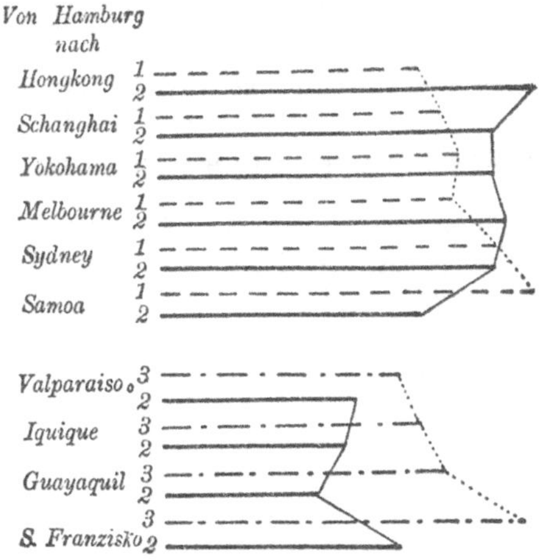

Skizze 73. See-Entfernungen von Hamburg aus: 1. durch den Suezkanal, 2. durch den Panamakanal, 3. durch die Magalhaesstraße.

Die Hauptlinien des Weltschiffahrt laufen in einem breiten Bande zwischen dem Ärmelkanal und den U. S. A.; schmälere Linienbündel laufen von Nordwesteuropa nach Südamerika und nach Afrika. Auf der anderen Seite führen von den vereinsstaatlichen Häfen aus immer stärker befahrene Linien die Küste abwärts bis zum La Plata.

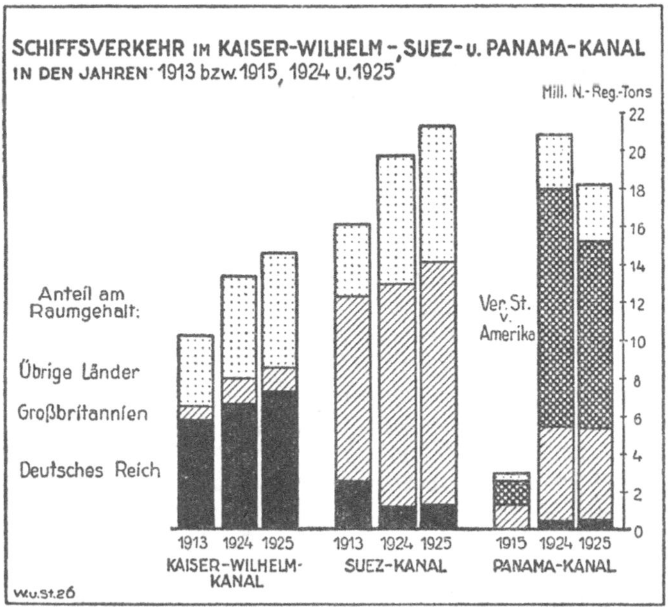

Skizze 74. (Aus „Wirtschaft und Statistik", hrsg. v. Stat. Reichsamt. Verl. R. Hobbing, Berlin.

Die atlantischen Gestade sind durch die Kunst des Menschen geöffnet worden in dem Suezkanal und dem Panamakanal. Beide weisen den Weg zu den Küstenländern des Stillen Ozeans und sind dadurch Anziehungspunkte erster Ordnung für den Weltseeverkehr geworden.

Der Suezkanal (vollendet 1869) hat das Mittelmeer wieder in den Weltverkehr einbezogen. Die von Europa kommenden Indien- und Ostafrikafahrer verkürzen ihre Reise um ein sehr Beträchtliches durch die Benützung des Kanalweges. Auch die Fahrt nach dem fernen Osten wird diesen Weg beibehalten, während manche Güter aus Australien den Weg um Südafrika wählen.

Der Panamakanal (fertiggestellt 1914, erbaut von den U. S. A.) ermöglicht zunächst der Union eine ganz außerordentliche Abkürzung der Reise von der Ostküste des Erdteils nach der Westküste und damit eine günstige Ausbreitung des Handelseinflusses der Union nach dem Süden. Wie groß dieser Erfolg war, erweist sich daraus, daß von 1914 bis 1924 der nordamerikanische Handelsverkehr außerhalb des Kanalbereichs um 70 %, innerhalb des Kanalbereichs um 250 % gewachsen ist. Die durch den Panamakanal führenden Verkehrslinien biegen im Stillen Ozean nach N und S um. Doch wird die Zukunft wahrscheinlich auch eine stärkere Benützung des Kanals nach Australien bringen. Immerhin ist der Suezweg dadurch bevorzugt, daß er an den Küsten vieler bedeutender Länder vorbeiführt und daher eine bessere Frachtnutzung verbürgt. Wie sehr der Kanalverkehr angewachsen ist, ergibt sich aus Skizze 74.

So bleibt der Große Ozean das Gebiet des Randverkehrs. Der Überseeverkehr zwischen Nordamerika einerseits, Japan, China, Südostasien und Australien andererseits weist auf der Karte weit weniger Linien nach, als sie der atlantische Verkehr zeigt. Dagegen sind die alten Schiffahrtswege von Ostasien nach Indien, der Inselwelt und nach Australien stark belebt. Hier tritt Japan als Verkehrsunternehmer immer stärker hervor.

E. Deutschlands Weltstellung.

I. Volk und Staat.[1])

Bevölkerungszahl. Im neuen Deutschen Reiche wohnen noch rund 63 Mill. Menschen; damit besitzt es in Europa (Rußland ausgenommen) die größte Volksmacht. Großbritannien steht ihm in dieser Hinsicht um 15, Frankreich um 23, Italien um 24 Mill. Einwohner nach (Skizze 3).

Bevölkerungsdichte. Durchschnittlich wohnen 133,2 Menschen auf 1 qkm deutschen Bodens; das bedeutet, daß Deutschland nicht so dicht besiedelt ist wie das kleine industrietätige Belgien (245 auf 1 qkm), wie das durch Handel und Verkehr emporgekommene Holland (201) und wie das auf alle drei Wirtschaftszweige begründete Großbritannien (152); aber allen anderen europäischen Staaten steht Deutschland auch in dieser Hinsicht voran (siehe Skizze 76).

Wachstum. In den letzten 100 Jahren ist die Volkszahl ganz gewaltig gewachsen. Sie hat sich seit 1816 fast verdreifacht, trotzdem in dieser Zeit unserm Lande über 6 Mill. Menschen durch Auswanderung verloren gingen. Das Wachstum ist in der Hauptsache auf natürliche Vermehrung und darauf zurückzuführen, daß diesem Zuwachs im Lande selbst durch das Aufblühen unserer Wirtschaft lohnender Erwerb gesichert wurde. Die Auswanderung nahm infolgedessen ab. Dagegen nahm Deutschland eine große Menge Ausländer auf, die sich hier vorübergehend als Arbeiter, Angestellte und Bedienstete beschäftigten oder auf deutschen Schulen ausbildeten. Ihre Gesamtzahl betrug 1910 $1\frac{1}{4}$ Mill., das sind etwa 500000 mehr

1) Vgl. hierzu „Abriß der Bürgerkunde und Volkswirtschaftslehre" von Dr. P. Eckardt (Verlag Teubner).

als 10 Jahre zuvor. Mehr als die Hälfte stammte aus Österreich-Ungarn, $^1/_8$ aus den Niederlanden, $^1/_{10}$ aus Rußland, etwas weniger aus Italien. Die russischen Arbeiter wurden hauptsächlich in der Landwirtschaft beschäftigt, die anderen vorzugsweise in Bergbau und Industrie. Durch den Ausgang des Weltkrieges sind diese Tatsachen von Grund auf verändert worden. Die Zahl der in Deutschland tätigen Ausländer ist wesentlich zurückgegangen. Aber die fremden Gebiete stehen auch den Deutschen zur Ansiedelung oder sonstiger Betätigung nicht mehr in dem Maße offen wie früher; dennoch setzt die Auswanderung in verstärktem Maße ein; sie führte 1925 63000 Deutsche in die Fremde, d. i. 97 auf je 100000 Einw. (1912 dagegen 28).

Das Deutschtum im Auslande.[1]) Das deutsche Volk siedelt nicht nur innerhalb der Grenzen des deutschen Reiches, sondern auch in anderen europäischen Staatsgebieten, geschlossen und verstreut, und eine seit langem bestehende Auswanderung hat Deutsche in alle Teile der Welt geführt. In früheren Zeiten richtete sich der Auswandererzug vornehmlich nach dem O und SO Europas. Inmitten slawischen Volkstums haben die Deutschen dort ihre Sprache und ihre Art bis auf die Jetztzeit bewahrt. Seit etwa einem Jahrhundert führte der Auswandererweg über die Weltmeere. Vor dem Weltkriege suchten etwa 90 % aller Auswandernden Nordamerika auf; aber auch in allen anderen Teilen der Erde wurden bedeutsame deutsche Siedelungen gegründet, die zum Teil in fremdem Volkstum aufgingen.

Die deutsche Sprache ist eine der großen Weltsprachen; aber es ist doch dem englischen Volke gelungen, seine Sprache mit den beispiellosen Errungenschaften in der überseeischen Koloniengründung zur vorherrschenden Weltsprache zu machen und die Geltung der deutschen Sprache zu überflügeln. Näheres ergibt Skizze 75.

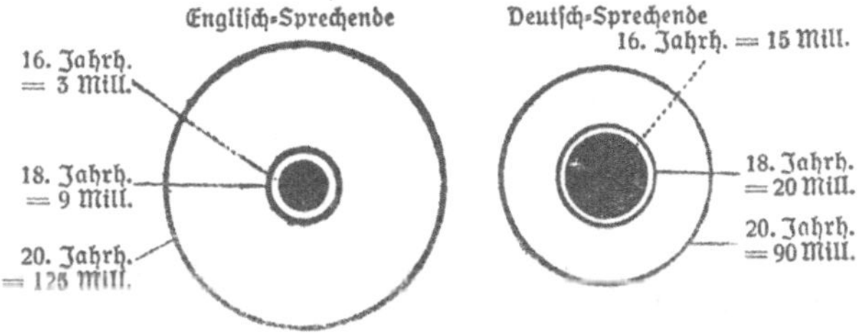

Skizze 75. Entwicklung der Sprachen.

Die Deutschen in den abgetretenen Gebieten. Die Deutschen in den Grenzländern Elsaß und Lothringen (1910: 1634260) standen fast 2 Jahrhunderte unter französischer Herrschaft und Beeinflussung. Seit 1870 wieder mit dem Reiche vereint, wandten sie sich dem angestammten Volkstum in immer steigendem Maße wieder zu. Jetzt sind sie ohne Volksbefragung erneut an Frankreich angegliedert. — Ohne eine solche Befragung sind auch die 50000 Deutsche der Kreise Eupen und Malmedy unter belgische Staatshoheit gekommen. — In dem abgetretenen Teile Nordschleswigs (Apenrade, Sonderburg, Hadersleben) wohnen 40000 Deutsche vermischt mit Dänen. — Die Freie Stadt Danzig (Seite 56) beherbergt 315000 Deutsche, das sind 96 % der Bevölkerung; ihr Staatsleben steht unter einem englischen Oberkommissar, und sie werden in auswärtigen Angelegenheiten durch den polnischen Staat vertreten, der seinen Einfluß an der Weichselmündung in immer steigendem Maße vordrängt. — Das Memelland ist als selbständiges Gebiet seit 1923 an Litauen angeschlossen; die Deutschen (72000) haben hier auf allen Gebieten des Lebens die Führung. In den polnisch gewordenen Ostgebieten kämpfen die Deutschen einen harten Kampf gegen polnische Unduldsamkeit. Von den Bewohnern der abgetretenen Gebiete waren 1910 = 1400000 rein deutscher Ab-

1) Näheres s. Dr. G. Fittbogen: Was jeder Deutsche vom Grenz- und Auslandsdeutschtum wissen muß. München 1924.

stammung. Insgesamt sind durch die Abtretungen $3^1/_2$ Millionen Deutsche unter fremde Staatshoheit gelangt.

Die Deutschen in den Nachfolgestaaten Österreichs und Ungarns. Das neue Österreich mit seinen 6,5 Mill. Bewohnern ist ein rein deutscher Staat. In der Tschechoslowakei siedeln die Deutschen seit Jahrhunderten neben den Tschechen und Slowaken; ihre Hauptwohngebiete sind: 1. der West- und Nordgau Böhmens von Eger bis Reichenberg, 2. der Böhmerwaldgau, 3. der Riesengebirgsgau, 4. Deutsch-südmähren, 5. der mährisch-schlesische Gau. In der Slowakei treten die Deutschen nur in kleineren Gemeinschaften auf. Die Gesamtzahl der Deutschen dieses Staates ist mit 3710000 zu berechnen. — In Ungarn bilden die 500000 Deutschen die stärkste nationale Minderheit; sie wohnen 1. im östlichen Teil des Burgenlandes, 2. in Mittelungarn zwischen Budapest und Plattensee, 3. im Bezirk Fünfkirchen. — Wohl den schärfsten Kampf um die Erhaltung ihrer Art haben die Deutschen Jugoslawiens (600000—700000) zu bestehen, namentlich in Untersteiermark, Südkärnten, Krain und der Wojwodina (S. 86), wo sie seither unbestritten die führende Schicht der Bevölkerung darstellten. An Rumänien gelangten mit den neu erworbenen Landesteilen die Siebenbürger Sachsen (225000), die Banater Schwaben (270000), die Deutschen in der Bukowina (70000), und in Bessarabien (80000), zusammen mit den in der Dobrudscha wohnenden deutschen Bauern rund 650000 Seelen. Mit zäher Kraft und stolzem Bewußtsein haben diese Volksgemeinschaften ihre deutsche Art und ihre Kulturbedeutung gewahrt. Sie sind auch die Führer des wirtschaftlichen Lebens in ihren Gebieten. — Endlich sind durch die Auflösung des alten österreichischen Staates 225000 Südtiroler unter italienische Herrschaft gelangt. Insgesamt ergibt sich somit in den Nachfolgestaaten Österreich-Ungarns außerhalb des jetzigen Österreich eine deutsche Bevölkerung von 5750000 Seelen.

Die Deutschen in Osteuropa. Die älteste deutsche Gruppe in Osteuropa stellen die Balten in Estland und Lettland (85000) dar. Einstmals die Herrscher und führenden Geister jener Gebiete, sind sie auch heute nach dem Verluste ihres Besitzes noch wichtige deutsche Kulturträger des Ostens. — Im ganzen Gebiete des ehemaligen Russisch-Polens, ferner in Galizien und Wolhynien trifft man auf deutsche Bauernsiedelungen. Lodz und Bielitz-Biala kennzeichnen die hervorragende Industrietätigkeit der Deutschen in fremdem Lande. — Die größte deutsche Siedlung des Ostens stellt die autonome deutsche Wolga-Republik in der Gegend von Saratow dar (vor dem Kriege 200 Dörfer mit 550000 Seelen); sie ist in 14 Bezirke geteilt. Die deutsche Sprache wurde hier neben der russischen als gleichberechtigt anerkannt. Zahlreiche deutsche Bauerndörfer liegen im Gebiet von Cherson, Jekaterinoslaw, in Taurien und der Krim. Die deutschen Siedler haben dort außerordentlich viel zur Nutzbarmachung der Steppenböden beigetragen. Von hier aus begründeten sie Tochtersiedelungen in Kaukasien und Mittelasien.

Die Deutschen in Übersee. In die U. S. A. wanderten Deutsche seit Ausgang des 17. Jahrhunderts aus kirchlichen, politischen und wirtschaftlichen Gründen aus. Im Zeitraum 1820—1924 betrug ihre Gesamtzahl 5 Mill. Deutsche Schulen, Zeitungen und Vereine legen Zeugnis davon ab, daß die Einwanderer bei aller Zuneigung zu ihrer neuen Heimat ihr deutsches Wesen zu erhalten bestrebt sind. — In Brasilien entfalteten sich seit 1924 deutsche Siedelungen zu hoher Blüte in den Staaten Rio Grande do Sul (400000), Santa Catharina (90000) und Sao Paulo. Aus Deutschland stammende landwirtschaftliche Siedler haben ferner eine neue Heimat in Südchile (Puerto Montt) gefunden, wo sie in einer Gesamtzahl von 20000 bis 30000 tätig sind.

In allen großen Hafenstädten Süd- und Mittelamerikas, sowie Ostasiens haben seit langem deutsche Kaufmannskolonien ein Feld hochbedeutender Handels- und Industrietätigkeit gefunden. Der Krieg hat die Auslandsbeziehungen Deutschlands stark beeinträchtigt. Um so wichtiger, aber auch schwieriger wird die Aufgabe des deutschen Kaufmanns außerhalb des Landes; sie erhält eine wesentliche Stütze durch den Zusammenschluß der Kaufleute in deutschen Auslandhandelskammern, von denen z. Z. etwa 30 begründet worden sind.

Die Gesamtzahl der Auslanddeutschen, abgesehen von den Deutschstämmigen Österreichs, der Schweiz, Luxemburgs und der U. S. A. kann mit etwa 12 Millionen angenommen werden. Diese Volksgenossen stellen keine Einheit dar; sie bilden Minderheiten in fremdem Volkstum und sind vielfach genötigt, einen Abwehrkampf gegen beabsichtigte Entdeutschung zu führen, in dem sie der Hilfe der alten Heimat bedürfen. Auf dem Felde der Wirtschaft bauen sie wichtige Brücken für die Wege Deutschlands in die fremden Gebiete.

Verteilung der Bevölkerung. Die Bevölkerung ist nicht gleichmäßig innerhalb der deutschen Grenzen verteilt. Am stärksten bevölkert sind der Freistaat Sachsen (333 auf 1 qkm), die Provinzen Rheinland (294) und Westfalen (238), am schwächsten Mecklenburg-Schwerin (51) und -Strelitz (38). Stark bevölkert sind Thü-

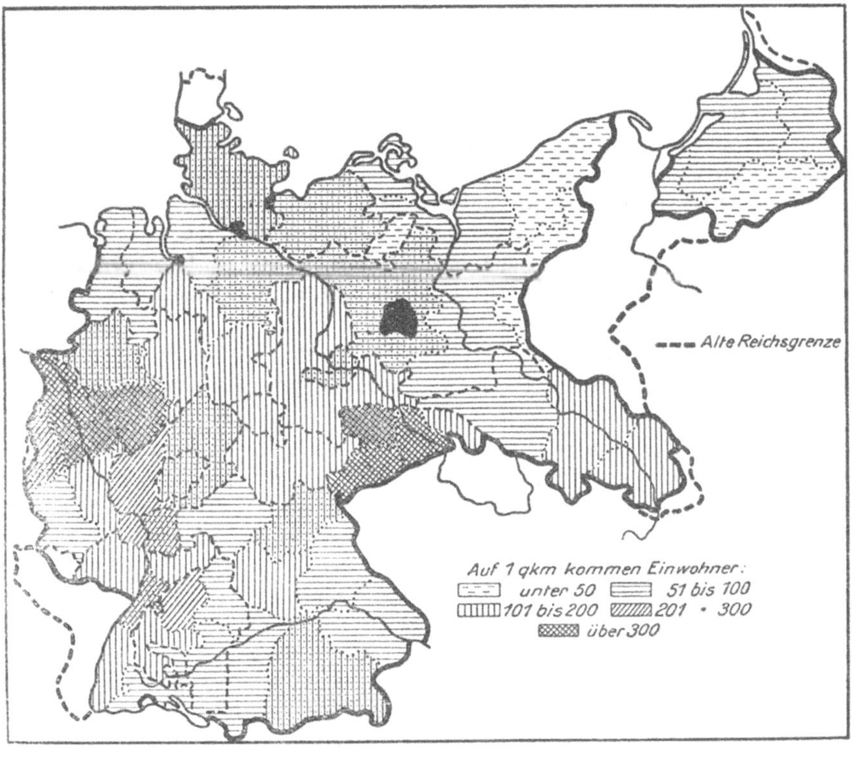

Skizze 76. Ergebnis der deutschen Volkszählung vom 16. Juni 1925.

In den mit Punkten versehenen Bezirken ist eine Zunahme der Bevölkerungsdichte gegenüber dem 1. Dezember 1910 innerhalb der Dichtegruppen von je 50 Einwohnern auf 1 km² eingetreten. Im Saargebiet konnte wegen der vorübergehenden Lostrennung von der deutschen Verwaltung nicht gezählt werden.

ringen, Schlesien, die Landgebiete am Oberrhein und Neckar sowie die kleinen Gebiete der Hansestädte. Vgl. Skizze 76! Seit 1871 vollzog sich in Deutschland eine folgenreiche Binnenwanderung, die sich in zwei Richtungen bewegt: 1. vom Lande zur Stadt, 2. aus den mehr landwirtschaftlich tätigen Bezirken in die Bergbau- und Industriegebiete.

Im Jahre 1871 wohnten 36% der Deutschen in Städten, 64% auf dem Lande; 1925 hatten wir 63% Stadtbevölkerung, 37% Landbevölkerung. Das hängt zusammen mit der Umgestaltung unserer Volkswirtschaft, in der die Landwirtschaft hinter Bergbau, Handel und Industrie zurücktrat. Die Zahl der Städte und namentlich der Großstädte und deren Bevölkerungsanteil ist daher wesentlich gewachsen. Vgl. Skizze 77! Teilweise ging das Wachstum der Städte in einem überaus schnellen Schrittmaße vor; so hatte der Industrieort Hamborn bei Duisburg 1871 = 2300, 1925 = 126000 Einw.; Ludwigshafen zählte in denselben Jahren 7900 bzw. 102000 Einw. An Großstädten besitzt Deutschland 46 (Anhang II) mit 27% der Gesamtbevölkerung (Frankreich 15 mit 15%). Die Zahl der Städte mit 50000 bis 100000 Einw. betrug 1925 ebenfalls 46.

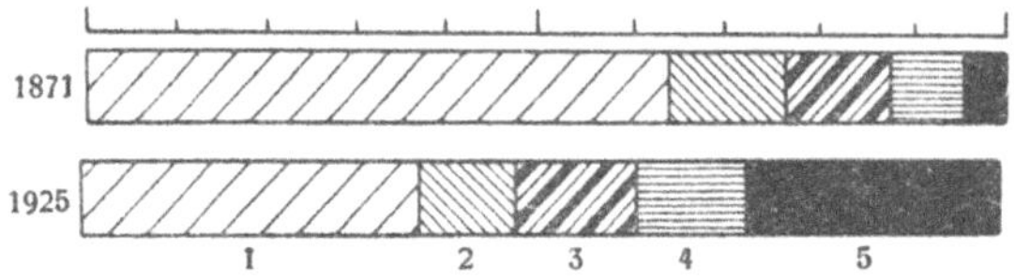

Skizze 77.
Verteilung der Bevölkerung auf Stadt und Land.
(1 Landgemeinden, 2 Landstädte, 3 Kleinstädte, 4 Mittelstädte, 5 Großstädte.)

Durch Abwanderung verloren die meisten Gebietsteile Deutschlands; am stärksten trat dies in den drei östlichen Provinzen Preußens hervor. Durch Zuwanderung gewannen die Provinz Brandenburg, die Hansestädte und das Küstengebiet der Nordsee, der niederrheinisch-westfälische Industriebezirk, das Saargebiet, das Rhein-Neckarland, das Nürnberger und Münchener Gebiet sowie Teile von Sachsen und Thüringen. So hat sich die Bevölkerungsdichte des Rheinlands seit 1871 verdoppelt, Westfalens mehr als verdoppelt; dagegen ist sich diejenige Ostpreußens fast gleich geblieben.[1])

Deutschland ist ein einheitliches Volksgebiet. Die Zahl der innerhalb der neuen Grenzen wohnenden Nichtdeutschen ist sehr gering und wird ungefähr ½% der Gesamtbevölkerung ausmachen.

Das deutsche Volk gliedert sich in eine größere Anzahl von Stämmen, die sich zwar nicht rein erhalten, dennoch aber ihre Sonderart gewahrt haben. Der deutsche Volkscharakter ist daher nicht einheitlich. Große Unterschiede bestehen zwischen Norddeutschen und Süddeutschen, aber auch zwischen den regsameren Westdeutschen und den im alten Kolonistengebiet Ostelbiens wohnenden Deutschen. Diese Sonderart hat Jahrhunderte hindurch die Macht des Deutschen Reiches lahmgelegt. In jenen Zeiten war der Deutsche unter den Völkern Westeuropas gering geachtet, und noch heute wirkt diese Geringschätzung nach. Im 9. Jahrhundert begann die Vereinheitlichung der deutschen Stammesgebiete zunächst auf wirtschaftlichen Gebieten, bis auf ruhmreichen Schlachtfeldern die Sonne des neuen Reiches voll aufging und unter ihr dann ein ungeahnter wirtschaftlicher Aufschwung einsetzte, der Deutschland in die erste Reihe der Achtung gebietenden Weltbeherrscher stellte.

---

1) In dem Jahrfünft 1905—1910 betrug die durchschnittliche Bevölkerungszunahme im Reg.-Bez. Potsdam: 40,8‰, im Reg.-Bez. Düsseldorf: 26,8‰, im Reg.-Bez. Gumbinnen 0,8‰.

Die deutschen Länder. Die deutsche Republik setzt sich aus 18 Bundesstaaten, den deutschen Ländern, zusammen, die nach ihrer Staatsform „Frei- oder Volksstaaten" sind. Ein großer Teil der Gesetzgebung und Verwaltung ist dem Reiche überlassen, so daß sich das Wesen des Einheitsstaates immer stärker herausbildet. Die Verfassung des Deutschen Reiches wurde von der Nationalversammlung in Weimar beschlossen und am 11. August 1919 verkündet.

II. Deutschland in der Weltwirtschaft.

Man teilt die Wirtschaftsgebiete der Erde in solche ein, die vorwiegend der Landwirtschaft dienen, und in solche, die in erster Linie der Industrie und dem Handel nutzbar gemacht sind. So unterscheidet man Agrar- und Industriestaaten. Zu ersteren gehören in Europa z. B. Rußland, Ungarn und die Balkanstaaten, zu letzteren Großbritannien, Belgien und die Schweiz.

In Deutschland hat das Gewerbe seit jeher erhebliche Bedeutung gehabt. Im Mittelalter stand es in hoher Blüte. Seit dem 30jährigen Kriege zerfiel es aber, und die Landwirtschaft trat vollkommen in den Vordergrund. Seit den dreißiger, namentlich aber seit den sechziger Jahren des vorigen Jahrhunderts trat jene schnelle und gewaltige Entwicklung ein, die aus dem agrarischen Deutschland ein industrielles Land machte, ohne daß damit die Bedeutung der deutschen Landwirtschaft zurückgegangen wäre. Die Entwicklung ist aus folgenden Zahlen (in Tausenden) ersichtlich:

	Erwerbstätige im Hauptberufe		Erwerbstätige mit Angehörigen			
	1882	1907	1882		1907	
A. Land- und Forstwirtschaft . . .	8250	9900	19200	= 43 %	17700	= 28,7 %
B. Industrie und Bergbau	6400	11300	16000	= 35 %	26400	= 42,7 %
C. Handel und Verkehr.	1570	3480	4550	= 10 %	8280	= 13,4 %
D. Sonstige Berufe und Berufslose .	2800	5570	5300	= 12 %	9370	= 15,2 %
	19020	30250	45050	100 %	61750	100 %

1. Landwirtschaft, Viehzucht und Forstwirtschaft.

Entwicklung der Landwirtschaft. Der Landwirtschaftsbetrieb war bis vor etwa 100 Jahren einfacher Art. Das letzte Jahrhundert hat ihm eine Umgestaltung und Entwickelung gebracht, die bedeutungsvoller ist als diejenige des vorangegangenen Jahrtausends. Die Fruchtwechselwirtschaft wurde eingeführt und dadurch ein sonst regelmäßig brachliegender Teil des Ackerlandes nutzbar gemacht, eine größere Mannigfaltigkeit in den Bodenfrüchten herbeigeführt, die Stallfütterung und eine bessere Viehhaltung ermöglicht. Die Wachstumsbedingungen der Anbaugewächse und die Bodenarten werden wissenschaftlich erforscht und damit eine Verbesserung und zweckmäßige Düngung des Bodens (Kunstdünger) veranlaßt, was einen höheren Ertrag gewährleistete. Durch Einführung von Maschinen wurde die Arbeitsleistung erhöht. Durch Verbesserung der Verkehrswege, des Marktwesens und der Kreditverhältnisse sowie durch genossenschaftliche Betriebsweise wurde die Verwertung der Wirtschaftserträge gesichert und gehoben.

Die Bauern wurden frei. Das Durcheinander des zerstückelten Bauernbesitzes wurde durch Zusammenlegung und Neuaufteilung, die sog. Verkoppelung, abgeschafft. — Die Bildung des Landwirts hob sich. — Auf diesen Grundlagen vollzog sich der Aufschwung der Landwirtschaft.

In welchem Maßstabe dies geschah, das ergeben folgende Zahlen:

1. Ertrag eines Hektars: Brotgetreide	1881/5 = 11,3 dz;	1906/10 = 18,6 dz
Futtergetreide	1881/5 = 11,9 „	1906/10 = 19,7 „
2. Zuckererzeugung	1871/2 = 186000 t;	1912/13 = 2700000 t
3. Rindviehbestand	1873 = 15,8 Mill.;	1913 = 20,9 Mill.
4. Schweinebestand	1873 = 7,1 „	1913 = 25,6 „
5. Salpeterverbrauch	1880 = 55000 t;	1910 = 750000 t
6. Landwirtschaftliche Genossenschaften	1890 = 3006;	1912 = 24085
7. Landwirtschaftliche Schulen	1880 = 432;	1910 = 4835
8. Landwirtschaftliche Betriebe mit Maschinenbenutzung	1882 = 0,4 Mill.;	1907 = 1,5 Mill.

Gegenwärtiger Stand. Die deutsche Landwirtschaft kann das Land mit Brotgetreide und den erforderlichen gewerblichen Rohstoffen nicht ausreichend versorgen. Infolge der intensiven Bearbeitung des Bodens sind die Ackererträge hoch, wenn auch nicht so hoch wie in der Vorkriegszeit; das ergibt sich aus folgender Übersicht:

Die Ernteerträge von 1 ha betrugen in dz:

	Weizen		Roggen		Kartoffeln	
	1913	1925	1913	1925	1913	1925
in Deutschland	23,6	20,7	19,1	17,1	158,6	148,5
in Frankreich	13,8	16,1	10,3	12,9	96,1	100,7
in Rußland	9,1	8,2	8,5	7,2	74,7	72,9
in U. S. A.	10,2	8,6	10,2	7,5	60,8	69,8

An Brotgetreide erntete Deutschland 1925 für jeden Einwohner 183 kg (vor dem Kriege 240 kg); wir sind somit in der Brotversorgung vom Auslande abhängiger geworden; die Mehreinfuhr an Brotgetreide und Müllereierzeugnissen betrug 1925 = 1900000 t gegenüber 900000 t i. J. 1913. Die Gründe hierfür liegen in dem geringeren Ertrage der Äcker und in dem Verluste der großen Kornkammern im Osten.

Mit seiner Viehhaltung steht Deutschland auch heute noch allen europäischen Ländern voran, wenn man von dem großen Rußland absieht; nur die Schafherden finden bei uns nicht mehr genügend Weide. Indessen ist der Viehstand noch nicht wieder auf die Zahlen der Vorkriegszeit gelangt; die Folge ist eine gesteigerte Einfuhr von Fleisch, Speck, Fleischwaren, Molkereierzeugnissen und anderen Ergebnissen der Viehzucht, obwohl der Fleischverbrauch Deutschlands gegenwärtig infolge der wirtschaftlichen Not stark eingeschränkt ist. Dazu kommt, daß auch die Ernte an Futtermitteln nicht genügt.

Somit ergibt sich trotz hochentwickelter Land- und Viehwirtschaft eine wesentliche Abhängigkeit Deutschlands vom Auslande in der Lebensmittelversorgung und in der Anschaffung gewerblicher Rohstoffe.

Der Ertrag der deutschen Waldungen an Bau- und Nutzholz, sowie an Holz zur Herstellung von Holzschliff und Holzmasse ist für die Anforderungen der großen Industrien ebenfalls nicht zureichend; 1925 mußten solche Güter im Werte von rund 400 Mill. RM. aus dem Auslande bezogen werden.

2. Bergbau und Industrie.

Entwicklung des Bergbaues. Der Bergbau liefert der Industrie in Kohle und Erdöl die Hauptkraftquelle, außerdem — wie auch teilweise die Landwirtschaft — die Rohstoffe zur Bearbeitung und Verarbeitung. In früheren Jahrhunderten gab die Aufsuchung von Edelmetallen den Hauptanreiz zum Bergbau; abgebaut wurden nur die ergiebigen Lagerstätten. Seit einem Jahrhundert tritt der planmäßige Bergbau auf Kohle, Erze und Salze, rasch fortschreitend, immer stärker hervor; zur Zeit ist der jährliche Wert der deutschen Bergbauerzeugnisse größer als die gesamte Goldgewinnung der Welt, an der Deutschland nur den allerbescheidensten Anteil hat.

Während früher der Bergbau fast ausschließlich Kleinbetrieb war, geht er jetzt nur noch in Großbetrieben vor sich. Er nutzt alle Mittel der Technik und Wissenschaft aus und konnte nur mit ihrer Hilfe zu seiner jetzigen Bedeutung gelangen.

Entwicklung der Industrie. Sechs bis sieben Jahrhunderte hat das Zunftwesen das deutsche Gewerbe beherrscht. Die Betriebe waren handwerksmäßig und durch die Zunftgesetze im Umfange begrenzt. Die Ausdehnung des Gewerbes auf das Land war unterbunden; die städtischen Märkte wurden fremden Waren nach Möglichkeit verschlossen. Wenn also auch das mittelalterliche Gewerbe in hoher Blüte stand, so lag doch seine Bedeutung fast ausschließlich in der Deckung des städtischen Eigenbedarfes.

Seit dem Ende des 18. Jahrhunderts beginnt die Umwälzung. Der Welthandel entsteht, und das Gewerbe richtet sich auf die Weltproduktion ein. Die Erfindung der Dampfmaschine (James Watt) ermöglicht die Einführung der Maschinenarbeit. Die Arbeitsteilung wird immer weiter durchgeführt. Die Folge ist eine Vervielfachung der Arbeitserzeugnisse. Der Ausdehnung der gewerblichen Unternehmungen zu Großbetrieben steht nichts mehr entgegen; jede zünftlerische Einengung ist gefallen. Die Kleinbetriebe werden allmählich von den Großbetrieben aufgesogen. Es entsteht ein Lohnarbeiterstand, wie ihn das zünftlerische Gewerbe und die Landwirtschaft nicht kennen.

Gesamtentwicklung. Diese Entwicklung ist in Deutschland noch nicht abgeschlossen; aber sie hat die deutsche Volkswirtschaft von Grund aus umgestaltet, Deutschland in die erste Reihe der Industrieländer der Erde vorgerückt. Zwei Beispiele veranschaulichen die Größe dieser Entwicklung: 1800 wurden auf der ganzen Erde etwa 800000, im Jahre 1913 in Deutschland allein 19 Mill. t Roheisen erzeugt. 1871 betrug der Wert der deutschen Bergbauerzeugnisse 0,3, im Jahre 1912 dagegen 2,4 Milliarden Mark. — 40% aller deutschen Erwerbstätigen wurden vor dem Kriege in Bergbau und Industrie beschäftigt. Nur in Großbritannien, Belgien und der Schweiz fällt diesen Wirtschaftszweigen ein etwas größerer Anteil zu.

Grundlagen. Die Grundlagen der Industrie sind 1. das Vorhandensein einer genügend großen Zahl geschulter Arbeiter, 2. das Vorhandensein ausreichender Kraftquellen und 3. der Besitz an Rohstoffen. Alle diese Bedingungen treffen für Deutschland in besonders günstigem Maße zu.

Arbeiter. Der deutsche Arbeiterstand kann sich mit jedem ausländischen messen. Wissenschaft und Forschung haben in Deutschland von jeher mehr im Dienste des Gewerbes gestanden als anderswo. Eine große Zahl der wichtigsten technischen und chemischen Erfindungen und Entdeckungen ist deutschen Männern zuzuschreiben.

Wasserkraft. Die einzige natürliche Kraftquelle, die in großem Maßstabe genutzt wird, ist die Wasserkraft. (Mit dem alten Wasserrade wurden 5%, mit der neuen Turbine werden bis zu 90% der Kraft ausgenutzt.) Die deutschen Seen und Flüsse bergen zwar nicht jene riesigen Kraftmengen, wie sie in der Schweiz, in Schweden und in vielen Bezirken der Vereinigten Staaten zur Verfügung stehen; indessen wird in Deutschland durch Anlage von Staubecken und Talsperren die verfügbare Kraftmenge wesentlich erhöht; die Wasserkraft wird hier in elektrische Kraft umgesetzt und auf einen weiten Umkreis verbreitet, so namentlich in Niederschlesien, im Gebiete der Fulda, im Bergischen Lande, in der Eifel, in Oberbayern, im Schwarzwald usw.[1])

Kohlenförderung. Die wichtigste Kraftquelle ist die Kohle (Steinkohle und Braunkohle). An ihr war das alte Deutschland reicher als alle anderen europäischen Länder, und man konnte damit rechnen, daß unsere Kohlenlager die Industrie noch fast ein Jahrtausend versorgen konnten, während dagegen England mit der Erschöpfung seiner Lager in einigen Jahrhunderten rechnen muß. Nur die U. S. A. verfügen über eine vier- bis fünfmal so große Kohlenmenge als das alte Deutschland, und fast unerschöpflich scheinen die Vorräte Chinas zu sein.

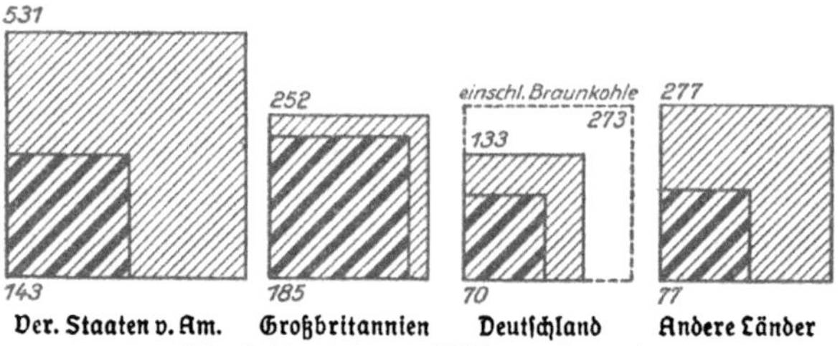

(Die Zahlen bedeuten Millionen Tonnen.)

Skizze 78. Steinkohlen- und Braunkohlenförderung 1925 und 1890

Unter allen Ländern der Erde stand Deutschland als Kohlenproduzent an dritter Stelle. (Skizze 78.) Immer näher rückte die deutsche Förderung der englischen; sie war halb so groß wie die nordamerikanische; aber sie übertraf bereits diejenige aller anderen Länder zusammengenommen. Fast jedes Jahr brachte einen wesentlichen Aufschwung; in den letzten 20 Jahren hatte sich die Förderung mehr als verdoppelt. Näheres ergibt sich aus Skizze 78. Auch hierin hat aber der Weltkrieg wesentliche Veränderungen gebracht. Der Verlust des Saarlandes und Oberschlesiens brachte eine Einbuße von 28%. Große Mengen der Förderung müssen an Frankreich und Belgien abgeliefert werden. Die Selbstversorgung Deutschlands mit Industrie-, Verkehrs- und Hausbrandkohle würde dadurch unmöglich gemacht sein, wenn nicht die Braunkohlenförderung seit 1913 um fast 49% gesteigert worden wäre. Dadurch wird aber weiterhin noch eine ansehnliche Mehrausfuhr von Kohlen ermöglicht.

Erzbergbau. Deutschlands Bergbau ist seit langen Zeiten bekannt und in mehr als einer Hinsicht vorbildlich gewesen. Überall wuchs in den letzten Jahrzehnten die Förderung des Erzbergbaus; so war im Jahre 1910 die Eisenerzförderung $2\frac{1}{2}$, die Förderung anderer Erze $1\frac{1}{2}$ mal so groß als 20 Jahre zuvor. Nur die Goldgewinnung ist kaum nennenswert, und die Silbergewinnung vermag sich bei dem Wettbewerbe der reichen nord-, mittel- und südamerikanischen Gruben nicht zu entwickeln.

An Zink war Deutschland überaus reich, nur die Union erzeugte mehr; doch hat Deutschland diesen Reichtum durch den Verlust Oberschlesiens zum allergrößten Teile eingebüßt (s. S. 56!). Gleiches gilt von der Bleigewinnung Deutschlands. An Kupfer mußte Deutschland fast $\frac{5}{6}$ seines Riesenbedarfes aus dem Auslande (s. S. 119) beziehen, trotzdem seine eigene Förderung sich ständig hob.

Bis zum Jahre 1919 verfügte Deutschland über das räumlich eng begrenzte, aber hochbedeutende Eisenerzgebiet von Deutsch-Lothringen, das $\frac{3}{4}$ der gesamten deutschen Erzmengen lieferte und dazu verhalf, daß Deutschland unter den erzfördernden Staaten an zweiter Stelle stand. Auf diesen Reichtum an Erzen ist es mit zurückzuführen, daß Deutschland das früher bedeutendste Land der Eisenindustrie — Groß-

1) Deutschland nutzt z. B. rund 1 Mill. von den vorhandenen 5,7 Mill. Pferdekräften aus. Skandinavien, Rußland, Jugoslawien und Italien sind hierin stärker begünstigt als Deutschland.

britannien — seit 1903 in der Roheisengewinnung überflügeln konnte. Näheres wird aus Skizze 79 ersichtlich.

Gegenwärtig und künftig ist Deutschland somit genötigt, den wesentlichsten Teil der in seiner Hüttenindustrie benötigten Erze, Roh- und Altmetalle aus dem Auslande heranzuziehen. Es verausgabte hierfür im J. 1925 etwa den 10. Teil der Summen, die für die Einfuhr von Waren überhaupt zu zahlen waren.

Andere Bergwertserzeugnisse. An Salz sind die meisten Erdgebiete reich; doch ist kein Land von der Natur so bedacht wie Deutschland. Hier lagern in weiten Bezirken fast unermeßliche Schätze an Stein- und Kalisalzen. In den letzten 20 Jahren konnte daher die deutsche Steinsalzförderung auf das $2\frac{1}{2}$fache, die Kaliförderung auf das $6\frac{1}{2}$fache gesteigert werden. Seine frühere Monopolstellung in der Kaliproduktion konnte Deutschland allerdings nicht halten, nachdem sehr ergiebige Gruben mit dem Elsaß an Frankreich abgetreten worden sind und in Polen, Spanien und Nordamerika ebenfalls Kali gefunden wurde. Immerhin ist Deutschland auch heute noch das führende Kaliland (bedeutsame Ausfuhr, chemische Industrie!).

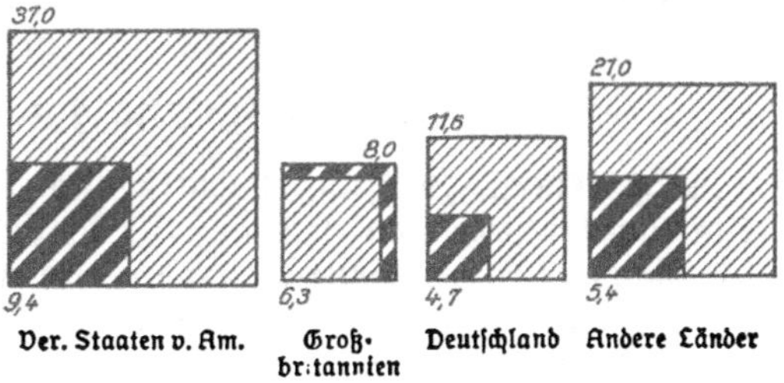

(Die Zahlen bedeuten Millionen Tonnen.)

Skizze 79. Roheisengewinnung 1925 und 1890

Bei der Versorgung des Landes mit dem für den Weltverkehr (Ölfeuerung) immer wichtiger werdenden Erdöl ist Deutschland gänzlich auf die Einfuhr angewiesen. 1924 förderte es nur 0,04 % der Weltmengen.

Die gewaltige Entwicklung, die der deutsche Bergbau nahm, ergibt sich daraus, daß i. J. 1871 der Wert der gesamten Förderung 314, i. J. 1912 dagegen 2374 Mill. Mark ausmachte (vgl. Skizze 35!). Während dieser Zeit hatte sich die Zahl der im Bergbau beschäftigten Personen weit mehr als verdoppelt.

Industrie. Wenn Deutschland, wie sich aus den vorgehenden Abschnitten ergibt, in der Rohstoffversorgung durchaus vom Auslande abhängig ist, hat es seine gewerbliche Produktion so ins Große gesteigert, daß diese 75 % aller Ausfuhrwerte zu stellen vermag. Die Vollkommenheit der Technik, die Verwertung wissenschaftlicher Forschung, wirtschaftliche Geschicklichkeit und Rührigkeit haben es dahin gebracht, daß Deutschland auf fast allen Gebieten der großen Industrie eines der führenden Länder geworden ist. Die Wirkungen des Krieges und der Geldentwertung haben die Entwicklung wohl stören, die Grundlagen der deutschen Industriegeltung aber nicht vernichten können. So ist das deutsche Industrieerzeugnis Weltware.

Den weitaus größten Absatz außerhalb der Grenzen finden die Erzeugnisse der Metallindustrie, unter ihnen vor allem Eisenwaren, Maschinen aller Art, elektrotechnische Erzeugnisse. Rechnet man die bedeutsame Musikinstrumenten- und Uhrenindustrie hinzu, so erhält man für 1925 einen Ausfuhrwert von fast 3 Milliarden RM. (33 % der Gesamtausfuhr Deutschlands). Sämtliche Einzelgruppen dieser Industrie verzeichnen Ausfuhrüberschüsse (insgesamt $2\frac{1}{2}$ Milliarden RM.); nur in der Deckung des Autobedarfs dominiert noch das Ausland.

An zweiter Stelle steht die Textilindustrie, die 15 % aller Ausfuhrwerte erstellt, dagegen aber nicht nur Rohstoffe, sondern auch Garne in großen Mengen aus dem Auslande nimmt (s. Skizze 41!). — Dann folgt die chemische Industrie (8 % der deutschen Ausfuhr). Obwohl während des Krieges und in der Nachkriegszeit auch in England, Frankreich und den U. S. A. chemische Werke mit großer Leistungsfähigkeit entstanden, blieb doch Deutschland mit den Höchstleistungen seiner Industrie der maßgebliche Führer, insbesondere mit seiner Farbenindustrie.

Die übigen Hauptgruppen der gewerblichen Betätigung ordnen sich nach ihrer Ausfuhrbedeutung wie folgt: 1. Leder- und Lederwarenindustrie (5 % der Ausfuhrwerte); 2 Papier- und Buchindustrie (4 %); 3. Porzellan- und Glasindustrie (3,6 %); 4. Kautschuk-, Zelluloid-, Filmindustrie (2,1 %); 5. Spielwarenindustrie (1,3 %); 6. Holzwarenindustrie (0,8 %); alle anderen Industriezweige trugen zur Gesamtausfuhr 2,7 % bei.

III. Deutschland im Welthandel.

Allgemeines. Im Handel unterscheidet man Binnenhandel und Außenhandel. (Über den deutschen Binnenhandel s. S. 55.) Letzterer zerfällt in Einfuhr-, Ausfuhr- und Durchfuhrhandel. Unter Welthandel versteht man den gesamten Handelsverkehr der Völker untereinander (internationaler Handel).

Die Gegenüberstellung der gesamten Einfuhr- und Ausfuhrwerte eines Landes nennt man die Handelsbilanz; sie ist aktiv, wenn die Ausfuhr größer ist als die Einfuhr, passiv im umgekehrten Falle. Fast alle hochentwickelten Wirtschaftsgebiete haben eine passive Handelsbilanz; sie bleiben also regelmäßig für einen Teil der Wareneinfuhr dem Auslande zahlungspflichtig. Dieser Unterschied wird durch die Einnahmen des Landes aus auswärtigen Handels-, Industrie- und Verkehrsunternehmungen, aus ausländischem Grundbesitze, durch die Zinseinnahmen aus fremden Anleihen, durch Einnahmen aus dem Fremdenverkehr usw. ausgeglichen. Aus gleichen Gründen wird das Inland auch Schuldner des Auslandes. Zählt man diese Summen zur Handelsbilanz hinzu, so entsteht die Zahlungsbilanz. Diese ist für die Hauptländer aktiv, ergibt also einen Überschuß, der das Volksvermögen vermehrt.

Grundlagen. Entscheidend für die Entwicklung des Außenhandels sind 1. die Lage des Landes zu den Nachbarstaaten und zur See, 2. die Art und die Bedeutung seiner Wirtschaft, 3. die Größe seiner Bevölkerung, 4. seine politische Macht und sein Kolonialbesitz. In jeder Hinsicht nahm Deutschland vor dem Kriege eine günstige Stellung ein. Seine Seelage ist zwar nicht so günstig wie diejenige des britischen Inselreiches oder Hollands oder auch Frankreichs, aber günstiger als diejenige der meisten anderen Länder der Erde; seine Festlandslage ist unübertroffen (Deutschland = das nachbarreichste Land). Seine Wirtschaft ist hoch entwickelt. So gehörte Deutschland zu den bedeutendsten Großmächten und aus diesen Gründen auch zu den ersten Welthandelsmächten.

Umfang und Entwicklung. Am Ausgange des Mittelalters und auch im ersten Zeitalter der Entdeckungen nahmen die süddeutschen Handelsstädte (Augsburg, Nürnberg, Frankfurt usw.) und die norddeutschen Hansestädte einen rühmlichen Anteil am Handel der Völker. Die Verlegung der Welthandelswege (Entdeckung des Seeweges nach Ostindien und Entdeckung Amerikas), vor allen Dingen aber die Ohnmacht des Reiches legten den deutschen Handel bald lahm. Am Ausgange des 15. Jahrhunderts wurde der hanseatische Handelshof in Nowgorod geschlossen, am Ausgange des 16. Jahrhunderts der Stahlhof in London. Um die Mitte des 17. Jahrhunderts mußte das reichste Handelshaus Oberdeutschlands, das Haus der Fugger, liquidieren. Dann folgte eine lange Zeit der Abhängigkeit vom Auslande, in der kein deutscher König die hohe Bedeutung des Welthandels begriff. Erst mit dem rastlosen Aufschwunge der deutschen Industrie seit der Mitte des vergangenen Jahrhunderts setzt eine immer lebhafter werdende Handelsbewegung ein. Sie war außerordentlich erfolgreich.

6 % aller Erwerbstätigen gehörten 1907 dem Handel an, im ganzen 1 800 000 Personen; 25 Jahre vorher waren es 850 000. Das zeigt die **hervorragende Stellung des Handels** in der Gesamtwirtschaft und seine schnelle Entwicklung. Faßt man den Handel mit Verkehr, Gast- und Schankwirtschaft zusammen, so entfallen auf diese Erwerbszweige 13,4 % der Gesamtbevölkerung. Nur in Großbritannien und den Niederlanden lebt ein wesentlich höherer Anteil der Bevölkerung von der Betätigung im Handel.

Den Gesamthandel der wichtigeren Länder der Erde berechnete man 1912 auf 165 Milliarden Mark; davon entfielen auf Deutschland allein 21,3 Milliarden oder

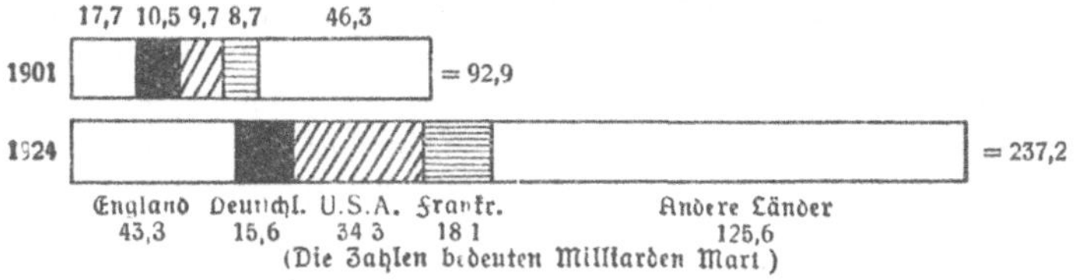

Skizze 80. Entwicklung des Welthandels.

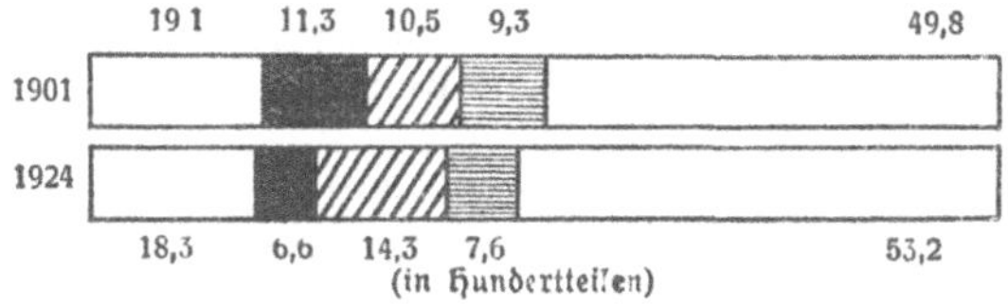

Skizze 81. Anteil am Welthandel.

12,9 %. Die beiden Länder, mit denen Deutschland auf dem Weltmarkte in schärfstem Wettbewerbe stand, waren Großbritannien und die Vereinigten Staaten; an vierter Stelle folgte Frankreich. Diese vier Länder setzten im Welthandel der wichtigsten Gebiete 1901 = 46.6 % Milliarden Mark um, während alle anderen Länder einen Umsatz von 46,3 Milliarden Mark aufwiesen. Die vier führenden Mächte beherrschten also zusammen 50 2 % des Welthandels (vgl. Skizzen 80 und 81!). In der Folgezeit ist der Güteraustausch ganz gewaltig gesteigert worden; gleichzeitig sank die Kaufkraft des Goldes, besonders in der Nachkriegszeit; infolgedessen erhöhten sich die Warenpreise. Aus beiden Gründen nahmen die nachgewiesenen Welthandelswerte zu; sie betrugen 1924 = 237,2 Milliarden RM. An diesem Handel waren die vier führenden Mächte nur noch mit 47 % beteiligt. Die Entwicklung führt also bei ihnen zu einem zunehmenden Umsatz, aber zu einem Rückgange des Anteils am Gesamthandel.

Deutschland allein setzte 1901 = 10,5, dagegen 1924 = 15,6 Milliarden RM. um; das ergibt einen Welthandelsanteil von 11,3 bzw. 6,6 %, trotz der Steigerung des Verkehrs also einen scharfen Rückgang der Gesamtbedeutung. Vor dem Kriege vereinigte Deutschland sogar 13 % aller im Welthandel bewegten Werte auf sich und war damit im Wettbewerb der Mächte am erfolgreichsten. Der Krieg hat also einen außerordentlich starken Rückschlag gebracht. Indessen ist bei den angeführten Zahlen zu berücksichtigen, daß die deutschen Handelsbeziehungen 1924 durch die Ruhrbesetzung besonders empfindlich gestört wurden. Der deutsche Umsatz außerhalb der Grenzen erhöhte sich 1925 bereits auf 21,2 Milliarden RM. (1924 = 15,6), und es darf erwartet werden, daß Deutschland damit wieder vor Frankreich rücken wird; indessen bleibt es doch weit hinter den U. S. A. zurück, denen es in der Vorkriegszeit voranging.

Die Gründe für die angegebenen Tatsachen liegen in der Zerstörung der deutschen Handelsbeziehungen während des Krieges, in der Entziehung des deutschen Auslandsvermögens, in der Wegnahme seiner Kolonien und Handelsniederlassungen. Um die für unser wirtschaftliches Dasein notwendige Geltung auf dem Weltmarkte wiederzugewinnen wird es außerordentlicher Kraftanstrengungen bedürfen, namentlich angesichts des scharfen Wettbewerbes der anderen Weltmächte und der Tatsache, daß diese alle ihre Welthandelsbeziehungen durch eigene Kolonien zu stützen vermögen; so entfällt z. B. auf das britische Weltreich allein $\frac{1}{3}$ alles Welthandels.

Waren des Außenhandels. Die *Einfuhr* hat Deutschland mit den *Rohstoffen* und *Halbfabrikaten* für seine Industrie zu versorgen, die den größten Teil der Gesamteinfuhr ausmachten. An erster Stelle stehen die Rohstoffe der Textilindustrie, die in Deutschland entweder überhaupt nicht erzeugt oder nur in ungenügendem Maße gewonnen werden. Ihnen reihen sich die Rohstoffe für die Metallindustrie an, Erze, Metalle, auch Stein- und Braunkohlen, ferner diejenigen der chemischen Industrie, der Lederindustrie, des Papier- und Holzgewerbes usw.

Auch *fertige Waren* werden in beträchtlichem Werte vom Auslande bezogen; es handelt sich dabei hauptsächlich um die Erzeugnisse überlegener ausländischer Industrie oder um eigenartige fremdländische Waren.

Wichtiger ist die Einfuhr von *Nahrungs- und Genußmitteln*, zunächst von Brot- und Futtergetreide, das im Lande selbst nicht genügend hervorgebracht wird, von Reis und Mais, die in Deutschland nicht gedeihen, von Eiern, Butter und Fett, die in großen Mengen für den deutschen Markt angefordert werden; auch die Einfuhr von Geflügel und Tieren ist hier hervorzuheben. Ferner gehören hierher die tropischen Nahrungs- und Genußmittel: Kaffee, Tee, Kakao, Tabak, Gewürze, Obst, Spirituosen usw.

Ein Teil aller dieser Einfuhrwaren geht, ergänzt durch gleichartige deutsche Erzeugnisse, wieder ins Ausland. Die *Hauptausfuhrwerte* muß jedoch unsere heimische Industrie mit *Waren jeglicher Art* stellen. Denn auf der Absatzmöglichkeit im Auslande beruht die Aufrechterhaltung unserer gewerblichen Betätigung. An zweiter Stelle erscheinen *Rohstoffe und Halbfabrikate*; die Ausfuhr von *Nahrungs- und Genußmitteln* entfällt zu $\frac{2}{3}$ auf den Grenzaustausch und die Durchfuhr von Getreide sowie unsere bedeutende *Zuckerausfuhr*. Die folgende Zusammenstellung weist die Zahlen für 1912 und 1925 nach.

	1912		1925	
	Einfuhr Mill. M. %	Ausfuhr Mill. M. %	Einfuhr Mill. M. %	Ausfuhr Mill. M. %
I. Rohstoffe und halbfertige Waren .	5882=55	2370=26,5	6269=50	1640=19
II. Fertige Waren	1609=15	5788=64,6	2005=16	6626=75
	7491=70	8158=91,1	8274=66	8266=94
III. Nahrungs- und Genußmittel, Vieh	3201=30	798=8,9	4154=34	532=6
	10692=100	**8956=100**	**12428=100**	**8798=100**

Länder. Ein- und Ausfuhr dieser Güter erfolgte zum größten Teile unmittelbar aus den *Ursprungsländern* und unmittelbar in die *Verbrauchsgebiete*. Immerhin nimmt ein nicht unbeträchtlicher Teil seinen Weg über die englischen, niederländischen, belgischen und nordfranzösischen Weltmärkte, auch über Triest, und muß daher im Zwischenhandel beschafft oder abgesetzt werden. Erst in den letzten Jahrzehnten

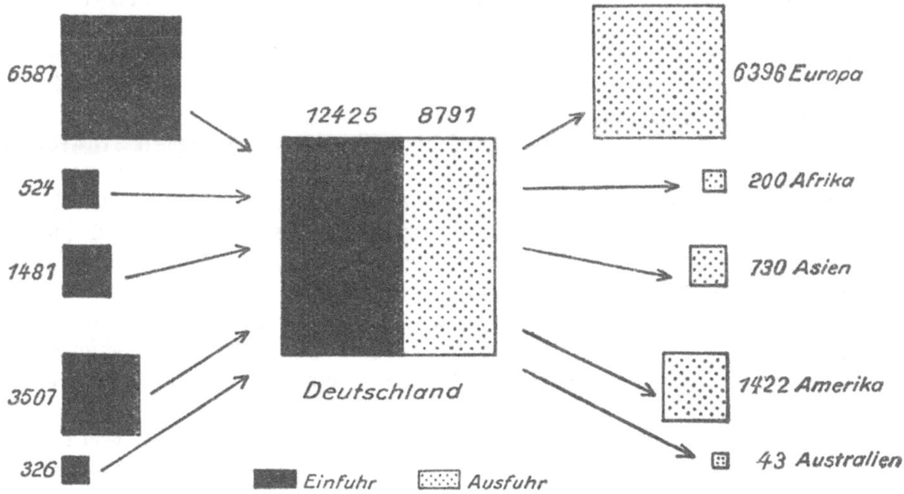

Skizze 82. Werte des deutschen Außenhandels 1925. (Zahlen Mill. M.)

gelang es Deutschland, an der Küste und im Binnenlande maßgebende **Welthandelsplätze** zu entwickeln, von denen auch die festländischen Nachbarn, vor allem Rußland, Österreich-Ungarn und die Schweiz abhängig wurden. Hierher gehören namentlich **Hamburg** und **Bremen**, dann Stettin, Lübeck, Danzig und Königsberg, Berlin, Breslau, Leipzig, Magdeburg, Essen, Duisburg, Köln, Frankfurt a. M., Mannheim, Nürnberg und München. Eine eigenartige Stellung nimmt der **Leipziger Meßverkehr** ein. Die Hauptbedeutung liegt hier nicht mehr wie früher in der Ausstapelung verkäuflicher Güter (nur die Rauchwarenmesse findet noch in dieser Weise statt), sondern in der Ausstellung von Warenmustern (Musterlagermesse), auf Grund deren Geschäftsabschlüsse bewirkt werden (s. S. 26!).

Das Haupthandelsgebiet Deutschlands stellen naturgemäß die dichtbevölkerten und hochentwickelten **Staaten Europas** dar. Näheres ergibt sich aus Skizze 82.

Von den europäischen Ländern sind insbesondere

Nahrungsmittellieferanten: die östlichen und südöstlichen Länder;

Rohstofflieferanten: Rußland (Flachs, Hanf, Pelze, Felle, Erz, Erdöl, Holz), Österreich-Ungarn (Flachs, Felle, Holz, Braunkohle, Erdöl), Skandinavien (Erz, Holz), Großbritannien (Kohle), Spanien (Erz), Italien (Seide) usw.;

Lieferanten von Kolonialerzeugnissen: der Westen und Nordwesten.

Lieferanten von fertigen Waren: Großbritannien, Belgien, Frankreich, die Schweiz und Österreich.

An sämtliche europäischen Länder setzt Deutschland Güter aller drei Gattungen, ganz besonders aber Industrieerzeugnisse ab. Der Verkauf an europäische Gebiete ist ebenso groß wie die Einfuhr aus diesen.

Die **überseeischen Länder** sind Nahrungsmittel- und Rohstofflieferanten: Wir beziehen **Baumwolle** aus Nordamerika, Ägypten und Indien, **Jute** aus Kalkutta, **Seide** aus Asien, **Wolle** aus Südamerika, Australien und Südafrika, **Getreide** aus Südamerika, Nordamerika, Australien und Indien, **Reis** aus Indien, **Kaffee** und **Tabak** aus Brasilien, Mittelamerika und Südasien, **Kautschuk** aus den Tropen Amerikas, Afrikas und Asiens, **Ölprodukte** aus Afrika, Süd- und Ostasien, außerdem viele andere Güter unserer Volksernährung und unserer Industrie, auf die wir angewiesen bleiben.

Deutschland liefert dafür Industrieerzeugnisse; aber diese überseeischen Gebiete sind wegen ihrer durchweg geringeren Bevölkerung und der schwächeren Industrie nicht so aufnahmefähig; außerdem ist der Wettkampf der Völker, namentlich Großbritanniens, hier ganz besonders rege. Deutschland bleibt daher den überseeischen Ländern jährlich zahlungspflichtig.

Das wichtigste deutsche Handelsgebiet stellten die Vereinigten Staaten dar, auf die 18% der deutschen Einfuhr, 7% der Ausfuhr fielen. Sie sind das einzige Land in fremden Erdteilen, das uns auch Fabrikate in nennenswerten Mengen lieferte. Mit ihm werden auch jetzt die größten Umsätze erzielt. Daneben sind Südamerika und Ostasien diejenigen Gebiete, mit denen Deutschland durch lebhafte und aussichtsreiche Handelsbeziehungen verknüpft ist.

Die wichtigsten Verkehrsländer Deutschlands sind: 1. die Vereinigten Staaten, 2. England, 3. Holland, 4. Frankreich, 5. Polen, 6. die Nachfolgestaaten Österreich Ungarns. Auf diese sechs Gebiete kommen knapp 50% des deutschen Außenhandels

Zahlungsverkehr. Deutschland hat jährlich riesige Summen mit dem Auslande abzurechnen. Nur zu einem geringen Teile dient das Gold dem Zahlungsausgleich; dieser erfolgt durch Aufrechnung, Bank- und Postüberweisungen, durch Wechsel und Schecks. Der Markt für diesen Verkehr ist die Börse. Die bedeutendsten Geldmärkte sind Berlin, Frankfurt, Hamburg und Leipzig; ein beträchtlicher Teil der internationalen Abrechnung erfolgt noch immer über London, das mit allen Ländern der Welt in Verbindung steht.

IV. Deutschland im Weltverkehr.[1])

Deutschlands Lage zum Weltverkehr. Deutschland hat ausreichenden Anteil am Meere. Was ihm im Vergleich mit England an Küstenlänge (Nordseeküste!) und Hafenreichtum abgeht, wird teilweise durch die Gunst der Binnenwasserstraßen (welche?) ersetzt. Deutschland hat ein ausgedehntes Hinterland ohne eigene Küste (Schweiz, Tschechoslowakei und Österreich) oder mit unzulänglicher Küste (Polen und Rußland). Diese Gebiete werden immer auf Deutschlands Verkehrsvermittelung angewiesen sein. Dazu kommt der europäische Personen- und Eilgutverkehr, der Deutschland nach allen Richtungen durchschneidet.

Hiergegen liegen die westeuropäischen Häfen, vor allem Rotterdam und Antwerpen, günstiger zu den bedeutendsten deutschen Wirtschaftsgebieten (Rheinland-Westfalen) als unsere Nordseehäfen; infolgedessen benutzt ein beträchtlicher Teil unseres Weltverkehrs fremde Häfen (auch Triest und Genua sind hier zu nennen). Die schnelle Entwicklung dieser Plätze ist wesentlich auf die deutschen Gütersendungen zurückzuführen.

Deutschland hat sich zu einem selbständigen Weltverkehrslande entwickeln können, und zwar ging diese Entwicklung Hand in Hand mit seinem wirtschaftlichen Aufschwunge.

Handelsflotte. Seine stolze Handelsflotte, mit der Deutschland einst an 2. Stelle unter allen Seehandelsmächten stand, hat es durch den Krieg zwar völlig eingebüßt; doch ist es ihm mit seinen Neubauten 1924 wieder gelungen, an die 5. Stelle zu gelangen; allerdings sieht sich unser Land einem weit stärkeren Wettbewerb gegenüber, da die Welthandelsflotte inzwischen um die Hälfte vergrößert wurde, die U. S. A. eine eigene Flotte bauten, die fast so groß wie die englische ist, und auch Japan die Leistungsfähigkeit seiner Flotte fast verdoppelte. Infolgedessen hat

1) Siehe Abschnitt D.

Deutschland seine Seegeltung nur z. T. zurückgewinnen können. Es ist nicht mehr in der Lage, seine Handelsschiffe in demselben Maße wie früher in den Verkehrsdienst fremder Völker zu stellen, und sieht in seinen eigenen Häfen mehr fremde Flaggen als früher. Dennoch segelt die deutsche Flotte wieder Achtung gebietend nach allen Gestaden der Weltmeere. (Siehe auch Skizze 71!)

Haupthäfen. Hamburg konnte sich zu einem der bedeutendsten Welthäfen entwickeln. Es wurde der erste Schiffahrtsplatz des europäischen Festlandes, nur überragt von London und Neuyork. Wie gewaltig der Aufschwung hier einsetzte, zeigt ein Vergleich: die gesamte Wasserfläche des Hamburger Hafens beträgt jetzt rund 550 ha, 50 Jahre vorher 30 ha. Im Jahre 1920 machte der Hamburger Schiffsverkehr nur den 4. Teil des Jahres 1913 aus; seit 1922 steht zwar der Hafenverkehr an der Elbmündung wieder auf früherer Höhe. Während aber Hamburg 1913 seinen beiden festländischen Konkurrenten Rotterdam und Antwerpen noch überlegen war, ist es im Nachkriegsverkehr hinter diesen zurückgeblieben und muß sich gegenwärtig mit der dritten Stelle unter den festländischen, der vierten Stelle unter den europäischen Häfen begnügen (s. S. 129). — An zweiter Stelle, aber in weitem Abstande folgt das ungünstiger liegende Bremen mit Bremerhaven, dann Stettin; das Verhältnis des Verkehrs dieser drei Häfen ist 9 : 2 : 1.

Nachrichtenverkehr. Ein wirtschaftlich so reich entwickeltes Gebiet wie Deutschland hat naturgemäß einen sehr starken in- und ausländischen Nachrichtenverkehr. Dieser wird von der Deutschen Reichspost bewältigt. Das deutsche Postwesen ist mustergültig.

Verhältnismäßig stärker als bei uns war vor dem Kriege der Brief- und Telegrammverkehr nur in Großbritannien und Irland; doch entfielen auf kein Gebiet so viel Auslandtelegramme wie auf das Deutsche Reich. Es war daher immer ein Nachteil, daß dieses nur einen kleinen Teil der Weltkabel sein eigen nannte. Von dem Kabelnetz entfielen auf England 54 %, auf Frankreich 9 %, auf die U. S. A. 20 %, auf Deutschland nur 8 %. Aber auch dieser Anteil ist durch den Weltkrieg völlig verloren gegangen und den Feinden zugefallen. Wir sind daher bei Überseetelegrammen auf die Benutzung fremder Kabel angewiesen. Das erste neue deutsche Kabel ist nunmehr wieder im Verein mit den Amerikanern von Emden über die Azoren nach Neuyork gelegt worden.

Der internationale Postverkehr ist durch die Begründung des Weltpostvereins geregelt, der 140 Länder zu Mitgliedern hat.

V. Deutschlands Weltstellung.

Die wirtschaftliche Macht. Deutschland ist von der Natur als Wirtschaftsgebiet günstig bedacht. Das ergibt sich nach dem Vorhergegangenen aus einer Zusammenstellung folgender Punkte:

1. Lage: Weltlage, Seelage, Festlandslage, klimatische Lage;
2. der Boden und seine Pflanzenwelt;
3. die Mineralschätze;
4. die Verkehrsgrundlagen.

Auf diesen Grundlagen hat Deutschland eine Wirtschaft aufbauen können, die nur in Großbritannien und den Vereinigten Staaten ebenbürtige Wettbewerber hatte.

Die Eigenart der Weltwirtschaft liegt in der „internationalen Arbeitsteilung". Während früher die Länder in der Hauptsache auf die Deckung des Eigenbedarfes an Nahrungsmitteln und Gewerbeerzeugnissen ausgingen, verzichten in der Zeit der Weltwirtschaft die Staaten auf gewisse Zweige wirtschaftlicher Betätigung, für die andere Erdgebiete günstiger ausgestattet sind; dagegen bevorzugen sie andere Wirtschaftszweige, die der Natur ihres Landes und der Arbeitsfähigkeit ihres Volkes am meisten entsprechen. So wurden die einzelnen Länder wirtschaftlich voneinander abhängig. Außenhandel und Weltverkehr bekommen einen mächtigen Antrieb, und in der Steigerung dieses Handels liegt ein sicherer Maßstab für die wirtschaftliche Entfaltung des Gebietes.

Infolge der regen und erfolgreichen Betätigung stieg der Wohlstand des deutschen Volkes ständig. Sein Vermögen war geringer als das Großbritanniens oder der Vereinigten Staaten, aber größer als dasjenige jedes anderen Volkes. Deutschland war also eines der reichsten Länder. Dies machte es möglich, beträchtliche Vermögenswerte im Auslande anzulegen. Das geschieht einmal durch Übernahme fremder Staats- und Gemeindeanleihen, zum andern durch Anlage und Erwerb von Industrie-, Handels- und Verkehrsunternehmungen im Auslande. Der Gesamtwert unserer ausländischen Kapitalanlagen bezifferte sich vor dem Kriege auf 30 Milliarden M. Nur Großbritannien hatte größere Werte außerhalb seiner Grenzen angelegt (schätzungsweise 65 Milliarden). So war Deutschland der zweitgrößte Unternehmer in den Auslandsgebieten. Das alles hat der Weltkrieg zerstört. Deutschland ist arm und den fremden Mächten tributpflichtig geworden. Die deutschen Vermögenswerte im Auslande sind verloren gegangen. Deutschland ist der Schuldner des Auslandes.

Die Erschütterung der deutschen Wirtschaft durch den Krieg, die Verluste an Quellen der Wirtschaft und die Deutschland durch den Frieden aufgelegten Belastungen haben die Weltstellung Deutschlands auf wirtschaftlichem Gebiete in tiefgehender Weise beeinträchtigt. Es wird der äußersten Anstrengung aller Kräfte bedürfen, um das Bestehende zu erhalten und Verlorenes wiederzugewinnen.

Deutschland als Kulturmacht. Seine früheren Erfolge hat Deutschland nicht ausschließlich seiner natürlichen Ausstattung zuzuschreiben, sondern vor allem auch seiner hochentwickelten Kultur.

Die deutsche Wirtschaft stützte sich auf die Arbeitsfreude, die Pflichttreue und das Zielbewußtsein des deutschen Volkes. War Deutschland ehemals das Land der Dichter und Denker, so verband sich in der Neuzeit die hochstehende deutsche Wissenschaft mit der wirtschaftlichen Betätigung; diese wurde dadurch in vieler Beziehung vorbildlich und bahnbrechend. Neben der Wissenschaft fand die Kunst eine verständnisvolle Pflege. Das hatte zur Folge, daß die deutschen Forschungsstätten und Sammlungen, die Hochschulen und Akademien auch viele Ausländer aller Nationen anzogen. Der Krieg hat auch in dieser Beziehung Rückschläge gebracht, die schwer zu überwinden sein werden.

Die wirtschaftliche und kulturelle Weltgeltung des deutschen Volkes ist in Gefahr. Sie kann nur dann gesichert und wieder entfaltet werden, wenn das deutsche Volk aus seinem ureigenem Wesen neue Kräfte zieht und betätigt und wenn jeder einzelne sein Lebensziel nicht nur in dem eigenen Fortkommen und Wohlbefinden sieht, sondern wenn er mit eintritt für seines Volkes Nöte und Aufgaben. „Du hast, o Mensch, ein Vaterland, ein heiliges Land, ein geliebtes Land, wonach deine Sehnsucht dichtet und trachtet. Du mußt dein Land ewiglich lieb haben. Deutschland heißt dein Vaterland!"

Anhang I.

Verbindungen zwischen meinem Heimatsorte (oder dem nächstgelegenen größeren Eisenbahnorte) und nachgenannten Städten, zusammengestellt an der Hand des Kursbuches.

1. Nach München . . . . über ______________________________

______________________ = _____ km = _____ Stunden

2. " Nürnberg . . . " ______________________________

______________________ = _____ km = _____ Stunden

3. " Stuttgart . . . " ______________________________

______________________ = _____ km = _____ Stunden

4. " Basel . . . . . " ______________________________

______________________ = _____ km = _____ Stunden

5. " Metz . . . . . . " ______________________________

______________________ = _____ km = _____ Stunden

6. " Saarbrücken . . " ______________________________

______________________ = _____ km = _____ Stunden

7. " Frankfurt a. M. " ______________________________

______________________ = _____ km = _____ Stunden

8. " Köln . . . . . " ______________________________

______________________ = _____ km = _____ Stunden

9. " Wesel . . . . . " ______________________________

______________________ = _____ km = _____ Stunden

10. " Kassel . . . . . " ______________________________

______________________ = _____ km = _____ Stunden

11. " Erfurt . . . . . " ______________________________

______________________ = _____ km = _____ Stunden

12. Nach Halle-Leipzig . über ______________________

______________________ = ____ km = ____ Stunden

13. „ Plauen . . . . „ ______________________

______________________ = ____ km = ____ Stunden

14. „ Dresden . . . . „ ______________________

______________________ = ____ km = ____ Stunden

15. „ Görlitz . . . . „ ______________________

______________________ = ____ km = ____ Stunden

16. „ Breslau . . . . „ ______________________

______________________ = ____ km = ____ Stunden

17. „ Berlin . . . . „ ______________________

______________________ = ____ km = ____ Stunden

18. „ Posen . . . . . „ ______________________

______________________ = ____ km = ____ Stunden

19. „ Stettin . . . . „ ______________________

______________________ = ____ km = ____ Stunden

20. „ Danzig . . . . „ ______________________

______________________ = ____ km = ____ Stunden

21. „ Königsberg . . „ ______________________

______________________ = ____ km = ____ Stunden

22. „ Hamburg . . . „ ______________________

______________________ = ____ km = ____ Stunden

23. „ Hannover . . . „ ______________________

______________________ = ____ km = ____ Stunden

24. „ Bremen . . . . „ ______________________

______________________ = ____ km = ____ Stunden

25. „ Kiel . . . . . . „ ______________________

______________________ = ____ km = ____ Stunden

Anhang II.

Die deutschen Städte mit mindestens 100000 Einwohnern

(Einwohnerzahlen nach Tausenden.)

A. Ostdeutschland.

1. Berlin 4014
2. Stettin 254
3. Königsberg . . . 280
4. Breslau 555

B. Westdeutschland.

1. Magdeburg . . . 292
2. Hamburg 1079
3. Altona 185
4. Kiel 214
5. Lübeck 121
6. Bremen 295
7. Hannover 422
8. Braunschweig . . 147
9. Kassel 171
10. Erfurt 135
11. Halle 194
12. Leipzig 679
13. Dresden 619
14. Chemnitz 332
15. Plauen 111
16. Frankfurt a. M. . 462
17. Wiesbaden . . . 103
18. Aachen 155
19. Köln a. Rh. . . . 698
20. Düsseldorf 431
21. Krefeld 130
22. Mülheim (Ruhr) . 127
23. Duisburg 272
24. Essen 469
25. Bochum 157
26. Dortmund . . . 320
27. Gelsenkirchen . . 207
28. Hamborn 126
29. Elberfeld 167
30. Barmen 187
31. München-Gladbach 115
32. Münster i. Westf. 106
33. Oberhausen . . . 105
34. Saarbrücken . . . 125

C. Süddeutschland.

1. München 681
2. Augsburg 166
3. Nürnberg 392
4. Stuttgart 341
5. Karlsruhe . . . 146
6. Mannheim . . . 247
7. Mainz 109
8. Ludwigshafen . . 102

Städte mit 50000–100000 Einwohnern.

(Einwohnerzahlen nach Tausenden.)

A. Deutschland östlich der Elbe.

1. Beuthen 63
2. Hindenburg . . . 73
3. Gleiwitz 82
4. Liegnitz 73
5. Görlitz 86
6. Kottbus 50
7. Brandenburg . . . 59
8. Potsdam 64
9. Rostock 78
10. Frankfurt a. O. . . 71
11. Elbing 68
12. Tilsit 51

B. Westdeutschland.

1. Flensburg 63
2. Harburg 73
3. Wesermünde . . . 72
4. Oldenburg 53
5. Hildesheim 58
6. Dessau 71
7. Gera 81
8. Jena 53
9. Zwickau 81
10. Koblenz 58
11. Remscheid 77
12. Solingen 52
13. Herne 62
14. Recklinghausen . . 60
15. Bottrop 72
16. Gladbeck 60
17. Buer 99
18. Sterkrade 51
19. Bielefeld 86
20. Osnabrück 89
21. Hagen 99
22. Trier 57
23. Bonn 90

C. Süddeutschland.

1. Darmstadt 89
2. Offenbach 79
3. Heidelberg 73
4. Kaiserslautern . . 59
5. Freiburg i. Br. . . 90
6. Pforzheim 79
7. Ulm 57
8. Regensburg . . . 77
9. Fürth 74
10. Würzburg 90
11. Bamberg 50

Die bedeutendsten Auslandsstädte.

(Einwohnerzahlen nach Tausenden.)

1. London	4485	22. Budapest	929	44. Toronto	522
(Polizeibezirk 7476)		23. Rom	692	45. Rio de Janeiro	1158
2. Glasgow	1034	24. Neapel	772	46. Sao Paulo	579
3. Birmingham	919	25. Mailand	836	47. Buenos Aires	1720
4. Liverpool	803	26. Turin	502	48. Santiago	507
5. Manchester	730	27. Madrid	751	49. Kalkutta	908
6. Amsterdam	647	28. Barcelona	710	50. Bombay	1176
7. Rotterdam	516	29. Konstantinopel	1200	51. Bangkok	931
8. Brüssel	756	30. Kairo	791	52. Singapur	424
9. Paris	2906	31. Neuyork	5620	53. Madras	527
10. Marseille	586	32. Chikago	2702	54. Schanghai	1000
11. Lyon	562	33. Philadelphia	1824	55. Hankau	1320
12. Wien	1866	34. Detroit	994	56. Peking	805
13. Prag	677	35. Cleveland	797	57. Kanton	900
14. Warschau	936	36. St. Louis	773	58. Tientsin	800
15. Stockholm	419	37. Boston	748	59. Tokio	1995
16. Oslo	258	38. Baltimore	734	60. Osaka	2115
17. Kopenhagen	561	39. Pittsburg	588	61. Kobe	644
18. Moskau	1550	40. Los Angeles	577	62. Kioto	680
19. Leningrad	1071	41. Buffalo	507	63. Sydney	926
20. Odessa	317	42. S. Franzisko	507	64. Melbourne	795
21. Kiew	433	43. Montreal	619		

Anhang III.

Landgebiet und Bevölkerung der Staaten Europas

nach dem jetzigen Stande (in ungefähren Zahlen).

	1000 qkm	Mill. Einw.		1000 qkm	Mill. Einw.
1. Großbritannien und Irland	315,0	47,4	18. Norwegen	309,6	2,6
2. Niederlande	34,2	6,9	19. Dänemark	43,0	3,4
3. Belgien	30,4	7,5	20. Rußland	4603,2	111,4
4. Frankreich	551,0	39,2	21. Rumänien	316,0	17,4
5. Luxemburg	2,6	0,3	22. Bulgarien	103,0	4,9
6. Deutschland	472,0	62,5	23. Jugoslawien	250,0	12,0
7. Freistaat Danzig	1,9	0,4	24. Albanien	34,0	0,8
8. Schweiz	41,3	3,9	25. Griechenland	148,0	5,5
9. Österreich	84,0	6,5	26. Europ. Türkei	28,2	1,9
10. Ungarn	92,7	8,0	27. Italien	312,6	38,8
11. Tschechoslowakien	140,5	13,6	28. Spanien	505,2	21,3
12. Polen	388,3	27,2	29. Portugal	92,0	6,0
13. Litauen	55,3	2,0	30. Liechtenstein, 31. Fiume, 32. Andorra, 33. Monaco, 34. San Marino	0,7	0,1
14. Lettland	65,7	1,8			
15. Estland	47,5	1,1			
16. Finnland	333,1	3,4			
17. Schweden	410,5	5,9			

Anhang IV. Der Heimatort.

1. Einwohnerzahl: ________ Zunahme seit 1905: ________ = ______%.

2. Politische Zugehörigkeit: (Land, Regierungsbezirk, Kreis): ________

a) Reichstagswahlkreis: ________

b) Landtagswahlbezirk: ________

c) Gerichtsbezirk: Amtsgericht: ________

Landgericht: ________

Kammer für Handelssachen: ________

Oberlandesgericht: ________

Kaufmannsgericht: ________

3. Lage:

a) Geogr. Breite: ________

Orte mit annähernd gleicher Breite: ________

b) Geogr. Länge: ________

Abweichung d. mitteleuropäischen von d. Ortszeit: ± ____ Min. ____

c) Höhe üb. d. Meeresspiegel: ________

d) Flußgebiet: ________

Nächster Binnenschiffahrtsweg: ________

Seine Endpunkte: ________

Umschlagsplatz: ________ Entfernung von diesem: = ______ km

Entfernung von wichtigen Binnenhäfen: ________

Entfernung von den für den Heimatort wichtigsten Seehäfen: ________

Eisenbahn= und Schiffsfrachtsätze nach dort: ________

4. Wirtschaft:

a) Hauptwirtschaftszweige des Ortes (Zahl der Arbeiter?): ________

b) Erzeugnisse der Umgebung: ________

c) Steinkohlenbezirke, aus denen sich der Ort versorgt (Frachtwege und Entfernungen): ________

d) Desgl. Braunkohlenbezirke:

e) Elektrische Kraftzentrale:

5. Handel und Verkehr:

a) Herkunft wichtiger Güter:

b) Hauptgebiete und Hauptorte des Güterversandes:

c) Wieweit steht der Ort mit der Umgebung durch Botengang und Frachtfuhren in Verbindung?

d) Welche Märkte werden abgehalten?

Wann erhielt der Ort das Marktrecht?

Welche Straßen-, Platz- und Hausnamen weisen auf frühere Handelseinrichtungen hin?

e) Eisenbahndirektion:

f) Oberpostdirektion:

Postscheckamt:

Postabgangszeiten:

g) Hauptzollamt bzw. Hauptsteueramt:

h) Reichsbankbezirk:

i) Am Orte vertretene Großbanken:

Nächste Börse:

k) Handelskammerbezirk:

l) Konsulatsbezirke: